中学地理教科书研究丛书　丛书主编／王民

基于OECD课程内容图谱的地理内容领域与能力框架研究

Research on Geographical Content Areas and Competency Framework Based on OECD Course Content Atlas

◎ 王民　蔚东英 ／ 著

中国地图出版社
·北京·

图书在版编目（CIP）数据

基于 OECD 课程内容图谱的地理内容领域与能力框架研究 = Research on Geographical Content Areas and Competency Framework Based on OECD Course Content Atlas / 王民主编．-- 北京：中国地图出版社，2022.8
（中学地理教科书研究丛书）
ISBN 978-7-5204-3060-9

Ⅰ．①基… Ⅱ．①王… Ⅲ．①中学地理课－教学研究 Ⅳ．① G633.552

中国版本图书馆 CIP 数据核字 (2022) 第 126671 号

中学地理教科书研究丛书
基于 OECD 课程内容图谱的地理内容领域与能力框架研究
Research on Geographical Content Areas and Competency Framework Based on OECD Course Content Atlas

出 版 发 行	中国地图出版社
社　　　址	北京市白纸坊西街 3 号
邮 政 编 码	100054
电　　　话	010-83543863
地图教学网	www.ditu.cn
电 子 邮 箱	sinomaps@yeah.net
印　　　刷	三河市博文印刷有限公司
经　　　销	新华书店
成 品 规 格	184mm×260mm
印　　　张	10.5
版　　　次	2022 年 8 第 1 版
印　　　次	2022 年 8 月河北第 1 次印刷
书　　　号	ISBN 978-7-5204-3060-9
定　　　价	36.00 元

中学地理教科书研究丛书
编写委员会

主　　任　陈　平　王　民
副 主 任　徐根才　蔚东英　陶宁平　田　忠　马宝艳
委　　员　（按姓氏笔画为序）
　　　　　马　箐　马　巍　王　英　王　强　兰大鹏
　　　　　朱小丽　伊　娜　刘　鹏　孙　玥　李　斌
　　　　　李春梅　何亚琼　张九零　张万春　张鹏韬
　　　　　陈　瑶　陈亚娇　陈思吉　林　珏　周代许
　　　　　赵　亮　胡志刚　相远红　廖　倩

目　录

◎ 第一章　OECD 课程内容图谱项目与我国的研究进展 / 1

　　第一节　OECD 课程内容图谱项目介绍 / 2
　　第二节　我国课程内容图谱项目的研究现状 / 7
　　第三节　我国地理课程内容图谱的研制 / 8

◎ 第二章　我国初中"人文地理（HGE）"课程能力框架热图分析 / 17

　　第一节　我国初中"人文地理（HGE）"分值热图分析 / 19
　　第二节　我国初中"人文地理（HGE）"频次热图分析 / 27
　　第三节　我国初中"人文地理（HGE）"分值和频次二元分析 / 34
　　第四节　总结 / 38

◎ 第三章　我国初中"地球科学（NSE）"课程能力框架热图分析 / 41

　　第一节　我国初中"地球科学（NSE）"分值热图分析 / 42
　　第二节　我国初中"地球科学（NSE）"频次热图分析 / 50
　　第三节　我国初中"地球科学（NSE）"分值和频次二元分析 / 57
　　第四节　总结 / 61

◎ 第四章　我国初中地理课程能力框架热图整体情况分析 / 63

　　第一节　我国初中"人文地理（HGE）"和"地球科学（NSE）"分值热图叠加分析 / 64
　　第二节　我国初中"人文地理（HGE）"和"地球科学（NSE）"频次热图叠加分析 / 66
　　第三节　我国初中地理课程整体分值和频次二元分析 / 69

◎ 第五章　我国高中"人文地理（HGE）"课程能力框架热图分析 / 73

　　第一节　我国高中"人文地理（HGE）"分值热图分析 / 74
　　第二节　我国高中"人文地理（HGE）"频次热图分析 / 82
　　第三节　我国高中"人文地理（HGE）"分值和频次二元分析 / 89
　　第四节　总结 / 93

◎ **第六章 我国高中"地球科学（NSE）"课程能力框架热图分析 / 95**

第一节 我国高中"地球科学（NSE）"分值热图分析 / 96
第二节 我国高中"地球科学（NSE）"频次热图分析 / 105
第三节 我国高中"地球科学（NSE）"分值和频次二元分析 / 111
第四节 总结 / 115

◎ **第七章 我国高中地理课程能力框架热图整体情况分析 / 117**

第一节 我国高中"人文地理（HGE）"和"地球科学（NSE）"分值热图叠加分析 / 118
第二节 我国高中"人文地理（HGE）"和"地球科学（NSE）"频次热图叠加分析 / 120
第三节 我国高中地理课程整体分值和频次二元分析 / 123

◎ **第八章 我国初中、高中地理课程能力框架与内容体系的分值相关性分析 / 127**

第一节 我国初中、高中地理课程能力框架与内容体系的分值对比分析 / 128
第二节 我国初中、高中地理课程28项能力素养要素的分值对比分析 / 130
第三节 我国初中、高中地理课程能力框架与内容体系的分值相关性分析 / 135

◎ **第九章 研究结论与思考 / 141**

第一节 我国中学地理课程的特色 / 142
第二节 我国中学地理课程能力素养与内容主题的诊断与启示 / 143
第三节 对我国地理课程的思考 / 153

◎ **附录 / 155**

附录1 能力素养要素对应工作表 / 156
附录2 "人文地理（HGE）"内容对应工作表 / 157
附录3 "地球科学（NSE）"内容对应工作表 / 158

◎ **后　　记 / 159**

第一章

OECD 课程内容图谱项目与我国的研究进展

第一章
OECD 课程内容图谱项目与我国的研究进展

OECD 是经济合作与发展组织的英文缩写。本书中的 OECD 均指经济合作与发展组织。OECD 是西方国家政府间的经济联合组织，旨在稳定成员国的财政金融，促进经济增长，提高人民生活水平和扩大贸易等。OECD 成立于 1961 年，总部设在法国巴黎。截至 2020 年，OECD 成员国有 38 个。

第一节 OECD 课程内容图谱项目介绍

OECD 于 2015 年 4 月发起了"教育 2030：教育和技能的未来"项目。该项目旨在通过国际合作，构建起对"培养什么人，如何培养人"这一教育基本问题的共同理解。该项目与各国共同探讨两个问题：一是现在的学生需要什么样的知识、技能、态度与价值观，才能茁壮成长并塑造未来的世界；二是教育系统如何有效地培养学生这些知识、技能、态度与价值观。

上述两个问题分别体现在项目研究的两个阶段：第一个阶段（2015—2018 年），开发面向"教育 2030"的学习框架，并基于课程内容图谱开展国际课程比较；第二个阶段（2019 年及以后），开发面向"教育 2030"的教学框架并关注课程的实施[①]。

2019 年 5 月，OECD 发布了"学习框架 2030"的终稿——《OECD 学习罗盘 2030》。课程内容图谱项目是在 OECD "学习框架 2030"的基础上进行的课程内容图谱绘制，属于 OECD "教育 2030：教育和技能的未来"项目第一个阶段的研究内容。

课程内容图谱项目是一个自上而下的国际研究课题，其主要研究思路是：先通过专家小组确定能力框架和内容体系，再将这个框架推广到全球、全学科来绘制热图，形成报告。为了确保国际的可比性，OECD 在前期研究中就确定了课程内容图谱项目的研究范围。

①教育层级：课程内容图谱项目将《国际教育标准分类法》中教育级别代号为"2"的所有年级作为其研究对象，以探究各国对不同年级的学习领域目标的设置有什么不同。

②学习领域：国语、数学、体育/健康教育、艺术（视觉艺术、音乐、舞蹈、戏剧及媒体艺术）、人文/社会科学（地理、历史、公民、经济学/商业研究）、科学/自然科学（生物、物理、化学、地球/空间/天文科学）、技术（工艺/设计和技术、信息通信技术、家政）。其中，"人文/社会科学（地理）"和"科学/自然科学（地球/空间/天文科学）"均为本书研究的范畴，下文分别使用"人文地理（HGE）"和"地球科学（NSE）"来指代（其中 HGE 和 NSE 分别是人文地理与地球科学的内容代码）。

③数据来源：虽然实际的教学过程也是落实课程目标的重要途径，但是 OECD "教育 2030：教育和技能的未来"项目的重点研究对象是书面文件。

④能力框架和内容体系：为了确保国际比较的内容效度，OECD 采用迭代的方法，为上

---

① 曹一鸣，马云鹏，郭衎，等. 面向未来的初中数学课程图谱分析——以经济合作与发展组织（OECD）"学习框架 2030"为基础[J]. 基础教育课程，2020（19）：4-16.

述七个学习领域起草了学习内容项和能力框架,并在国际工作组讨论的基础上,经过 2017 年和 2018 年的试验,确定了"人文地理(HGE)"的 6 个内容项(见表 1-1)和"地球科学(NSE)"的 6 个内容项(见表 1-2),以及全学科的 5 大类能力素养(包含 28 项能力素养要素)(见表 1-3)。

表 1-1 "人文地理(HGE)"的 6 个内容项

内容代码	学科内容/概念/活动
HGE1	地球,地貌;气候类型;自然环境对区域的影响
HGE2	人类活动对区域的影响;文化差异;世界社会、经济和文化多样性;人类聚居模式
HGE3	与全球公民意识和可持续发展教育有关的概念,包括环境可持续性;促进国际理解、合作与和平的教育;有关人权和基本自由的教育
HGE4	了解地理学家的工作,学会像地理学家一样思考;理解地理与现实生活之间的联系,以及地理对现实世界的贡献(认知知识)
HGE5	分析信息;搜集资料(包括书面及口头资料);识别并运用不同的观点;观察并描述;根据材料推导结论;交流调查结果(如根据搜集到的数据撰写调查报告)
HGE6	地理中的道德和伦理问题(如环境保护)

注:HGE1、HGE2、HGE3、HGE4、HGE5、HGE6 是"人文地理(HGE)"的 6 个内容项的代码。

表 1-2 "地球科学(NSE)"的 6 个内容项

内容代码	学科内容/概念/活动
NSE1	宇宙;可持续性;水系统;热量;地质材料;影响某地水质的因素;人类活动和技术对水资源的影响;地球的形成
NSE2	在地球/空间/天文科学中使用科学的方法开展实践活动;提出科学问题并制订解决方案;调查问题的原因,提出假设并验证假设;解释调查数据,陈述调查结果
NSE3	计划、进行安全和严格的地球/空间/天文科学的调查活动
NSE4	了解地球/空间/天文科学家的工作,学会像地球/空间/天文科学家一样思考,理解地球/空间/天文科学与现实生活的联系,理解地球/空间/天文科学对现实世界的贡献(认知知识)
NSE5	地球/空间/天文科学中的道德和伦理问题
NSE6	有关全球公民意识和可持续发展教育的概念,包括环境可持续性;促进国际理解、合作与和平的教育;有关人权和基本自由的教育

注:NSE1、NSE2、NSE3、NSE4、NSE5、NSE6 是"地球科学(NSE)"的 6 个内容项的代码。

表 1-3 "能力素养框架 2030"中全学科的能力素养与能力素养要素

能力素养	能力素养要素	能力素养	能力素养要素
基础素养	读写能力	关键概念	学生主体
	计算能力		共同体
	ICT素养／数字素养	变革能力和能力发展	创造新价值
	数据素养		承担责任
	体育健康素养		协调矛盾与困境
技能、态度和价值观	合作／协作		预期
	批判性思维		行动
	解决问题		反思
	自我调节／自我控制	复合能力	全球胜任力
	同理心		媒介素养
	尊重		可持续发展素养
	毅力／适应力		计算思维／编程／编码
	信任		财经素养
	学会学习		企业家精神

课程内容图谱是由学科内容主题和能力素养构建的二维矩阵，并反映这些能力素养在相应国家课程内容中体现水平的热图数据。热图即热区图、热力图，是数据密集程度的图形化表示，也可以看作集中程度可视化的一种方法。在提倡大数据的今天，热图是一种非常基础的数据表示方法，能够在空间上展示出数据的疏密、分值的高低和频次的多少。选择同一色系的颜色对数据进行渲染，还能够通过颜色的渐变看出数据的变化趋势。表 1-4 展示的是数学课程内容图谱分析二维矩阵和热图数据示例。

表 1-4 数学课程内容图谱分析二维矩阵和热图数据示例[1]

内容主题	内容条目	内容代码	基础素养					技能、态度和价值观									关键概念			变革能力和能力发展					复合能力			
			读写能力	计算能力	ICT素养/数字素养	数据素养	体育健康素养	合作/协作	批判性思维	解决问题	自我调节/自我控制	同理心	尊重	毅力/适应力	信任	学会学习	学生主体	共同体	创造新价值	承担责任	协调矛盾与困境	预期	行动	反思	全球胜任力	媒介素养	可持续发展素养	计算思维/编程编码	财经素养	企业家精神
			(1)	(2)	(3)	(4)	(5)	(6)	(7)	(8)	(9)	(10)	(11)	(12)	(13)	(14)	(15)	(16)	(17)	(18)	(19)	(20)	(21)	(22)	(23)	(24)	(25)	(26)	(27)	(28)
	用数轴表示数的形式意义	MNU1	4	4	2	2	1	2	3	4	2	2	2	2	2	2	2	2	2	2	2	2	2	2	2	2	2	2	1	1
	实数（有理数和无理数）	MNU2	4	4	3	2	n.a.	2	n.a.	4	2	2	2	2	2	2	2	2	2	2	2	2	2	2	2	2	2	2	1	1
	复数	MNU3	n.a.	n.a.	n.a.	n.a.	n.a.	n.a.	n.a.	n.a.	n.a.	n.a.	n.a.	n.a.	n.a.	n.a.	n.a.	n.a.	n.a.	n.a.	n.a.	n.a.	n.a.	n.a.	n.a.	n.a.	n.a.	n.a.	n.a.	n.a.
	解决实数问题涉及整数和的计算策略	MNU4	4	4	3	2	1	2	2	4	2	2	2	2	2	2	2	2	2	2	2	2	2	2	2	2	2	2	1	1

[1] 曹一鸣，马云鹏，郭衎，等. 面向未来的初中数学课程图谱分析——以经济合作与发展组织（OECD）"学习框架 2030"为基础[J]. 基础教育课程，2020（19）：4-16.

续表

内容主题	内容条目	内容代码	基础素养					技能、态度和价值观								关键概念			变革能力和能力发展					复合能力				
			读写能力	计算能力	ICT素养/数字素养	数据素养	体育健康素养	合作/协作	批判性思维	解决问题	自我调节/自我控制	同理心	尊重	毅力/适应力	信任	学会学习	学生主体	共同体	创造新价值	承担责任	协调矛盾与困境	预期	行动	反思	全球胜任力	媒介素养	可持续发展素养	计算思维/编程/编码	财经素养	企业家精神
			(1)	(2)	(3)	(4)	(5)	(6)	(7)	(8)	(9)	(10)	(11)	(12)	(13)	(14)	(15)	(16)	(17)	(18)	(19)	(20)	(21)	(22)	(23)	(24)	(25)	(26)	(27)	(28)
MNU5	解决涉及分数和小数问题的计算策略		n.a.	n.a.	n.a.	n.a.	n.a.	n.a.	n.a.	n.a.	n.a.	n.a.	n.a.	n.a.	n.a.	n.a.	n.a.	n.a.	n.a.	n.a.	n.a.	n.a.	n.a.	n.a.	n.a.	n.a.	n.a.	n.a.	n.a.	n.a.
MNU6	比例和百分比		3	3	2	2	1	2	4	3	2	2	2	2	2	2	2	2	2	2	2	2	2	2	2	2	2	2	1	1
MNU7	向量的建模和操作		n.a.	n.a.	n.a.	n.a.	n.a.	n.a.	n.a.	n.a.	n.a.	n.a.	n.a.	n.a.	n.a.	n.a.	n.a.	n.a.	n.a.	n.a.	n.a.	n.a.	n.a.	n.a.	n.a.	n.a.	n.a.	n.a.	n.a.	n.a.

注：表中深灰色代表4级，为主要培育目标；随着颜色逐渐变浅，依次为3级、2级、1级。
表中n.a.表示该内容主题在课程文本中没有出现，或表现出学科不不适用。

第二节　我国课程内容图谱项目的研究现状

一、课程内容图谱项目的能力框架和内容体系研究现状

对于课程内容图谱项目的能力框架和内容体系构成，孟鸿伟在《OECD学习框架 2030》一文中指出，OECD 在"学习框架 2030"项目中将能力按照水平维度划分为知识、技能、态度与价值观；按照垂直维度划分为最外层的预期、行动和反思，中间层的创造新价值、协调矛盾与困境、承担责任，最内层的读写能力、计算能力、数据素养、体育健康素养、ICT素养／数字素养。"教育 2030：教育和技能的未来"项目专家组提出教育体系与课程改革应该遵循严谨、聚焦、对齐、可迁移、选择等设计原则。孟鸿伟认为"学习框架 2030"在全球与现行的许多政策一致，具有可实施性，因此如何把该框架落实到教学法、评价和教学体系上是目前需要进一步研究的问题[1]。舒越、盛群力在《聚焦核心素养　创造幸福生活——OECD 学习框架 2030 研究述要》一文中写到，OECD 提出的核心素养大致可以分为三类：2030 变革素养、2030 新型素养、2030 基础技能。2030 变革素养包括创造新价值、承担责任、解决问题；2030 新型素养包括体育健康素养、媒介素养、财经素养、预期、计算思维／编程／编码、可持续发展素养等；2030 基础技能包括读写能力、计算能力、数据素养等。舒越专门提到了数据素养，认为数据素养是把数据作为一种媒介来进行思考和交流，而不是仅进行简单的处理。未来一定是个数字化的世界，因此数据素养显得更加重要，是面向 2030 年的基础技能[2]。

总体而言，大多数学者只是翻译、解释了 OECD"学习框架 2030"，在能力和内容两个维度均对其给予了肯定，认为其分类更加细致全面，主题更加严谨一致，是可以被我国课程改革所借鉴参考的。目前缺少关于如何落实此能力框架和内容体系的研究主题。

二、课程内容图谱项目的课程内容框架与我国现行地理课程比较研究现状

曾再平在《OECD 面向 2030 的课程图谱分析》一文中表示，我们应由以知识为本转为以概念为基础、注重能力驱动、注重人的全面发展。OECD 提出的课程内容框架注重基于核心概念的学科内容整合，这是值得注意的现象。目前，中国课程标准文本并没有充分体现出 OECD 提出的"认知知识"，即"像专家（艺术家、科学家等）一样思考与写作""道德和伦理问题""与全球公民身份和可持续发展教育有关的概念；促进国际理解、合作与和平教育；有关人权和基本自由的教育"等三个内容条目。而在课程内容图谱的内容框架中，这三

---

[1] 孟鸿伟. OECD 学习框架 2030[J]. 开放学习研究，2018，23（3）：9-12，19.
[2] 舒越，盛群力. 聚焦核心素养　创造幸福生活——OECD 学习框架 2030 研究述要[J]. 中国电化教育，2019（3）：9-15.

个内容条目几乎涉及所有学科，这就需要我们对这三个内容条目进一步加强研究与关注。此外，对比我国课程标准与OECD能力框架，我们还需要多关注企业家精神、计算思维及财经素养等①。李佳航、董玉芝在《20世纪我国中学地理课程目标的变迁》一文中指出，对待国外地理教育思想，我国应在取其精华、去其糟粕的基础上对我国的中学地理教学大纲进行编订和修改②。李莲在《改革开放以来我国高中地理课程目标图示建构及教学践行研究》一文中指出，经过最近几次的课改，我国高中地理课程的培养目标呈现一种螺旋上升的趋势，结构上由一维向多维发展，知识结构首先转变为知识与技能结构，后又转变为三维目标，由此延伸到地理学科核心素养，每一次的变革都体现了教育观念的进步，以及课程目标的不断完善③。林培英在《高中地理课程〈地理1〉的内容特点与目标分层》一文中指出，现行《地理1》的核心知识可以用地球、自然要素、自然灾害和地理信息技术4个概念表示，基本学习活动大致可以分为"地理阅读""地理模拟"和"地理出行"④。由此可以看出，我国现行的地理课程和OECD提出的课程内容框架虽然有重叠的部分，但也有不少缺失。

综上所述，我们在制定新的能力框架时要参照地理核心素养，更多地考虑一些后天可培养的能力，这些能力应该具有影响时间长、作用范围广、对学习和生活都有实际帮助等特性。对于OECD已经提出的28项能力素养要素，大部分学者将其分为变革素养、新型素养和基础技能三类，其中有一些能力素养符合未来发展的需要，也有一些能力素养不适合在中国现行的地理课程中培养，并且其中绝大部分是与我国现行的课程文件一致的，具有可实施性和学科特色。OECD将地理课程内容分为地球科学和人文地理两部分，国际地理课程的主题设置与我国的不同，我国现行的地理课程内容体系与其有部分重叠，也有部分缺失。

第三节　我国地理课程内容图谱的研制

本书旨在对我国的初中、高中地理课程能力框架和内容体系进行研究，为此需先绘制出我国初中、高中的地理课程内容图谱。本书选取以下文件与书籍作为研究材料：《义务教育地理课程标准（2011年版）》《普通高中地理课程标准（2017年版）》《义务教育地理课程标准（2011年版）解读》《普通高中地理课程标准（2017年版）解读》、人民教育出版社于2012—2013年出版的全套义务教育地理教科书（第1版）、中国地图出版社于2019—2020年出版的全套普通高中地理教科书（第1版）、人民教育出版社于2012—2013出版的全套义务教育地理教师教学用书（第1版）、中国地图出版社于2019—2020年出版的全套普通高中地理教师教学用书（第1版）。

课程内容图谱是在能力对应表和内容对应表的基础上绘制而成的热图。能力对应表的研

---

① 曾再平，孟鸿伟. OECD面向2030的课程图谱分析[J]. 基础教育课程，2019（7）：27–33.
② 李佳航，董玉芝. 20世纪我国中学地理课程目标的变迁[J]. 教育观察，2018，7（12）：79–80，94.
③ 李莲. 改革开放以来我国高中地理课程目标图示建构及教学践行研究[D]. 昆明：云南师范大学，2018.
④ 林培英. 高中地理课程《地理1》的内容特点与目标分层[J]. 地理教育，2018（1）：4–6.

制，需先对 OECD 定义的能力关键词或者核心特征进行提取[1]，然后在我国课程标准文件中找到该能力对应的关键词、短语或句子并进行编码，最后对课程标准解读以及教科书、教师教学用书中体现该能力要求的关键词、短语或句子进行编码。内容对应表的研制，需先在我国课程标准中找到与 OECD 内容框架对应的主要内容，然后找到与这些主要内容对应的课程标准具体内容，最后标注出我国课程和 OECD 内容框架的对应状态，对应状态包括"完全对应""部分对应（多或少）""完全不对应"，并对"部分对应（多或少）"进行具体解释。

一、OECD 定义的能力素养要素的关键词或核心特征提取

为完成"人文地理（HGE）"和"地球科学（NSE）"的能力对应表，需将能力指标翻译为可采集的文字信息。因此，提取 OECD 定义的能力素养要素的关键词或者核心特征这一操作步骤起到承接作用，非常关键。

（1）读写能力。读写能力被定义为理解、使用、构建书面、口头、视觉文本的能力。有读写能力的学生能够理解、使用并构建不同类型的文本。这些文本包括与具体学科相关的文本（如科学或历史学科中的文本），以及图表和图形等视觉文本。读写能力是沟通的基础[2]。体现读写能力的关键词或核心特征为：图案、文本、书面、口头、文字、查阅、收集、阅读、描述。

（2）计算能力。计算能力被定义为获取、使用、解释和传达数学信息和思想的能力。有计算能力的学生能够在合适的情境中，或在其他学科领域的特定主题内容中，运用数学知识和技能，如在地理学科中能使用数学知识和技能进行地图测量、人口预测、数学建模[3]。体现计算能力的关键词或核心特征为：理解、数学、计算、估算、估测、测量。

（3）ICT 素养／数字素养。信息通信技术是指能使人和组织在数字世界中进行交互的所有设备、网络组件、应用程序和系统。ICT 素养／数字素养被定义为有效、适当地使用信息通信技术的能力。具有这种能力的学生能够访问、创建和交流通信信息，能够适应不断变化的技术并使用技术实现目的，以合乎伦理和负责任的方式使用设备与他人沟通[4]。体现 ICT 素养／数字素养的关键词或核心特征为：信息技术、多媒体。

（4）数据素养。数据素养被定义为基于数学理解和技能，从数据中获取和创建有意义的信息，利用数据，特别是与统计学相关的数据，进行交流。具备数据素养的学生可以批判性地思考以统计方式或可视化方式呈现的信息，可以分析数据并判断结论的准确性，客观解释数据中蕴含的信息[5]。体现数据素养的关键词或核心特征为：数据、统计。

---

[1] 刘卫东. 面向多元空间大数据的知识图谱构建及其核心特征提取方法研究[D]. 上海：上海大学，2018.
[2] JOHNSON R, EDWARDS R, RIVERS A, et al.Evaluating literacy levels of patient education materials for a sickle cell transition group education programme[J].Health education，2020，79（3）：253-265.
[3] 尤晓亮. "四重四学"提升学生计算能力的实践与思考[J]. 名师在线，2020（7）：44-45.
[4] 吴雪威，李刚. 从 PISA 2021 中的 ICT 调查看 ICT 素养评估：分析及启示[J]. 外国中小学教育，2019（9）：19-26，18.
[5] BECK J S, MORGAN J J, BROWN N, et al. "Asking, learning, seeking out": an exploration of data literacy for teaching[J].The educational forum，2020，84（2）.

（5）体育健康素养。体育健康素养是指将身心、认知和社交能力融入健康和积极生活的素养，包括获得健身和运动技能，对运动持积极态度，能够理解如何及为何参与运动。具有体育健康素养的学生能够获取、理解、评估和应用健康信息，具备做出安全和健康行为决策的知识、技能和态度（包括动机）。体育健康素养往往与更好地获取和使用健康服务有关，旨在使学生能够在整个生命周期内保持卫生和健康（如营养均衡、心理健康、人际关系和谐、安全）①。体现体育健康素养的关键词或核心特征为：安全、健康、身体。

（6）合作／协作。合作／协作是指作为一个团体或团队的成员，忠诚于团队，做好自己的工作。团队合作在各个学科中都是非常重要的能力，也是未来社会要求很高的素养。协作技能多与学生的性格特征相关，而与道德品质或态度关系不大②。体现合作／协作的关键词或核心特征为：合作、团队。

（7）批判性思维。批判性思维被定义为对观点和解决方案进行质疑和评估的思维能力。这个定义体现了元认知、社会与情感技能（在文化背景下的反思和评价）、态度和价值观等多种要素，以及许多认知技能的组合，这些认知技能包括体验、观察、分析、概念化、综合、评估、反思和沟通。地理学科非常重视培养学生的批判性思维，需要学生辩证地思考人与自然的关系、开发与保护的关系、聚集与分散的关系、自然要素之间的关系、人文要素之间的关系，之后进行正确的分析、推理和评估③。体现批判性思维的关键词或核心特征为：批判性思维、辩证、正反。

（8）解决问题。解决问题被定义为对困境或复杂问题的解决方案的寻求过程。问题解决能力是指一个人在没有明显解决方法和方案的情境下运用认知过程理解并解决问题的能力。解决问题是多维的，包括人际问题解决、个人问题解决和社会问题解决，以及跨学科（如跨数学与科学）问题的解决④。体现解决问题的关键词或核心特征为：解决问题、问题解决、处理问题。

（9）自我调节／自我控制。自我调节／自我控制被定义为延迟满足、控制冲动和调节情绪的能力。自我控制是一个整体概念，它将不同学科的概念和意识行为（如冲动、自觉意识、自我调节、延迟满足、注意力分散、执行能力、意志力、跨时选择）联系在一起⑤。体现自我调节／自我控制的关键词或核心特征为：自我、调节、控制、自学。

（10）同理心。同理心是感知他人情感、理解和关心他人的能力。人们更容易与那些在文

---

① 高琬鑫，李志刚，陈珂琦，等．重视健康教育　落实学科核心素养——人教版《普通高中教科书体育与健康必修全一册》健康教育教材介绍与实施建议[J]．中国学校体育，2019（11）：11-14．
② 刘其科．强化小组合作意识　培养学生团结协作能力[J]．甘肃教育，2019（20）：124．
③ 陈妙如，刘晴晴，薛艺涵，等．高中生地理批判性思维倾向的测量与提高对策——以扬州中学教育集团树人学校为例[J]．中学地理教学参考，2019（12）：14-17．
④ 田紫依，王方丽．浅谈高中地理"问题解决"教学模式的应用问题和改进措施[J]．地理教育，2019（S2）：31-32．
⑤ VOSNIADOU S, LAWSON M J, WYRA M, et al.Pre-service teachers' beliefs about learning and teaching and about the self-regulation of learning: a conceptual change perspective[J].International journal of educational research, 2020, 99.

化和生活条件方面与自己更相似的人以及与自己交往更频繁的人产生共鸣。同理心具有多层面结构，例如，它涉及视角的选取（认知技能）以及社交和情感技能①。体现同理心的关键词或核心特征为：同理心、同情、共鸣、分享、共享。

（11）尊重。尊重是对自我和他人以及我们所处环境的重视，并充分考虑到自我和他人的感受、愿望或权利，以及我们周围可能不能表达愿望的事物（如环境、动物）。尊重是通过行为和交流表现出来的，这种行为和交流会因文化背景的不同而有所不同。例如，尊重文化多样性就意味着尊重其他文化与本土文化的许多差异和相似之处。尊重自然涉及地理价值观念②。体现尊重的关键词或核心特征为：尊重、理解。

（12）毅力／适应力。毅力／适应力是指在遇到困难，涉及或时间长、或步骤多、或遭到某人／某事的阻碍时，保持对某项活动的努力或兴趣的性格品质。美国心理学会将适应力定义为在逆境、创伤、悲剧、威胁或重大压力（如家庭关系问题、严重健康问题、工作压力和经济压力）面前表现良好的适应过程，即"从困难的经历中恢复过来"③。体现毅力／适应力的关键词或核心特征为：坚持、克服困难。

（13）信任。信任是一种基于对所采取的行动或计划的可靠性和完整性的信念，而形成的对个人、机构或组织的态度。当一个人确信其他人的行为主要是基于良好的意图和道德，而不是基于对个人或群体造成负面影响时，信任就形成了。信任是多维度的，会在个人、机构或组织显示出关心、理解等情况下产生。个人或社会的幸福感与群体内的信任程度密切相关④。体现信任的关键词或核心特征为：信任、交流、活动。

（14）学会学习。学会学习被定义为对学习现象本身的认识和理解，能够使学生控制自己的学习。这个定义中隐含的是学习者对学习环境的感知，包括了解该学科的学习目标。学会学习的目的是使每个学生都有能力反思自己的学习，有能力在学习中理解、分析和规范其思维、态度和行为，有能力设定学习目标、监督学习进度、改善学习过程⑤。体现学会学习的关键词或核心特征为：学会学习、反思、调节、监督。

（15）学生主体。学生主体是指学生有能力和意愿主动采取有目的的行动——与被动相反。具有高度能动性的年轻人不会被动地对其所处的环境做出反应，而是倾向于主动寻找有意义、有目的的行动，并创造自己或他人所希望的环境条件。主体性包括独立性，即个体能够独自为某项任务采取措施，克服过程中的困难，反思行动；主体性包括目的性，即个体能够设置目标、监控进度、评价结果；主体性还包括自我效能感，自我效能感是学生主体性的

---

① 陈文彦. 教师和家长如何培养孩子的同理心[J]. 甘肃教育，2019（23）：60.
② 陈贵青. 教会学生在关心中尊重人与人的相异性——诺丁斯教育思想探析[J]. 高等农业教育，2008（12）：85–89.
③ 朱凌云. 生涯适应力：青少年生涯教育与辅导的新视角[J]. 全球教育展望，2014，43（9）：92–100.
④ 卢宝祥. 学校何以担当学生伦理道德培养的责任——基于信任、利他与合作的培养分析[J]. 广西师范大学学报（哲学社会科学版），2011，47（6）：99–103.
⑤ 师曼，刘晟，刘霞，等. 21世纪核心素养的框架及要素研究[J]. 华东师范大学学报（教育科学版），2016，34(3)：29–37，115.

一个重要方面,它是指个体对自己是否有能力完成某一行为所进行的推测与判断[①]。体现学生主体的关键词或核心特征为:好奇心、动机、兴趣、爱好。

(16) 共同体。共同体是指帮助学习者朝着既定目标前进的、互动的、相互支持的关系。为了帮助学习者发展其主体性,教育工作者不仅要认识到学习者的个性,还要认识到影响学习者的更广泛的关系,即学习者与他们的教师、同伴、家庭和社区的关系。在这种情况下,每个人都应该被看作学习者,即学习者不仅仅是指学生,还包含教师、学校管理者、家长和社区工作者[②]。体现共同体的关键词或核心特征为:同伴、共同参与、互动、相互支持。

(17) 创造新价值。创造新价值是指有能力通过识别新的经济增长源来促进社会经济的增长,如开发新产品、新服务、新工作岗位、新流程、新方法、新思考方式、新生活方式、新企业、新行业和新商业模式等。创造新价值的关键结构之一是创造力。创造力被称为"跳出框框的思维",被定义为以新的视角处理问题的能力,往往可以产生看似非正统的解决方案[③]。体现创造新价值的关键词或核心特征为:创造、开发、原创、新颖。

(18) 承担责任。承担责任是指能够为个人和集体利益,正当、有原则、负责任地行事。一个负责任的人会表现出愿意接受其行为产生的后果,如赞扬、责备、奖励或惩罚,他们对于团体和他人的承诺值得信赖[④]。体现承担责任的关键词或核心特征为:责任、原则、诚信、承诺。

(19) 协调矛盾与困境。协调矛盾与困境需要有能力以建设性的、面向未来的方式应对紧张局势和困境,要避免给出单一的解决方案,能够处理紧张和两难问题,做出权衡。例如,能够在公平和自由之间、自治和团结之间、生态保护和简单化的经济模式之间、多样性和普遍性之间、创新和延续之间做出权衡,将看似矛盾或不相容的目标整合为同一目标的各个方面。一个能够协调矛盾与困境的人能够很好地处理紧张局势和困境,并寻求多种解决方案。解决冲突要求具备以下能力:有目的的倾听、澄清观点、找到共同的观点、确定解决方案并评估结果[⑤]。体现协调矛盾与困境的关键词或核心特征为:倾听、听取、共识、赞成、一致、权衡、理解、获得、运用。

(20) 预期。预期是指了解他人的意图、行动和感受,并预测短期和长期后果的能力,同时也是准备创造和影响未来的能力。预期可以使个人成熟,并且能够在听取不同观点的基础上做出独立判断。学生应该能够对现实生活和未来生活感到有把握,而不是相信未来是由自然或其他不在其控制范围内的因素决定的。缺乏预期能力,学生将很难应对世界上的挑战和机遇。学生应该做好准备,满怀信心地预测并影响未来的生活[⑥]。体现预期的关键词或核心特

---

① 肖川. 从建构主义学习观论学生的主体性发展 [J]. 教育研究与实验,1998 (4): 1-5, 71.
② 钟志贤. 知识建构、学习共同体与互动概念的理解 [J]. 电化教育研究,2005 (11): 20-24, 29.
③ 孙先亮. 高中要为学生创造新的价值 [J]. 人民教育,2016 (1): 37-39.
④ 刘铁芳. 学生社会责任感的建构与培养 [J]. 教育研究与实验,2001 (2): 26-30, 72.
⑤ 李光炎. 关于竞争、协调、中庸、矛盾的再认识 [J]. 理论探讨,2004 (3): 70-74.
⑥ 刘素芳. 浅谈学生听前预期能力的培养 [J]. 青海师范大学学报(哲学社会科学版),2002 (2): 141-143.

征为：假设、猜想。

（21）行动。行动是指为了一个明确的目标而采取行动的意愿和能力。具备行动力的学生能够根据他们正在学习或想要学习的东西，对某种情况做出反应；能够运用所获得的技能来行动，或在某一情境中做出努力，并评估行动的影响[1]。在具体学科背景中，如在科学科目中，行动可以作为测试假设或在实验室中进行实验的科学过程的一部分。体现行动的关键词或核心特征为：行动、评估、乐于、反应。

（22）反思。反思是一种在决定前或者决定后进行二次思考、信息提炼、方法加工的能力。例如，在其他条件给定的情况下，思考个人决定和行动的长期和间接影响。反思时，需要将当前情境与经验联系起来；需要从多个来源（如视觉、听觉、动觉和触觉）获得认知和情感信息，并对这些信息进行处理、综合和评价；需要将所学到的知识应用到新情境中[2]。体现反思的关键词或核心特征为：反思。

（23）全球胜任力。全球胜任力是指能够认识到世界上不同地方、不同民族、不同国家、不同大洲、不同信仰、不同文化具有不同的价值观，并能够与世界其他地区的参与者平等交流、合作共事。全球胜任力还要求学生能够把问题放在全球这个大背景下进行思考和决策，这一点在地理学科中体现得尤为显著[3]。体现全球胜任力的关键词或核心特征为：全球、世界、国际、他国、文化。

（24）媒介素养。媒介素养被定义为批判性思考和分析媒体内容（包括社交媒体和新闻网站）的能力。具备媒介素养的个体能够识别"假新闻"，能够区分真实信息与虚假信息，并能够评估、评价和反思媒体信息，对这些信息做出明智和合乎道德的判断[4]。体现媒介素养的关键词或核心特征为：新闻、网站、网络、电视、广播、报刊、报纸、媒体、道德判断、科学性。

（25）可持续发展素养。可持续发展素养是指促进可持续发展所需的知识、技能、态度和价值观。具备可持续发展素养的个体需要了解社会、经济和环境系统如何相互作用，认识并理解影响可持续发展的因素，支持并参与更可持续的生活方式[5]。体现可持续发展素养的关键词或核心特征为：可持续发展、环境、社会、资源、人口、发展、自然。

（26）计算思维／编程／编码。计算思维是指提出和开发与计算机技术相关的解决方案。编程和编码是指具备使用计算机和机器人等设备所需要的语言、模式、过程和系统的知识和技能[6]。体现计算思维／编程／编码的关键词或者核心特征为：计算机、编程、智能、机器人、软件。

---

[1] 张永丰．责任 梦想 行动——谈《地理教育国际宪章2016》对我国地理基础教育的启示[J]．中学地理教学参考，2016（21）：9-11．

[2] 陈佑清．反思学习：涵义、功能与过程[J]．教育学术月刊，2010（5）：5-9．

[3] 佚名．OECD发布全球PISA能力框架[J]．职业技术教育，2017，38（34）：6．

[4] 严宗彬．微信对提升高中生地理学习媒介素养的研究[D]．福州：福建师范大学，2017．

[5] 董瑞杰．核心素养目标下的高中地理可持续发展观教育教学[J]．天津师范大学学报（基础教育版），2018，19（1）：57-61．

[6] 钱力行．新课程标准背景下普通高中编程教育现状及推广策略研究[D]．镇江：江苏大学，2019．

(27) 财经素养。财经素养是指将财经知识和技能应用于现实财务问题和财务决策的能力。具备财经素养的个体可以理解财经概念和财经风险,并具备运用这些知识的技能、动机和信心,能够在各种财经背景下做出有效决策。财务决策是所有年龄段的个体生活的一部分,如支配零花钱、管理自己的预算、购买商品、为未来节省开支、了解信贷和贷款支付以及退休计划。财经知识有助于个体运用这些决策改善其财务状况,进而改善整个社会的财务状况,因为财经知识不仅可以促进经济的包容性增长,还可以使财经体系更具弹性[1]。体现财经素养的关键词或核心特征为:金融、财经、支出、支付、消费。

(28) 企业家精神。企业家精神被定义为使产品、服务等增值的能力。它涉及评估情况、组织资源、创造和发展增值机会。此价值可能是产品、服务、想法、问题解决方案或需求满足方案[2]。体现企业家精神的关键词或核心特征为:企业家、企业、创业、效率、有效。

表 1-5 OECD 定义的能力素养要素的关键词或核心特征

能力素养	能力素养要素	关键词或核心特征
基础素养	读写能力	图案、文本、书面、口头、文字、查阅、收集、阅读、描述
	计算能力	理解、数学、计算、估算、估测、测量
	ICT 素养/数字素养	信息技术、多媒体
	数据素养	数据、统计
	体育健康素养	安全、健康、身体
技能、态度和价值观	合作/协作	合作、团队
	批判性思维	批判性思维、辩证、正反
	解决问题	解决问题、问题解决、处理问题
	自我调节/自我控制	自我、调节、控制、自学
	同理心	同理心、同情、共鸣、分享、共享
	尊重	尊重、理解
	毅力/适应力	坚持、克服困难
	信任	信任、交流、活动
	学会学习	学会学习、反思、调节、监督

---

[1] 陈启山,李文蕊,黄彬彬,等. PISA 财经素养测评对我国财经教育与财经素养研究的启示 [J]. 全球教育展望,2017,46 (3):6-15,28.

[2] 张玉利,杨俊. 国外企业家精神教育及其对我们的启示 [J]. 中国地质大学学报(社会科学版),2004 (4):22-27.

续表

能力素养	能力素养要素	关键词或核心特征
关键概念	学生主体	好奇心、动机、兴趣、爱好
	共同体	同伴、共同参与、互动、相互支持
变革能力和能力发展	创造新价值	创造、开发、原创、新颖
	承担责任	责任、原则、诚信、承诺
	协调矛盾与困境	倾听、听取、共识、赞成、一致、权衡、理解、获得、运用
	预期	假设、猜想
	行动	行动、评估、乐于、反应
	反思	反思
复合能力	全球胜任力	全球、世界、国际、他国、文化
	媒介素养	新闻、网站、网络、电视、广播、报刊、报纸、媒体、道德判断、科学性
	可持续发展素养	可持续发展、环境、社会、资源、人口、发展、自然
	计算思维／编程／编码	计算机、编程、智能、机器人、软件
	财经素养	金融、财经、支出、支付、消费
	企业家精神	企业家、企业、创业、效率、有效

二、我国初中、高中地理课程内容图谱的绘制

本书统计了 28 个能力素养要素的两项数据：分值和频次。前期先将提取到的文本信息进行了赋值编码和频次统计编码。

在为文本赋值时，为避免主观因素的影响，本书基于客观事实制订了严谨的赋值标准。首先将所研究的文本文件进行重要性递减排序。初中部分依次为：《义务教育地理课程标准（2011 年版）》、人民教育出版社于 2012—2013 年出版的全套义务教育地理教科书（第 1 版）、《义务教育地理课程标准（2011 年版）解读》、人民教育出版社于 2012—2013 年出版的全套义务教育地理教师教学用书（第 1 版）；高中部分依次为：《普通高中地理课程标准（2017 年版）》、中国地图出版社于 2019—2020 年出版的全套普通高中地理教科书（第 1 版）、《普通高中地理课程标准（2017 年版）解读》、中国地图出版社于 2019—2020 年出版的全套高中地理教师教学用书（第 1 版）。在此基础上，参考教学的可操作性、我国现行地理课程与能力素养要素的对应性以及能力素养要素在课程文本文件中阐述的清晰程度，制订赋值标准[①]。

---

① 李宏然．英语课程文件的研究方法[J]．科技信息（学术研究），2007（2）：108．

显然，在更重要的课程文本中出现，说明其教学的可能性更高，与课程的对应性更强，阐述更加清晰明确。例如：某项能力素养要素直接出现于课程标准文件中，意味着该能力素养要素在我国地理课程体系中对应良好，阐述很清晰、明确；某项能力素养要素在所有课程文本文件中均未出现，意味着该能力素养要素在我国地理课程体系中没有对应，也不存在教学的可能性。本书采用的OCED能力素养要素赋值标准具备主客观相统一的特性，不同分值对应的含义如表1-6所示。

表1-6　OECD能力素养要素赋值标准

赋值	含义
1分	课程不对应，教学不可能
2分	课程不对应，教学有可能
3分	课程有对应，阐述不明确
4分	课程有对应，阐述很明确

以基础素养中的"读写能力"为例，在《普通高中地理课程标准（2017年版）》中采集的文本信息如表1-7所示。此外，在为文本赋值的过程中，若一个能力素养要素对应多个条目，则取最大值进行统计。

表1-7　能力素养要素与文本对应工作表示例

能力素养	能力素养要素	OCED定义的关键词或核心特征	中国课程标准文件中的该能力要求概述（关键词、短语或句子）
基础素养	读写能力	图案、文本、书面、口头、文字、查阅、收集、阅读、描述	1. 课程内容：增强对生活中的自然地理现象进行观察、识别、描述、解释、欣赏的意识与能力，树立尊重自然、顺应自然、保护自然的观念 2. 课程内容：结合实例，说明设立自然保护区对生态安全的意义。结合实例，说明污染物跨境转移对环境安全的影响 3. 学业质量：能够查阅相关政策法规文献，尝试运用所学知识，对某区域的资源合理化利用和生态环境保护提出构思

在进行频次统计编码时，完全按照能力素养要素出现的次数进行统计，如6次、5次、4次、3次、2次、1次、0次，并采用不同明度的颜色将统计结果在表格中绘制出来。

第二章

我国初中"人文地理（HGE）"课程能力框架热图分析

在初中、高中课程能力框架分值热图中，将OECD"学习框架2030"中的5大类能力素养、28项能力素养要素作为能力指标，将"人文地理（HGE）"或"地球科学（NSE）"的6个内容项作为内容主题。每个内容主题都与28项能力素养要素有所对应，并根据对应程度被赋为不同的分值（0～4分），从而形成了168个象限点。每一个象限点的分值代表不同能力素养要素在教学中的可能性及与课程内容的对应性。

同样，在初中、高中课程能力框架频次热图中，将OECD"学习框架2030"中的5大类能力素养、28项能力素养要素作为能力指标，将"人文地理（HGE）"或"地球科学（NSE）"的6个内容项作为内容主题。每个内容主题都与28项能力素养要素有所对应，并根据能力素养要素出现的次数被赋为不同的数值，从而形成了168个象限点。每一个象限点的数值代表不同能力素养要素在课程标准等文本中出现的次数。

第一节　我国初中"人文地理（HGE）"分值热图分析

表 2-1　我国初中"人文地理（HGE）"课程能力框架分值热图

内容代码	内容主题	基础素养					技能			态度和价值观				能力素养 关键概念				变革能力和能力发展				复合能力					
		读写能力	计算能力	ICT素养/数字素养	数据素养	体育健康素养	合作/协作	批判性思维	解决问题	自我调节/自我控制	同理心	尊重	毅力/信任/适应力	学会学习	学生主体	创造新价值	共同体价值	承担责任	协调矛盾与困境	预期行动	反思	全球胜任力	全媒介素养	可持续发展素养	计算思维/编程/编码	财经素养	企业家精神
HGE 1	地球、地貌、气候类型；自然环境对区域的影响	4	4	2	4	2	3	4	2	1	1	1	4	2	2	1	1	1	1	2	3	2	1	4	1	1	1
HGE 2	人类活动对区域的影响；文化差异；世界社会、经济和文化多样性；人类聚居模式	4	2	2	2	1	2	2	2	1	2	3	2	2	2	2	1	1	1	2	4	4	2	4	1	1	1
HGE 3	与全球公民意识和可持续发展教育有关的概念，包括环境可持续性；促进国际理解、合作与和平的教育；有关人权和基本自由的教育	4	2	2	2	1	2	4	2	1	3	3	3	2	2	2	4	2	3	3	3	3	2	3	1	1	1
HGE 4	了解地理学家的工作；学会像地理学家一样思考；理解地理与现实生活之间的联系，以及地理对现实世界的贡献（认知知识）	4	2	4	2	1	2	2	3	2	2	2	2	2	4	2	2	3	2	2	3	3	3	3	2	1	2
HGE 5	分析信息；搜集资料（包括书面及口头资料）；识别并运用不同的观点；观察并描述；根据材料推导结论；交流调查结果（如根据搜集到的数据调查撰写调查报告）	4	2	2	2	1	2	4	2	2	2	2	3	3	4	2	4.4	2	1	4	4	1	2	4	2	1	1
HGE 6	地理中的道德和伦理问题（如环境保护）	4	2	2	2	2	2	4	2	2	3	2	2	2	4	2	2	2	2	2	2	4	2	4	1	1	1

一、赋值矩阵整体情况

在168个象限点中，33个象限点的分值为4分，21个象限点的分值为3分，74个象限点的分值为2分，40个象限点的分值为1分。从图2-1可以看出：占比最多的分值是2分，占44%；其次是1分，占24%；然后是4分，占20%；占比最少的分值是3分，仅占12%。

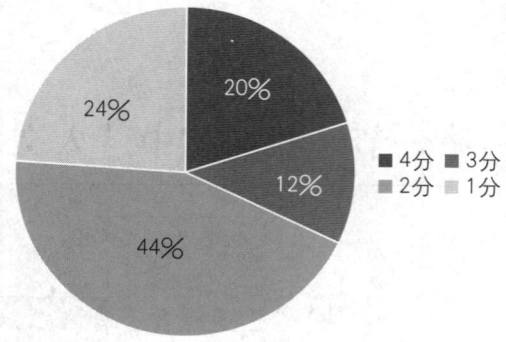

图2-1 我国初中"人文地理（HGE）"168个象限点的分值占比

二、OECD能力素养的赋值情况

本研究对OECD"学习框架2030"中的5大类能力素养的得分情况进行了统计，并用饼状图呈现结果。此外，本研究还统计了5大类能力素养中的28项能力素养要素的平均得分（也称赋分均值）情况，以展现我国初中人文地理课程对各项能力素养要素要求的明确程度。

1. 基本情况

（1）基础素养

我国初中"人文地理（HGE）"中基础素养的5项能力素养要素对应的象限点有30个。这30个象限点的赋值情况如图2-2所示：占比最多的分值是2分，占60%；其次是4分，占30%；然后是1分，占10%；没有象限点被赋值为3分。

对于每项能力素养要素，由于象限点太少，占比分析没有意义，所以用赋分均值来衡量其在"人文地理（HGE）"课程中的体现程度。从图2-3可以看出，基础素养的5项能力素养要素中，赋分均值最高的是读写能力，其次是计算能力、ICT素养/数字素养、数据素养，最低的是体育健康素养。这表明我国初中人文地理非常重视学生使用书面、口头、视觉文本的能力。

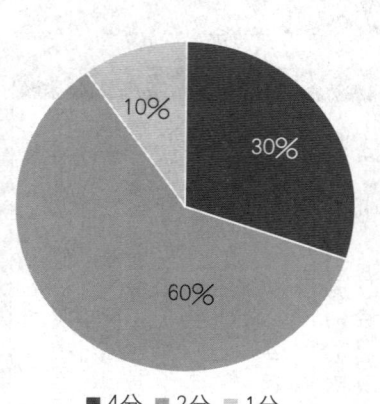

图2-2 我国初中"人文地理（HGE）"基础素养的分值占比

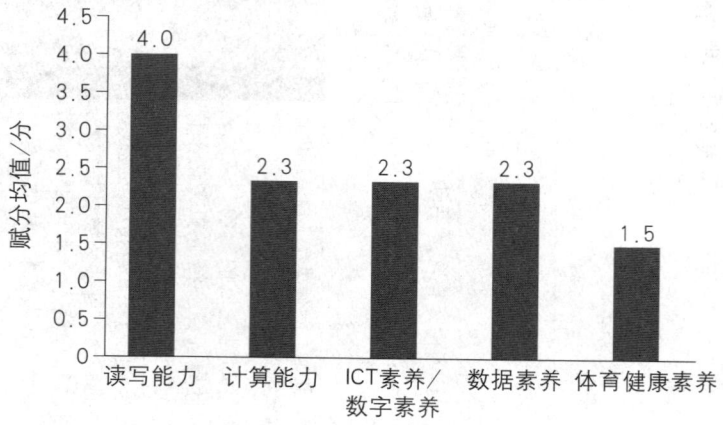

图2-3 我国初中"人文地理（HGE）"基础素养中各能力素养要素的赋分均值

（2）技能、态度和价值观

我国初中"人文地理（HGE）"中技能、态度和价值观的 9 项能力素养要素对应的象限点有 54 个。这 54 个象限点的赋值情况如图 2-4 所示：占比最多的分值是 2 分，占 46%；1 分、3 分、4 分的占比相差不大，依次占 19%、19%、16%。

从图 2-5 可以看出，技能、态度和价值观的 9 项能力素养要素中，赋分均值较高的是批判性思维和尊重，其次是合作/协作、解决问题、学会学习，较低的是同理心、信任、毅力/适应力、自我调节/自我控制。这表明我国初中人文

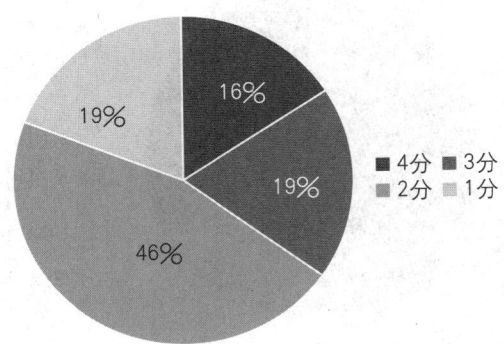

图 2-4 我国初中"人文地理（HGE）"技能、态度和价值观的分值占比

地理非常重视学生的批判性思维，但对学生的意志力、自觉性要求不高。对学生而言，学习的自律性需要在早期养成，这样才有利于良好学习习惯的形成和学习效果的提升。

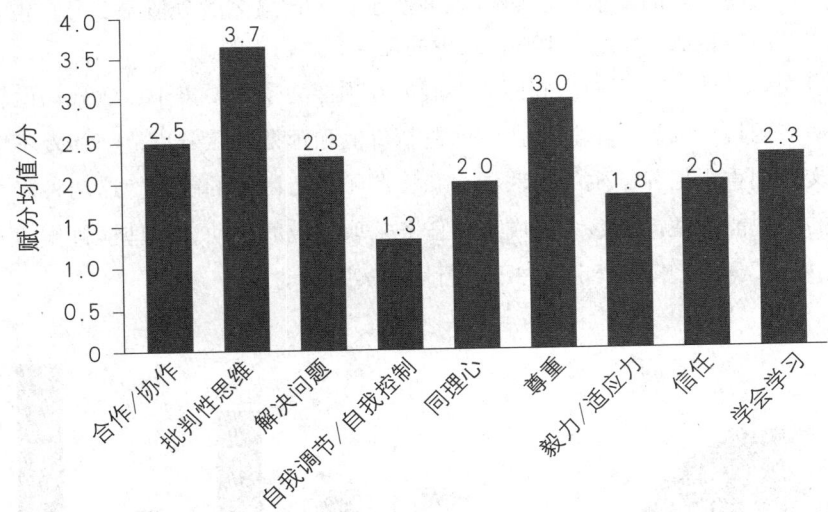

图 2-5 我国初中"人文地理（HGE）"技能、态度和价值观中各能力素养要素的赋分均值

（3）关键概念

我国初中"人文地理（HGE）"中关键概念的 2 项能力素养要素对应的象限点有 12 个。这 12 个象限点的赋值情况如图 2-6 所示：占比最多的分值是 2 分，占 59%；其次是 4 分，占 33%；然后是 1 分，占 8%；没有象限点被赋值为 3 分。

从图 2-7 可以看出，关键概念的 2 项能力素养要素中，赋分均值较高的是学生主体，较低的是共同体。这表明我国初中人文地理重视培养学生的独立性、自主性和学习兴趣。对于一门科目，学生首先要对其产生兴趣，才能主动投入更多精力进行学习，因此我国初中人文地理重视对于学生主体能力的培养。

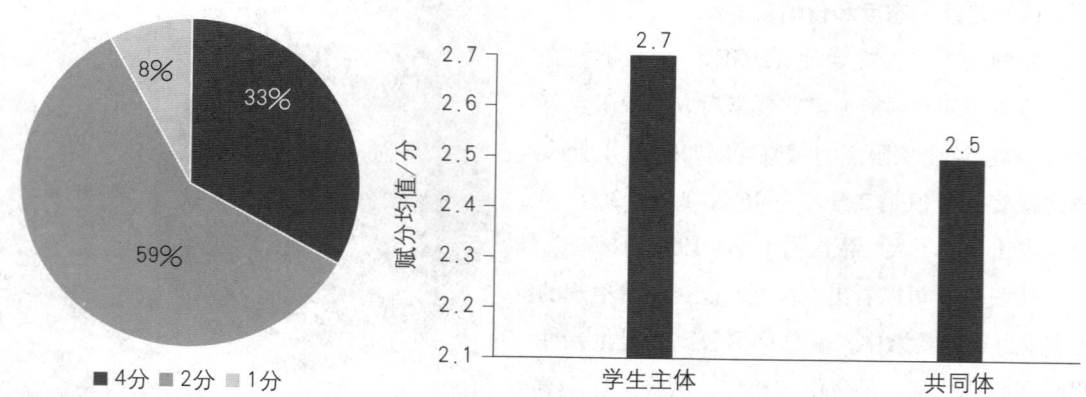

图 2-6 我国初中"人文地理(HGE)"关键概念的分值占比

图 2-7 我国初中"人文地理(HGE)"关键概念中各能力素养要素的赋分均值

(4) 变革能力和能力发展

我国初中"人文地理(HGE)"中变革能力和能力发展的 6 项能力素养要素对应的象限点有 36 个。这 36 个象限点的赋值情况如图 2-8 所示：占比最多的分值是 2 分，占 42%；其次是 1 分，占 25%；然后是 3 分，占 19%；最少的是 4 分，占 14%。

从图 2-9 可以看出，变革能力和能力发展的 6 项能力素养要素中，赋分均值较高的是行动和协调矛盾与困境，反思、承担责任、创造新价值和预期的赋分均值都相差不多。这表明我国初中人文地理重视培养学生的行动能力和协调矛盾与困境的能力。这两种能力均要求学生具备较好的主观能动性，能够为完成某项任务采取相应的行动。地理学科作为一门实践性较强的学科，要求学生能够在一定条件下进行地理实践活动。

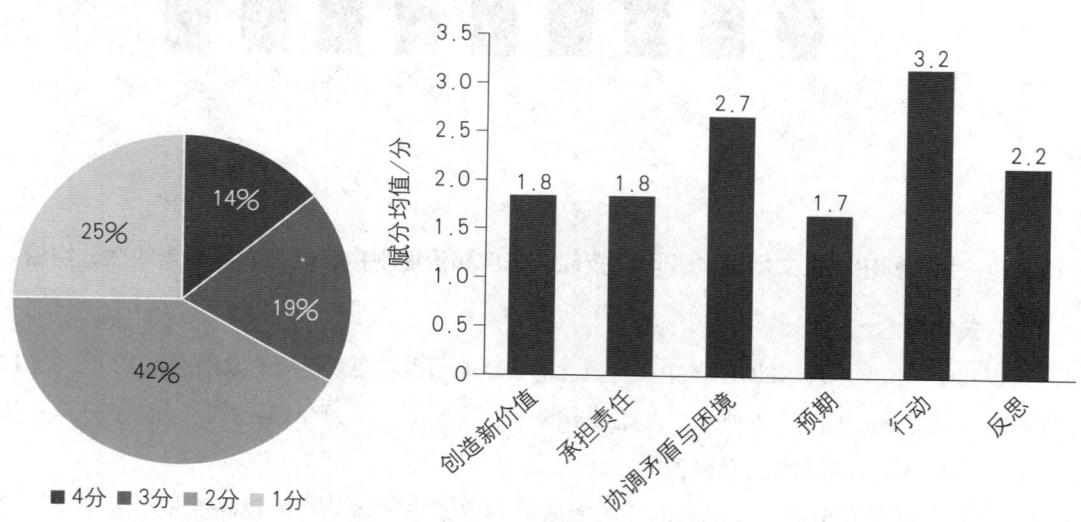

图 2-8 我国初中"人文地理(HGE)"变革能力和能力发展的分值占比

图 2-9 我国初中"人文地理(HGE)"变革能力和能力发展中各能力素养要素的赋分均值

(5) 复合能力

我国初中"人文地理（HGE）"中复合能力的 6 项能力素养要素对应的象限点有 36 个。这 36 个象限点的赋值情况如图 2-10 所示：占比最多的分值是 1 分，占 47%；其次是 2 分，占 25%；然后是 4 分，占 17%；最少的是 3 分，占 11%。

从图 2-11 可以看出，复合能力的 6 项能力素养要素中，赋分均值较高的是可持续发展素养和全球胜任力，其次是媒介素养，赋分均值较低的是计算思维/编程/编码、企业家精神、财经素养。需要注意的是，复合能力的赋分均值明显低于 5 类能力素养整体的赋分均值，比其他几种能力素养的赋分均值都要低，说明复合能力在我国初中人文地理 6 大内容主题中的受重视程度很低。

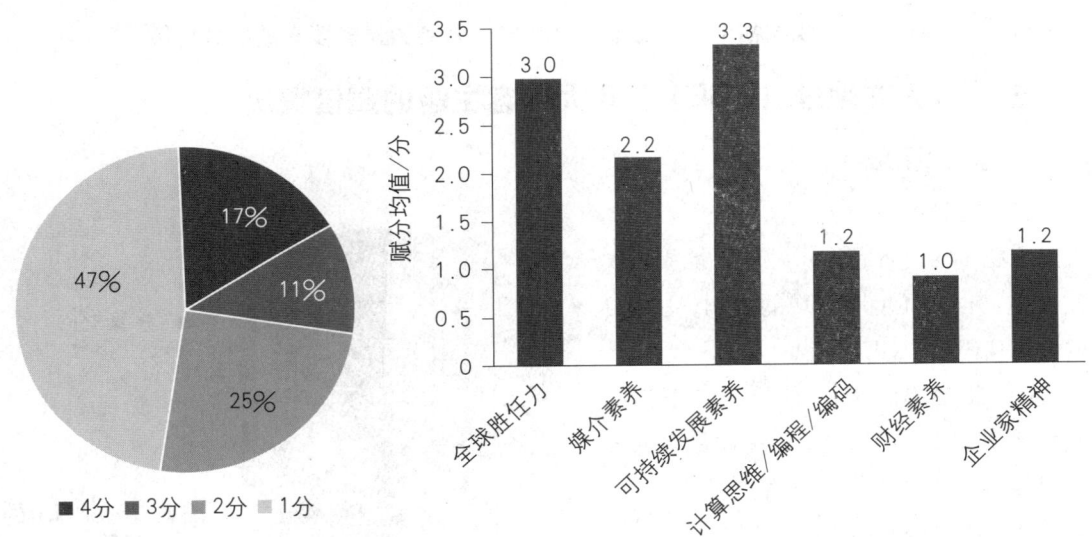

图 2-10 我国初中"人文地理（HGE）"复合能力的分值占比

图 2-11 我国初中"人文地理（HGE）"复合能力中各能力素养要素的赋分均值

2．小结

从图 2-12 可以看出，28 项能力素养要素中，赋分均值较高的是读写能力、批判性思维、可持续发展素养、行动、尊重、全球胜任力，都在 3 分及以上；赋分均值居中的是学生主体、协调矛盾与困境、合作/协作、共同体、计算能力、ICT 素养/数字素养、数据素养、解决问题、学会学习、反思、媒介素养、同理心、信任，都在 2 分及以上、3 分以下；赋分均值较低的是毅力/适应力、承担责任、创造新价值、预期、体育健康素养、自我调节/自我控制、计算思维/编程/编码、企业家精神、财经素养，都在 1 分及以上、2 分以下。

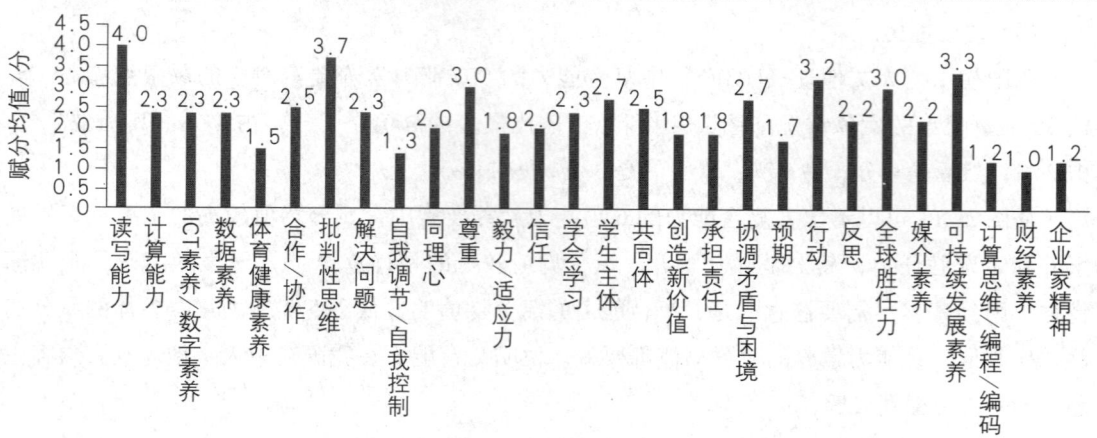

图 2-12　我国初中"人文地理（HGE）"各能力素养要素的赋分均值

三、"人文地理（HGE）"6大内容主题的赋值情况

1．基本情况

（1）主题1

主题1的内容包含：地球，地貌；气候类型；自然环境对区域的影响。主题1的内容代码是HGE1。

HGE1对应的28项能力素养要素的赋值情况如图2-13所示：占比最多的分值是1分，占43%；其次是2分和4分，均占25%；最少的是3分，占7%。

（2）主题2

主题2的内容包含：人类活动对区域的影响；文化差异；世界社会、经济和文化多样性；人类聚居模式。主题2的内容代码是HGE2。

HGE2对应的28项能力素养要素的赋值情况如图2-14所示：占比最多的分值是2分，占53%；其次是1分，占32%；然后是4分，占11%；最少的是3分，占4%。

（3）主题3

主题3的内容包含：与全球公民意识和可持续发展教育有关的概念，包括环境可持续性；促进国际理解、合作与和平的教育；有关人权和基本自由的教育。主题3的内容代码

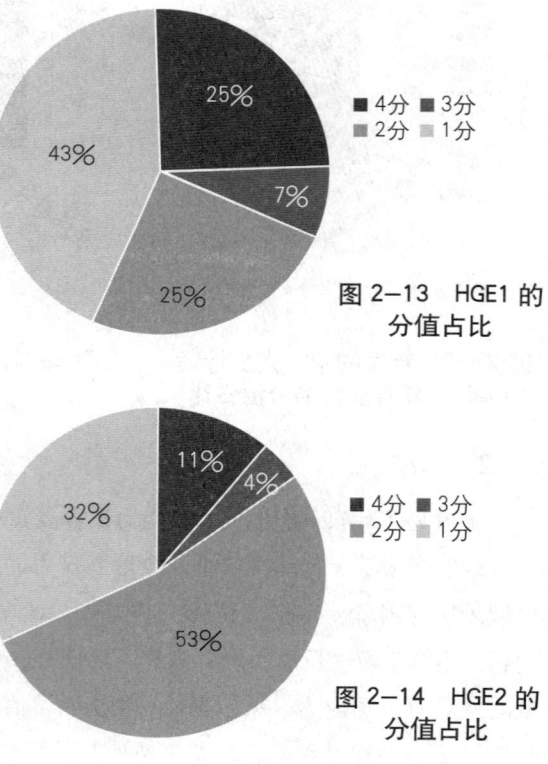

图 2-13　HGE1 的分值占比

图 2-14　HGE2 的分值占比

是 HGE3。

HGE3 对应的 28 项能力素养要素的赋值情况如图 2-15 所示：占比最多的分值是 3 分，占 36%；其次是 2 分，占 32%；然后是 1 分，占 18%；最少的是 4 分，占 14%。

（4）主题 4

主题 4 的内容包含：了解地理学家的工作，学会像地理学家一样思考；理解地理与现实生活之间的联系，以及地理对现实世界的贡献（认知知识）。主题 4 的内容代码是 HGE4。

HGE4 对应的 28 项能力素养要素的赋值情况如图 2-16 所示：占比最多的分值是 2 分，占 42%；其次是 4 分和 3 分，均占 22%；最少的是 1 分，占 14%。

（5）主题 5

主题 5 的内容包含：分析信息；搜集资料（包括书面及口头资料）；识别并运用不同的观点，观察并描述；根据材料推导结论；交流调查结果（如根据搜集到的数据撰写调查报告）。主题 5 的内容代码是 HGE5。

HGE5 对应的 28 项能力素养要素的赋值情况如图 2-17 所示：占比最多的分值是 2 分，占 50%；其次是 4 分，占 25%；然后是 1 分，占 21%；最少的是 3 分，占 4%。

（6）主题 6

主题 6 的内容包含：地理中的道德和伦理问题（如环境保护）。主题 6 的内容代码是 HGE6。

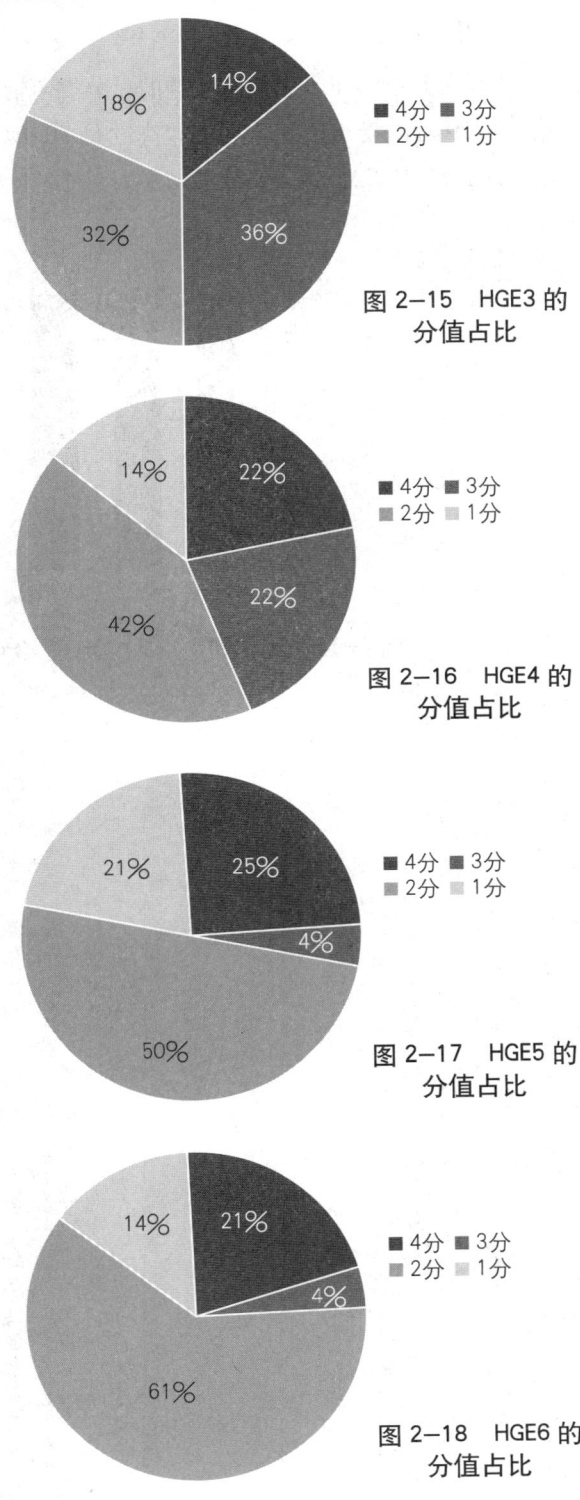

图 2-15 HGE3 的分值占比

图 2-16 HGE4 的分值占比

图 2-17 HGE5 的分值占比

图 2-18 HGE6 的分值占比

HGE6 对应的 28 项能力素养要素的赋值情况如图 2-18 所示：占比最多的分值是 2 分，占 61%；其次是 4 分，占 21%；然后是 1 分，占 14%；最少的是 3 分，占 4%。

2. 小结

本研究还统计了6大内容主题的赋分均值情况，以此衡量各内容主题的总体受重视程度。从图2-19可以看出，赋分均值较高的是HGE4和HGE3，其次是HGE5和HGE6，较低的是HGE1和HGE2。这表明我国初中人文地理比较重视HGE4和HGE3这两大内容主题。

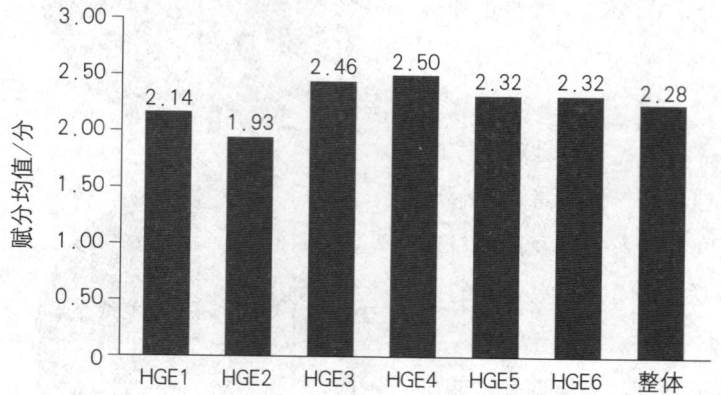

图2-19 我国初中"人文地理（HGE）"6大内容主题的赋分均值

第二节　我国初中"人文地理（HGE）"频次热图分析

表 2-2　我国初中"人文地理（HGE）"课程能力框架频次热图

内容代码	内容主题	基础素养					技能			态度和价值观					关键概念			变革能力和能力发展					复合能力					
	学科内容/概念/活动	读写能力	计算能力	ICT素养/数字素养	数据素养	体育健康素养	合作/协作	批判性思维	解决问题	自我调节/自我控制	同理心	毅力	尊重/适应力	信任	学会学习	学生共同体	创造新价值	承担责任	协调矛盾与困境	预期	行动	反思	全球胜任力	多媒介素养	可持续发展素养	计算思维/编程/编码	财经素养	企业家精神
HGE1	地球、地貌、气候类型：自然环境对区域的影响	3	2	9	3	2	19	3	0	0	0	7	0	3	2	0	0	0	2	5	0	0	2	1	7	0	0	0
HGE2	人类活动对区域的影响；世界社会、经济和文化多样性：人类聚居模式	10	2	2	0	4	4	3	0	2	5	0	1	1	5	0	0	2	2	0	1	0	4	2	8	0	0	0
HGE3	与全球公民意识和可持续发展有关的概念，包括环境可持续性、促进国际理解、合作与和平的教育；有关人权基本自由的教育	7	3	2	0	0	6	3	0	3	5	1	1	1	1	1	0	3	3	1	4	3	4	6	15	0	0	1
HGE4	了解地理学家的工作，学会像地理学家一样思考；理解地理与现实生活之间的联系，以及地理对现实世界的贡献	16	3	6	4	5	17	12	0	2	16	3	0	2	8	10	3	2	3	4	1	4	6	4	15	0	0	1
HGE5	分析信息：搜集资料（包括书面反口头资料），识别并运用不同资料推导结论；交流调查结果（如根据搜集到的数据撰写调查报告）	17	2	3	2	0	9	1	0	0	2	2	0	2	0	8	0	1	2	1	6	0	0	3	6	0	0	0
HGE6	地理中的道德和伦理问题（如环境保护）	3	2	2	1	1	3	3	0	1	2	4	1	1	2	1	1	1	2	0	3	1	4	1	8	0	0	0

一、频次矩阵整体情况

从表 2-2 可以看出，频次最高的象限点的频次为 31 次，频次最低的象限点的频次为 0 次。在 168 个象限点中，频次为 31 次的有 1 个象限点，频次为 19 次的有 1 个象限点，频次为 17 次的有 2 个象限点，频次为 16 次的有 2 个象限点，频次为 15 次的有 1 个象限点，频次为 14 次的有 1 个象限点，频次为 12 次的有 1 个象限点，频次为 10 次的有 2 个象限点，频次为 9 次的有 2 个象限点，频次为 8 次的有 4 个象限点，频次为 7 次的有 3 个象限点，频次为 6 次的有 5 个象限点，频次为 5 次的有 5 个象限点，频次为 4 次的有 12 个象限点，频次为 3 次的有 19 个象限点，频次为 2 次的有 30 个象限点，频次为 1 次的有 32 个象限点，频次为 0 次的有 45 个象限点。从图 2-20 可以看出，占比最多的频次是 0 次，占 26%；其次是 1 次，占 19%；然后是 2 次，占 18%；3 次占 11%；4 次占 7%；5 次和 6 次占 3%；7 次和 8 次均占 2%；其余频次均占 1%。

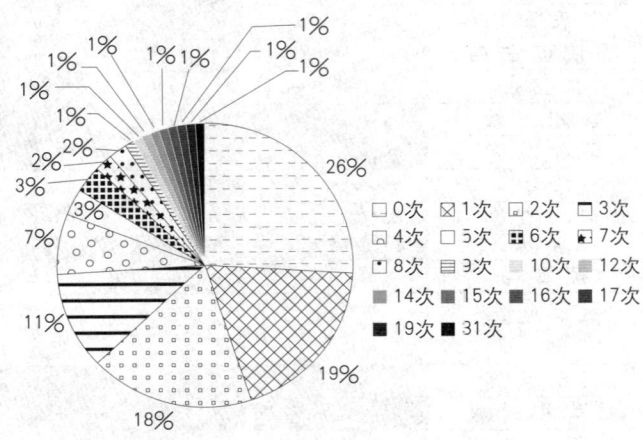

图 2-20　我国初中"人文地理（HGE）"168 个象限点的频次占比

二、OECD 能力素养的频次情况

本研究对 OECD"学习框架 2030"中的 5 大类能力素养出现的频次进行了统计，并用饼状图呈现结果。此外，本研究还统计了 5 大类能力素养中的 28 项能力素养要素出现的频次，以展现我国初中人文地理课程对各项能力素养要素的重视程度。

1. 基本情况

（1）基础素养

我国初中"人文地理（HGE）"中基础素养的 5 项能力素养要素对应的象限点有 30 个。这 30 个象限点的频次情况如图 2-21 所示：占比最多的频次是 2 次，占 30%；其次是 3 次，占 18%；0 次和 1 次均占 10%；4 次占 8%；其余频次均占 3%。

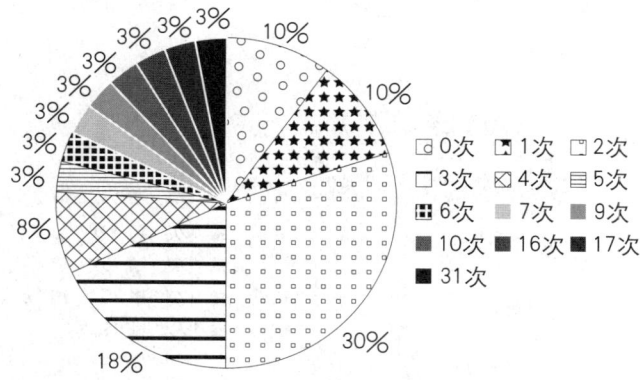

图 2-21　我国初中"人文地理（HGE）"基础素养的频次占比

从图 2-22 可以看出，基础素养的 5 项能力素养要素中，总频次最高的是读写能力，遥遥领先；其次是数据素养，稍高于其他能力素养要素；ICT 素养/数字素养、计算能力、体育健康素养的总频次均较低。这表明我国初中人文地理课程非常重视读写能力，这与前文从分值角度进行分析得出的结论是一致的。

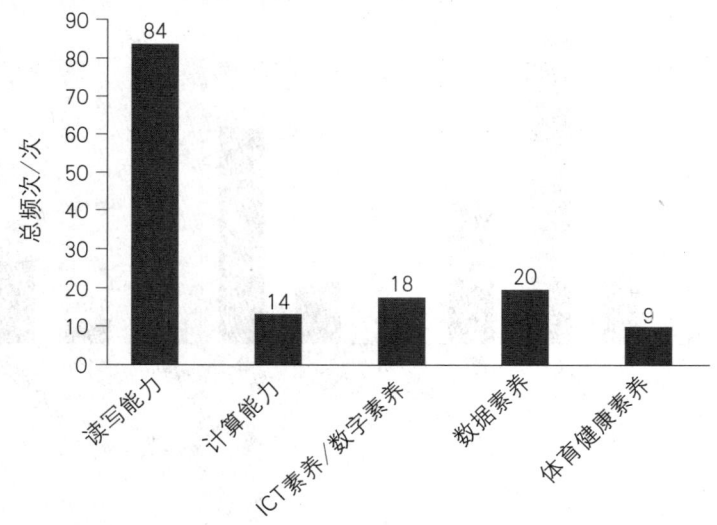

图 2-22　我国初中"人文地理（HGE）"基础素养中各能力素养要素的总频次

（2）技能、态度和价值观

我国初中"人文地理（HGE）"中技能、态度和价值观的 9 项能力素养要素对应的象限点有 54 个。这 54 个象限点的频次情况如图 2-23 所示：占比最多的频次是 0 次，占 22%；其次是 1 次和 2 次，均占 20%；3 次占 13%；4 次和 5 次分别占 5% 和 4%；其余频次均占 2%。

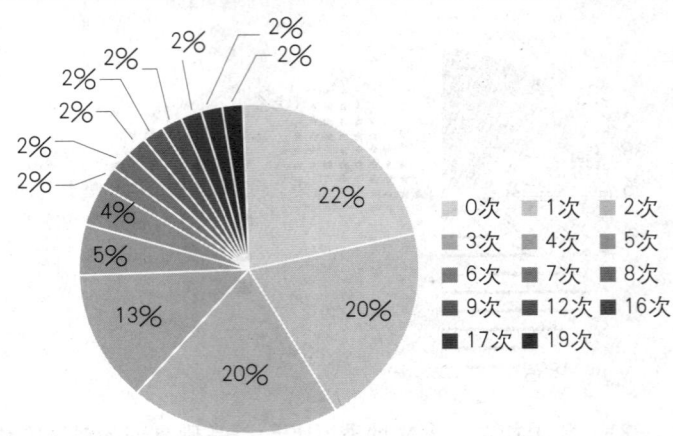

图 2-23 我国初中"人文地理（HGE）"技能、态度和价值观的频次占比

从图 2-24 可以看出，技能、态度和价值观的 9 项能力素养要素中，总频次最高的是批判性思维；其次是尊重、解决问题、学会学习、合作／协作；总频次较低的是同理心、毅力／适应力、信任；自我调节／自我控制的总频次极低，在文件中仅提到 1 次。

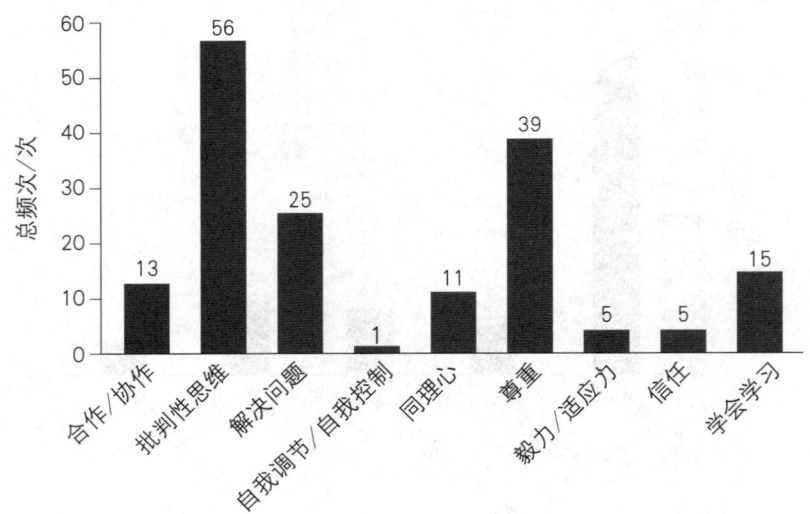

图 2-24 我国初中"人文地理（HGE）"技能、态度和价值观中各能力素养要素的总频次

（3）关键概念

我国初中"人文地理（HGE）"中关键概念的 2 项能力素养要素对应的象限点有 12 个。这 12 个象限点的频次情况如图 2-25 所示：占比最多的频次是 1 次，占 34%；其次是 2 次和 0 次，均占 17%；然后是 3 次、5 次、8 次、10 次，均占 8%。

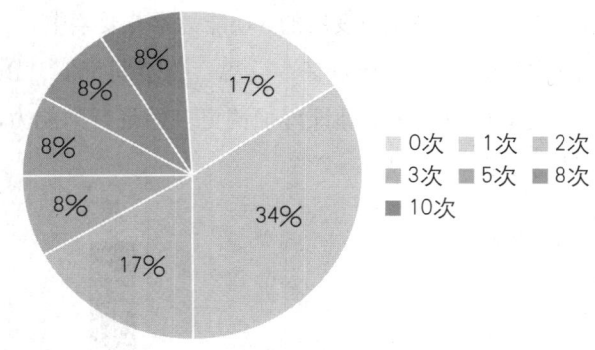

图 2-25　我国初中"人文地理（HGE）"关键概念的频次占比

从图 2-26 可以看出，关键概念的 2 项能力素养要素中，总频次较高的是学生主体，较低的是共同体。

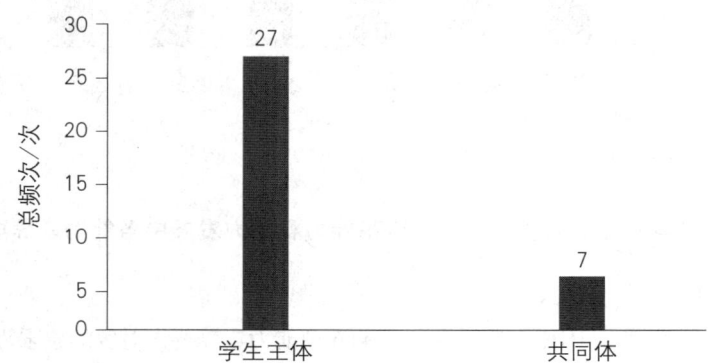

图 2-26　我国初中"人文地理（HGE）"关键概念中各能力素养要素的总频次

（4）变革能力和能力发展

我国初中"人文地理（HGE）"中变革能力和能力发展的 6 项能力素养要素对应的象限点有 36 个。这 36 个象限点的频次情况如图 2-27 所示：占比最多的频次是 1 次，占 28%；其次是 0 次，占 25%；然后是 2 次、3 次和 4 次，分别占 16%、14% 和 8%；其余频次均占 3%。

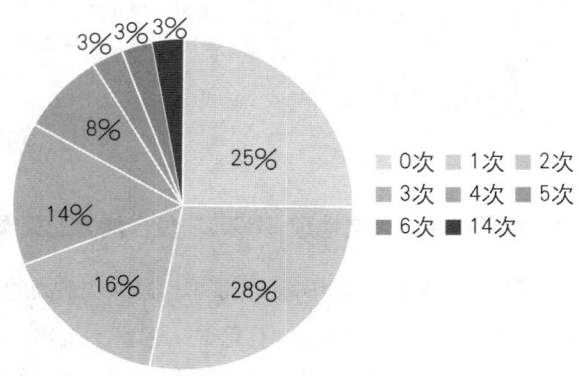

图 2-27　我国初中"人文地理（HGE）"变革能力和能力发展的频次占比

从图 2-28 可以看出，变革能力和能力发展的 6 项能力素养要素中，总频次最高的是行动，遥遥领先；其次是协调矛盾与困境、承担责任；反思、创造新价值、预期的总频次都很低。在这一能力素养类型中，我国初中人文地理课程强调更多的是行动能力，这与前文从分值角度进行分析得出的结论是一致的。

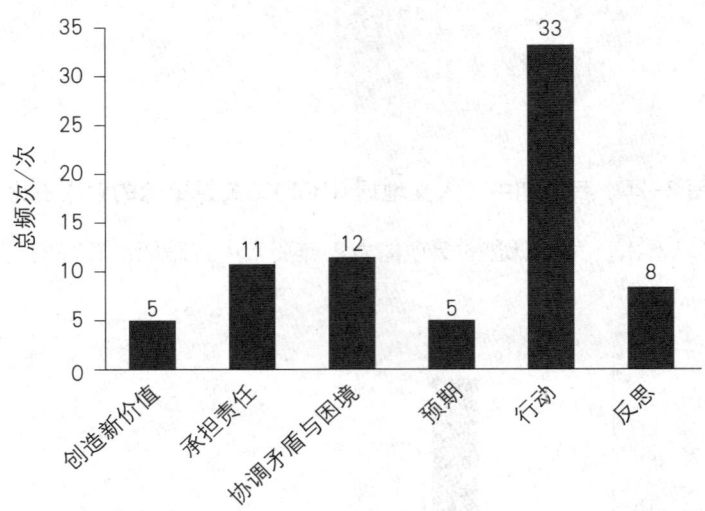

图 2-28　我国初中"人文地理（HGE）"变革能力和能力发展中各能力素养要素的总频次

（5）复合能力

我国初中"人文地理（HGE）"中复合能力的 6 项能力素养要素对应的象限点有 36 个。这 36 个象限点的频次情况如图 2-29 所示：占比最多的频次是 0 次，占 54%；其次是 1 次和 4 次，均占 11%；然后是 2 次、6 次和 8 次，均占 5%；3 次、7 次和 15 次均仅占 3%。

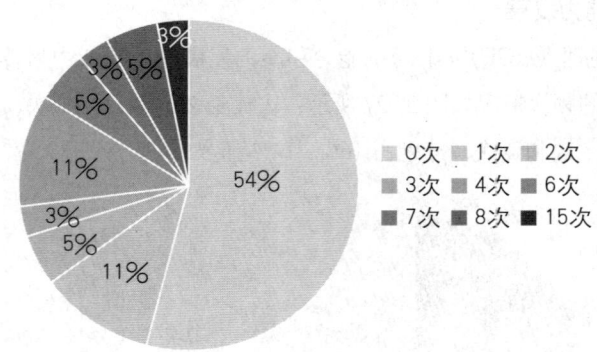

图 2-29　我国初中"人文地理（HGE）"复合能力的频次占比

从图 2-30 可以看出，复合能力的 6 项能力素养要素中，总频次最高的是可持续发展素养，遥遥领先；其次是全球胜任力；然后是媒介素养；计算思维／编程／编码、财经素养、企业家精神这三种能力素养要素都几乎没有提及。在这一能力素养类型中，我国初中人文地理课程非常注重培养学生的可持续发展意识和全球胜任力，这与前文从分值角度进行分析得出的结论是一致的。

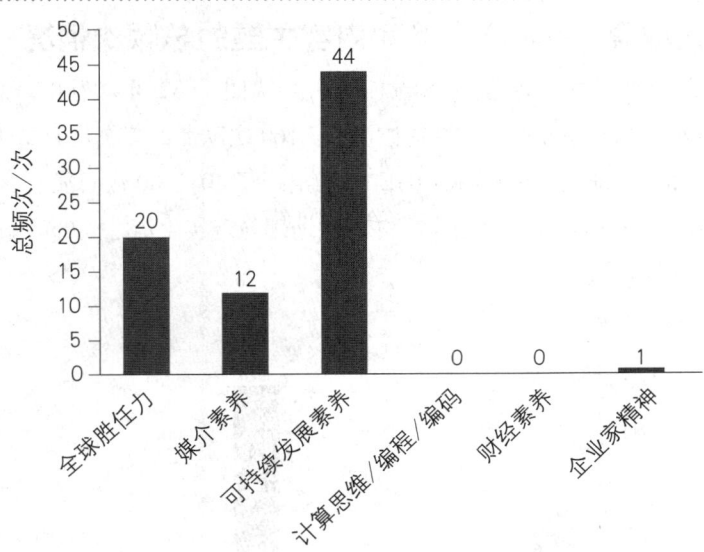

图 2-30　我国初中"人文地理（HGE）"复合能力中各能力素养要素的总频次

2．小结

总体来看，28 项能力素养要素中，总频次最高的是读写能力，遥遥领先，在各个地理课程文件中出现了 80 次以上；总频次较高的是批判性思维、可持续发展素养、尊重、行动，均出现了 30 次以上；总频次居中的是数据素养、全球胜任力、学生主体、解决问题，均出现了 20 次及以上；总频次较低的是计算能力、ICT 素养／数字素养、合作／协作、同理心、学会学习、承担责任、协调矛盾与困境和媒介素养，均出现了 10 次及以上、20 次以下；总频次更低的是体育健康素养、自我调节／自我控制、毅力／适应力、信任、共同体、创造新价值、预期、反思、计算思维／编程／编码、财经素养和企业家精神，均出现了 10 次以下，其中自我调节／自我控制、企业家精神均仅出现了 1 次，计算思维／编程／编码、财经素养没有出现过。

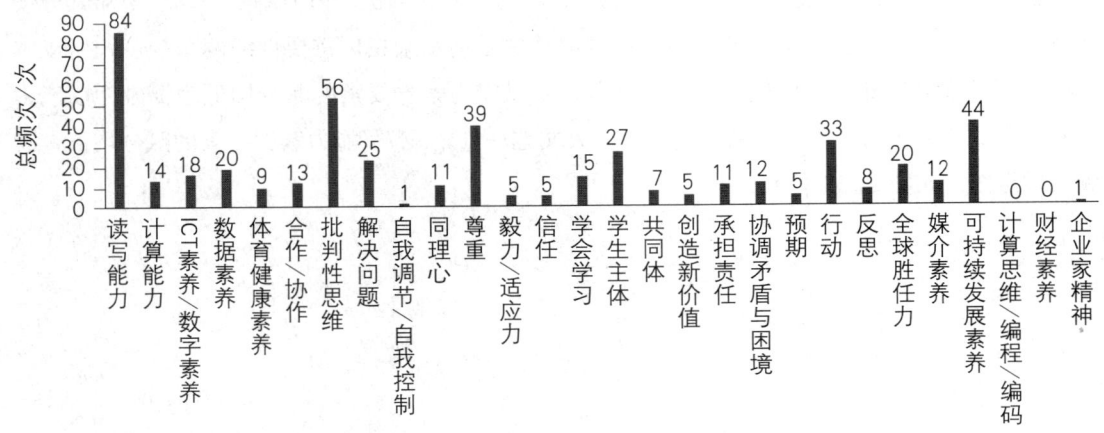

图 2-31　我国初中"人文地理（HGE）"28 项能力素养要素的总频次

三、"人文地理（HGE）"6大内容主题的总频次情况

本研究还分别统计了6大内容主题的总频次。从图2-32可以看出，总频次最高的是HGE4，该内容主题在我国的地理课程文件中出现了160次以上；其次是HGE1，出现了100次以上；然后是HGE5、HGE2、HGE3和HGE6，均出现了40~80次。显然，我国初中人文地理希望学生能够学会像地理学家一样思考，并理解地理与现实生活之间的联系，以及地理对现实世界的贡献（认知知识）。

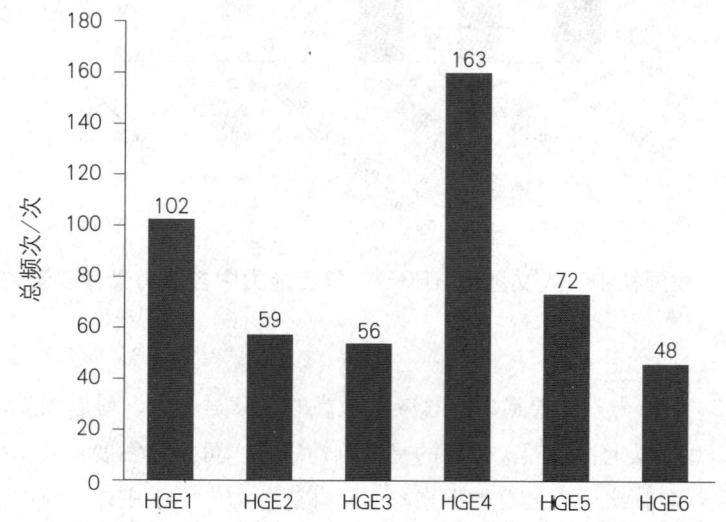

图2-32 我国初中"人文地理（HGE）"6大内容主题的总频次

第三节 我国初中"人文地理（HGE）"分值和频次二元分析

在我国初中"人文地理（HGE）"各能力素养的分值和频次的研究基础上，本节对其分值和频次进行了二元分析。由于分值高低和频次多少是衡量某指标重要性的两个维度，所以本书采用相关性分析和四象限模型进行二元分析：以能力素养要素的赋分均值为横轴，以能力素养要素的总频次为纵轴，绘制我国初中"人文地理（HGE）"能力素养要素的赋分均值、总频次散点图，如图2-33所示。

第三节 我国初中"人文地理（HGE）"分值和频次二元分析

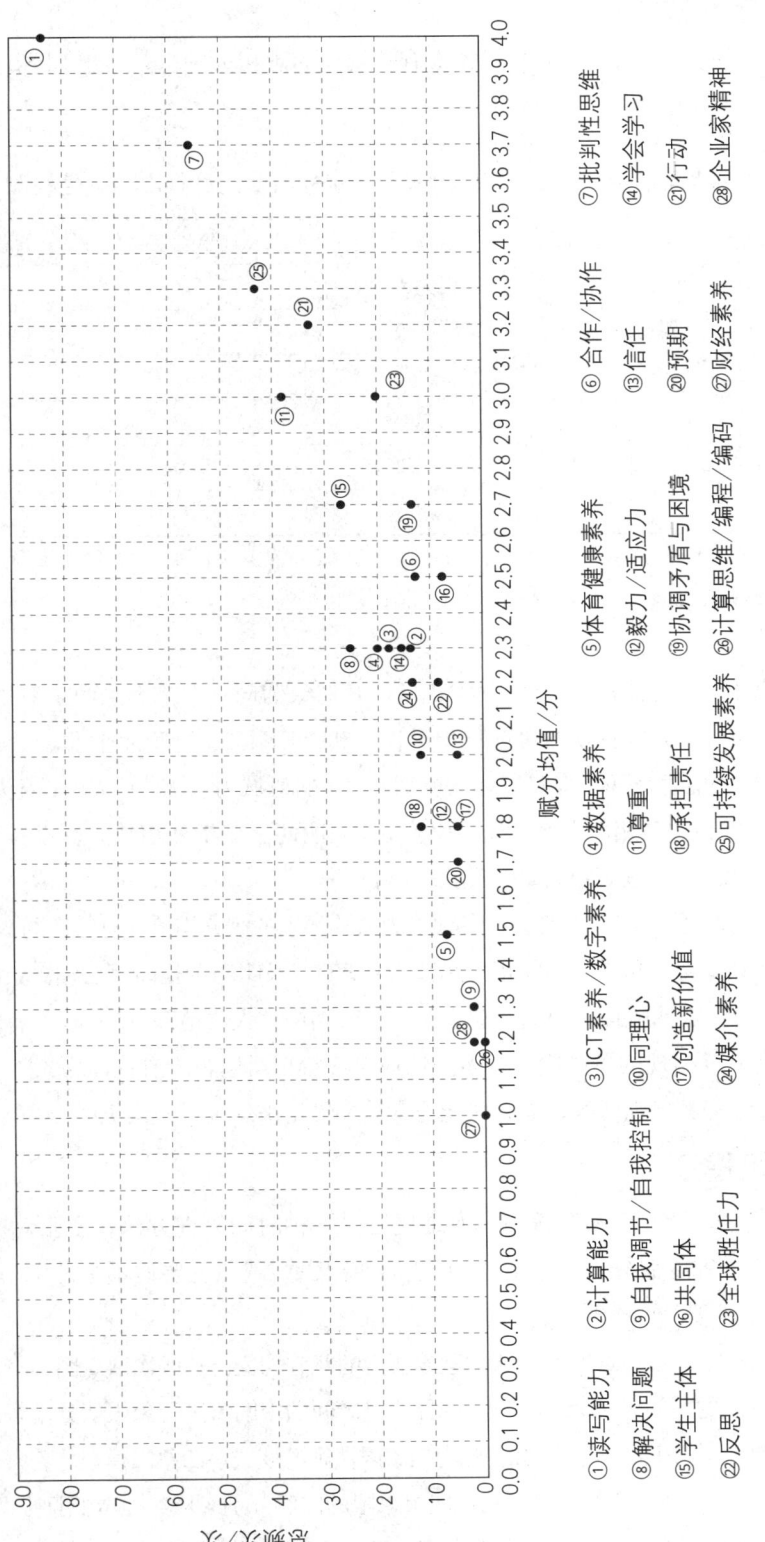

图2-33 我国初中"人文地理（HGE）"能力素养要素的赋分均分值、总频次散点图

一、相关性分析

从图 2-33 可以看出，赋分均值和总频次有较明显的正相关关系。采用 SPSS 进行相关性检测，结果如表 2-3 所示。

表 2-3 我国初中"人文地理（HGE）"赋分均值、总频次相关性检测

方法	对象		赋分均值	总频次
Kendall's tau-b	赋分均值	相关系数	1.000	.793
		Sig.（双尾）	.	.000
		N	28	28
	总频次	相关系数	.793	1.000
		Sig.（双尾）	.000	.
		N	28	28

注：1. sig.（双尾）是指双尾显著性。当 sig.（双尾）为 0.01 时，相关性显著。
　　2. N 是指样本容量。

由于赋分均值和总频次均属于有序分类变量，其对象为同一个体，且两个变量是配对的，所以本书采用 Kendall's tau-b 方法进行相关性分析。Kendall 检验属于非参数检验，检验所得相关系数（τ）的值表征两个变量的相关性大小。τ 的值域为 [-1, 1]。若 τ 值为 -1，表明两个变量呈关联度极高的负相关关系；若 τ 值为 0，表明两个变量互相独立，没有相关性；若 τ 值为 1，表明两个变量呈关联度极高的正相关关系。

我国初中"人文地理（HGE）"部分，各项能力素养要素的赋分均值和总频次的 Kendall 相关性分析结果显示，赋分均值和总频次的相关系数为 0.793，表明二者呈显著正相关；Sig.（双尾）为 0.000，小于 0.01，表明置信度很高。这表明，我国初中"人文地理（HGE）"各能力素养要素的赋分均值越高，其出现的总频次也越多。该规律符合正常逻辑，有些能力素养要素确实是我国初中人文地理课程频繁强调的，而有些能力素养要素是被忽视、不常见的。

二、四象限模型

四象限法则是美国管理学家斯蒂芬·科维提出的一种时间管理方法，主张对事情按重要程度和紧急程度两个维度划分，把事情分为"既紧急又重要""重要但不紧急""紧急但不重要""既不紧急也不重要"四个象限。

参照我国初中"人文地理（HGE）"能力素养要素的赋分均值、总频次散点图，将横轴的区间设置为 [0, 4]，将纵轴的区间设置为 [0, 90]，选择两个区间的中间值进行象限切分，将散点图划分为左下、右下、左上、右上四个象限区域。此为四象限法则的变式：四象限模型。若将分值越高视为地位越高，将频次越高视为强调越多，则这四个象限的内涵分别对应"地位低且强调少""地位高但强调少""地位低但强调多""地位高且强调多"的四个象限区域，如图 2-34 所示。

第三节 我国初中"人文地理（HGE）"分值和频次二元分析

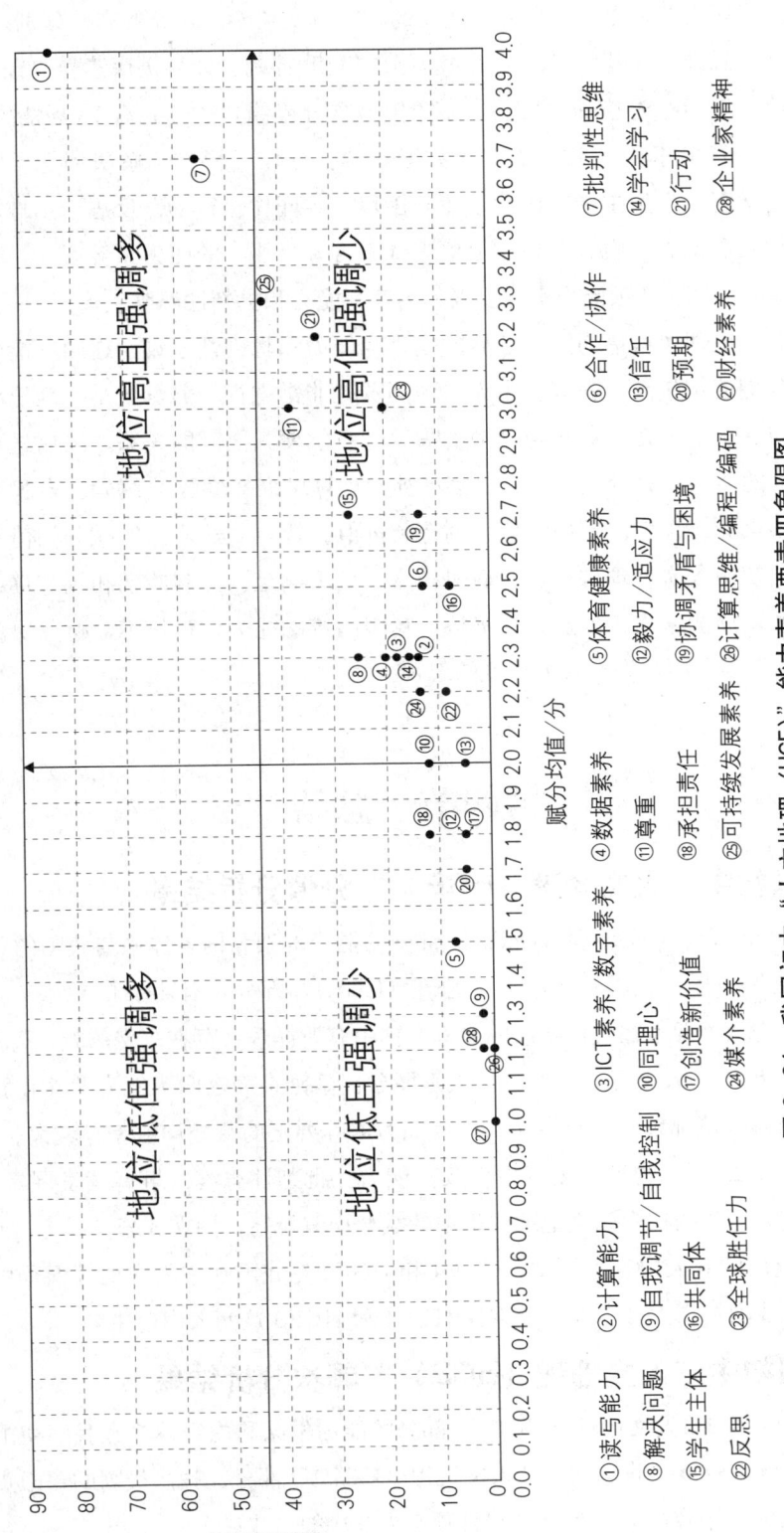

图2-34 我国初中"人文地理（HGE）"能力素养要素四象限图

具体来看，落在左下象限（不含分界线）的一共有9项能力素养要素，分别是财经素养、企业家精神、计算思维/编程/编码、自我调节/自我控制、体育健康素养、预期、承担责任、创造新价值、毅力/适应力；落在右下象限（含分界线）的一共有17项能力素养要素，分别是计算能力、ICT素养/数字素养、数据素养、合作/协作、解决问题、同理心、尊重、信任、学会学习、学生主体、协调矛盾与困境、共同体、行动、反思、全球胜任力、媒介素养、可持续发展素养；没有落在左上象限（不含分界线）的能力素养要素；落在右上象限（含分界线）的一共有2项能力素养要素，为读写能力和批判性思维。

我国初中人文地理课程最为重视培养的是读写能力和批判性思维，这两项能力素养要素的总频次和赋分均值均较高。我国初中人文地理课程非常重视培养学生辩证地思考人与自然的关系、开发与保护的关系、聚集与分散的关系、自然要素之间的关系，之后进行正确的分析、推理和评估的能力。财经素养、企业家精神、计算思维/编程/编码、自我调节/自我控制、体育健康素养、预期、承担责任、创造新价值、毅力/适应力的赋分均值和总频次都较低，说明我国初中人文地理课程对计算机技术，延迟满足、控制冲动和调节情绪表达的能力，健身和运动，预测未来，创造力，坚持、克服困难的能力，责任感，财务决策能力以及企业家创业的能力等方面，均有较大程度的忽视。

第四节 总结

一、我国初中"人文地理（HGE）"分值分析结果

整体而言，OECD"人文地理（HGE）"部分的能力框架和内容体系与我国的初中人文地理课程的对应情况一般。我国初中"人文地理（HGE）"部分，有44%的象限点的分值为2分，说明很多能力素养要素在较低层级的课程文件中有所体现，存在一定的教学可能性。

在OECD提出的5大类能力素养中，关键概念、基础素养这两类能力素养在我国初中人文地理课程中的得分情况较好，复合能力中各能力素养要素的赋分均值差异较大。具体而言，5大类能力素养的28项能力素养要素中，读写能力、批判性思维、可持续发展素养、行动、尊重、全球胜任力在我国初中人文地理课程中的赋分均值较高，均在3分及以上。

在OECD提出的6大内容主题中，HGE4和HGE3在我国初中人文地理课程中的赋分均值较高，这表明我国初中人文地理比较重视HGE4和HGE3这两大内容主题。

二、我国初中"人文地理（HGE）"频次分析结果

整体而言，OECD"人文地理（HGE）"部分的能力框架和内容体系在我国初中人文地理课程部分出现的频次较低。我国初中"人文地理（HGE）"部分，频次最高的象限点的频次为31次，频次最低的象限点的频次为0次，且频次为0次的占比最多，占26%。

在OECD提出的5大类能力素养中，基础素养出现的总频次最高，且远高于其他4类能

力素养。具体而言，5大类能力素养的28项能力素养要素中，读写能力的总频次最高，批判性思维、可持续发展素养、尊重、行动的总频次也较高。

在OECD提出的6大内容主题中，出现了极端差异的情况，总频次最高的HGE4出现的次数约为总频次最低的HGE6的3倍。

三、我国初中"人文地理（HGE）"分值和频次的二元分析结果

我国初中"人文地理（HGE）"部分各能力素养要素的赋分均值和总频次呈显著正相关，其中赋分均值和总频次均占据优势的能力素养要素是读写能力、批判性思维，均占据劣势的能力素养要素是财经素养、企业家精神、计算思维／编程／编码、自我调节／自我控制、体育健康素养、预期、承担责任、创造新价值、毅力／适应力。

我国初中人文地理课程的6大内容主题中，赋分均值较高的是HGE4和HGE3，其次是HGE5和HGE6，较低的是HGE1和HGE2；总频次最高的是HGE4，其次是HGE1，然后是HGE5、HGE2、HGE3和HGE6。综合来看，HGE4的赋分均值和总频次都最高，说明"了解地理学家的工作，学会像地理学家一样思考；理解地理与现实生活之间的联系，以及地理对现实世界的贡献（认知知识）"的内容主题得到充分的重视；HGE3的赋分均值较高、总频次较低，说明"与全球公民意识和可持续发展教育有关的概念，包括环境可持续性，促进国际理解、合作与和平的教育，有关人权和基本自由的教育"得到较充分重视，但强调不够；HGE1的赋分均值较低、总频次较高，说明"地球，地貌；气候类型；自然环境对区域的影响"不太被重视，但强调较多；HGE5、HGE6和HGE2三个内容主题受重视程度一般，强调不够。

第三章

我国初中"地球科学(NSE)"课程能力框架热图分析

第三章

我国初中"地球科学（NSE）"课程能力框架热图分析

第一节　我国初中"地球科学（NSE）"分值热图分析

表3-1　我国初中"地球科学（NSE）"课程能力框架分值热图

内容代码	内容主题（学科内容/概念/活动）	基础素养					技能、态度和价值观								关键概念		变革能力和能力发展					复合能力					
		读写能力	计算能力	ICT素养/数字素养	数据素养	体育健康素养	合作/协作	批判性思维	解决问题	自我调节/自我控制	同理心	尊重	毅力/适应力	信任责任	学会学习主体	学习共同体	创造新价值	承担责任	协调矛盾与困境	预期行动	行动反思	全球胜任力	全媒介素养	可持续发展素养	计算思维/编程/编码	财经素养	企业家精神
NSE1	宇宙；可持续性；水系统；热量；地质材料；影响某地水质的因素和技术对水资源的影响；地球的形成	4	3	4	2	1	2	4	2	1	1	2	2	2	2	2	2	1	2	4	2	2	1	3	1	1	1
NSE2	在地球/空间/天文科学中使用科学的方法开展实践活动；提出科学问题并订制订解决方案；调查问题的原因，提出假设并检验结果；解释调查数据；陈述调查结果	4	2	2	2	2	2	4	2	2	2	2	3	2	2	2	2	3	2	3	2	2	3	2	2	1	1
NSE3	计划、进行安全和严格的地球/空间/天文科学调查活动	2	3	2	2	2	2	3	2	2	3	2	1	2	3	3	3	1	2	3	3	1	3	2	3	1	1
NSE4	了解地球/空间/天文科学家的工作，学会像地球/空间/天文科学家一样思考；理解地球/空间/天文科学与现实生活的联系；理解地球/空间/天文科学对现实世界的贡献（认知知识）	2	2	2	2	1	2	2	2	2	4	2	3	2	2	2	2	1	1	2	2	4	4	4	1	1	1
NSE5	地球/空间/天文科学中的道德和伦理问题	2	2	1	3	2	1	2	2	2	1	3	4	4	2	2	2	2	4	2	2	3	2	2	1	1	1
NSE6	有关全球公民身份和可持续发展教育的概念，包括环境可持续性；促进国际理解、合作与和平的教育；有关人权和基本自由的教育	4	2	2	2	2	2	2	2	2	2	3	1	2	2	2	2	2	2	2	2	3	2	3	1	1	1

一、赋值矩阵整体情况

在 168 个象限点中，23 个象限点的分值为 4 分，21 个象限点的分值为 3 分，89 个象限点的分值为 2 分，35 个象限点的分值为 1 分。从图 3-1 可以看出：占比最多的分值是 2 分，占 53%；其次是 1 分，占 21%；然后是 4 分，占 14%；占比最少的分值是 3 分，仅占 12%。

二、OECD 能力素养的赋值情况

本研究对 OECD "学习框架 2030" 中的 5 大类能力素养的得分情况进行了统计，并用饼状图呈现结果。此外，本研究还统计了 5 大类能力素养中的 28 项能力素养要素的赋分均值情况，以展现我国初中地球科学课程对各项能力素养要素要求的明确程度。

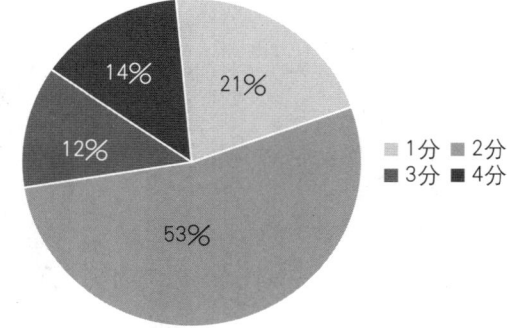

图 3-1 我国初中 "地球科学（NSE）" 168 个象限点的分值占比

1. 基本情况

（1）基础素养

我国初中 "地球科学（NSE）" 中基础素养的 5 项能力素养要素对应的象限点有 30 个。这 30 个象限点的赋值情况如图 3-2 所示：占比最多的分值是 2 分，占 56%；其次是 1 分和 4 分，均占 17%；最少的是 3 分，占 10%。1 分和 2 分共占 73%。

从图 3-3 可以看出，我国初中 "地球科学（NSE）" 中基础素养的整体赋分均值不高，但是其中的读写能力赋分均值却很高，为 3.3 分。读写能力是文化学科的基础能力，并且我国初中地球科学对地图的阅读能力有很明确的高要求，所以这项能力素养要素的得分很高。数据素养的赋分均值是 2.5 分，也高于基础素养的整体赋分均值。我国初中地球科学课程涉及许多数据图表的阅读，此外在实践活动中也要求学生收集气温、降水量等方面的数据，所以对数据素养的要求也相对明确。赋分均值最低的是体育健康素养，为 1.5 分，这项能力素养要素在我国初中地球科学课程中对应的内容不多。

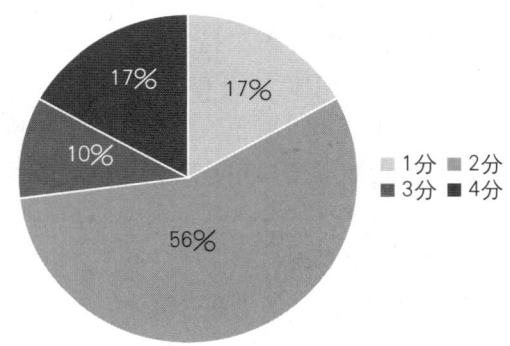

图 3-2 我国初中 "地球科学（NSE）" 基础素养的分值占比

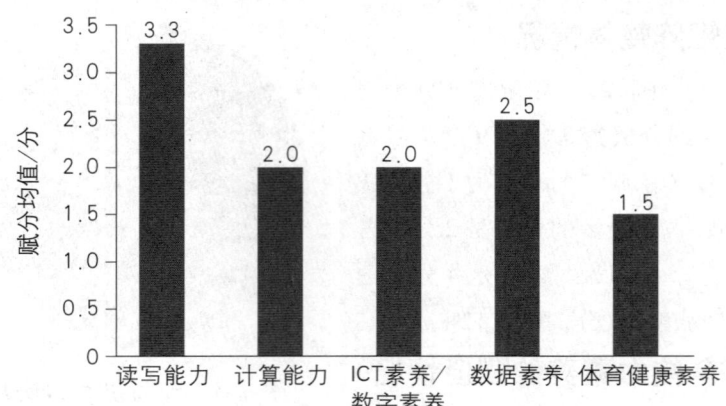

图 3-3 我国初中"地球科学（NSE）"基础素养中各能力素养要素的赋分均值

（2）技能、态度和价值观

我国初中"地球科学（NSE）"中技能、态度和价值观的 9 项能力素养要素对应的象限点有 54 个。这 54 个象限点的赋值情况如图 3-4 所示：占比最多的分值是 2 分，占 61%；其次是 1 分，占 15%；第三是 4 分，占 13%；最少的是 3 分，占 11%。1 分和 2 分共占 76%。

从图 3-5 可以看出，技能、态度和价值观的 9 项能力素养要素中，赋分均值最高的是批判性思维，为 3.5 分，这是因为我国初中地球科学要求学生对许多地理现象进行分析和归纳，

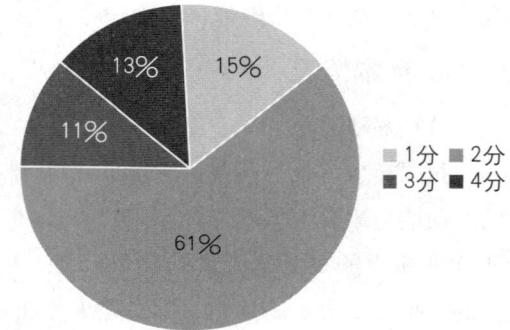

图 3-4 我国初中"地球科学（NSE）"技能、态度和价值观的分值占比

也经常要求学生举例说明。赋分均值偏低的是信任、合作／协作，均为 1.8 分。赋分均值最低的是自我调节／自我控制，为 1.5 分。

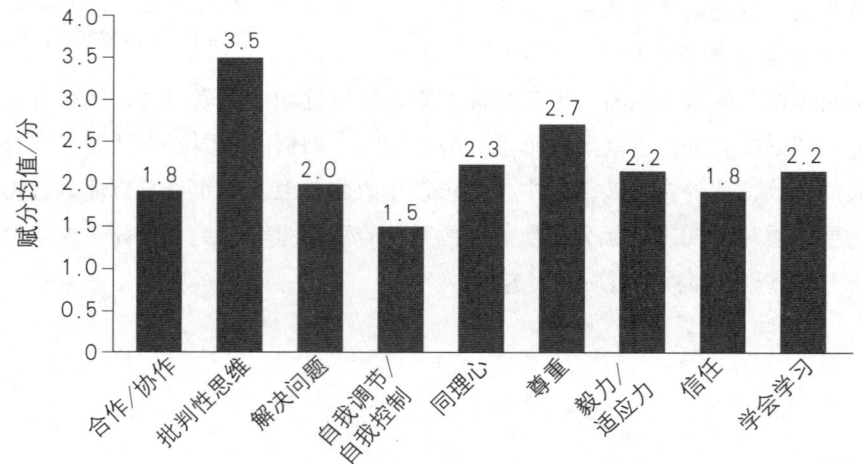

图 3-5 我国初中"地球科学（NSE）"技能、态度和价值观中各能力素养要素的赋分均值

(3) 关键概念

我国初中"地球科学（NSE）"中关键概念的 2 项能力素养要素对应的象限点有 12 个。这 12 个象限点的赋值情况如图 3-6 所示：占比最多的分值是 2 分，占 67%；其次是 4 分，占 25%；然后是 3 分，占 8%；没有象限点被赋值为 1 分。

从图 3-7 可以看出，关键概念的 2 项能力素养要素中，赋分均值较高的是学生主体，为 3.2 分。学生是学习的主体，在学科教学的过程中，要强调学生的主动参与，重视学生学习兴趣的培养，所以我国初中地球科学对学生主体有较具体的对应内容。共同体的赋分均值是 2.0 分，说明我国初中地球科学对学习共同体有一定的要求，如鼓励学校组织学生到博物馆、展览馆等相关机构进行参观并学习地球科学相关知识。

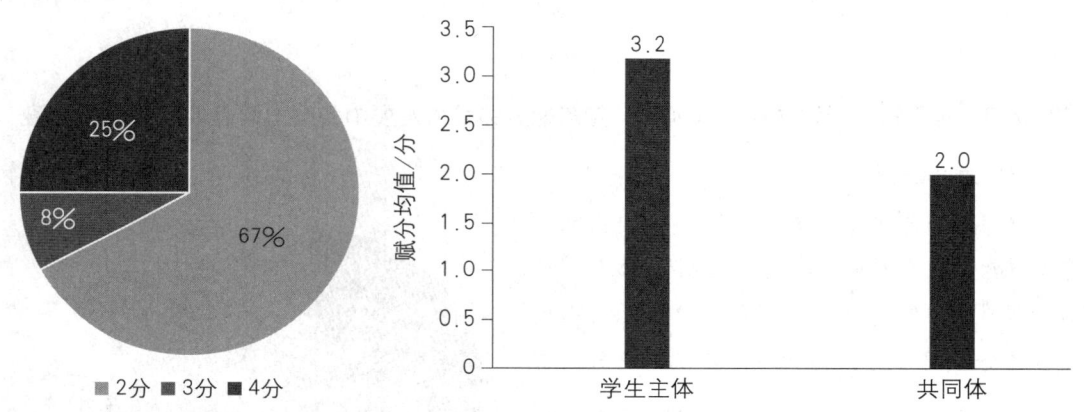

图 3-6 我国初中"地球科学（NSE）"关键概念的分值占比

图 3-7 我国初中"地球科学（NSE）"关键概念中各能力素养要素的赋分均值

(4) 变革能力和能力发展

我国初中"地球科学（NSE）"中变革能力和能力发展的 6 项能力素养要素对应的象限点有 36 个。这 36 个象限点的赋值情况如图 3-8 所示：占比最多的分值是 2 分，占 61%；其次是 3 分和 4 分，均占 14%；最少的是 1 分，占 11%。

从图 3-9 可以看出，变革能力和能力发展的 6 项能力素养要素中，赋分均值最高的是行动，为 3.3 分，明显高于此能力素养的整体赋分均值 2.3 分。地球科学对实践重视程度很高，

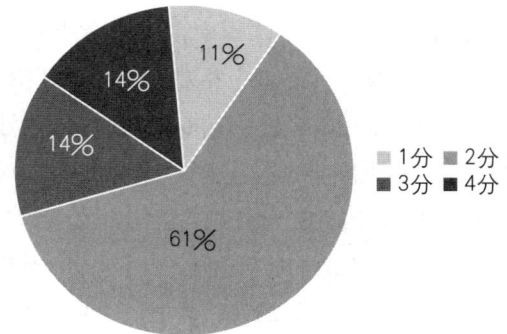

图 3-8 我国初中"地球科学（NSE）"变革能力和能力发展的分值占比

所以我国初中地球科学对此有许多明确的对应内容。赋分均值最低的是创造新价值，为 1.7 分，说明我国初中地球科学对此项能力素养要素的要求最不明确，对应的内容也最少。

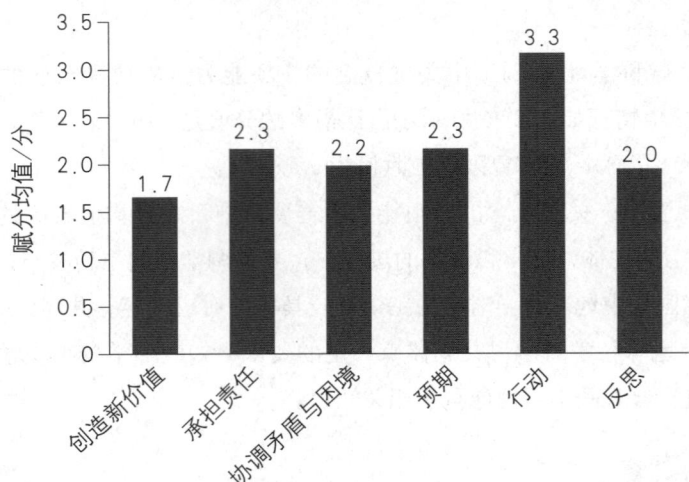

图 3-9 我国初中"地球科学(NSE)"变革能力和能力发展中各能力素养要素的赋分均值

(5) 复合能力

我国初中"地球科学(NSE)"中复合能力的 6 项能力素养要素对应的象限点有 36 个。这 36 个象限点的赋值情况如图 3-10 所示:占比最多的分值是 1 分,占 50%;其次是 2 分,占 25%;然后是 3 分,占 17%;最少的是 4 分,占 8%。1 分和 2 分共占 75%。

我国初中"地球科学(NSE)"中复合能力的整体赋分均值很低,仅为 1.8 分。由此可见,我国初中地球科学课程中,与复合能力相关的内容总体较少,要求也相对不明确。从图 3-11

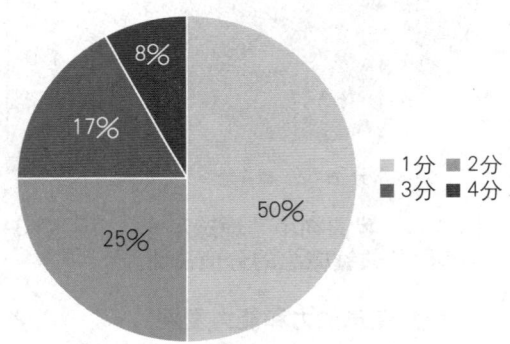

图 3-10 我国初中"地球科学(NSE)"复合能力的分值占比

可以看出,在复合能力的 6 项能力素养要素中,赋分均值较高的是可持续发展素养和全球胜任力。地球科学的学习中很重要的一方面就是让学生懂得欣赏自然、认识自然,树立可持续发展观念,因此,可持续发展素养在我国初中地球科学课程中有许多对应内容,且要求明确。我国目前正在大力推进生态文明建设,强调"绿水青山就是金山银山",可持续发展素养的赋分均值较高与我国的政策是相符合的。另外,当今世界各个国家和地区紧密联系,全球化不可逆转。全球胜任力是学生必备的意识,而地球科学的学习是培养这一意识的重要过程。因此,我国初中地球科学对全球胜任力也有较为明确的要求。

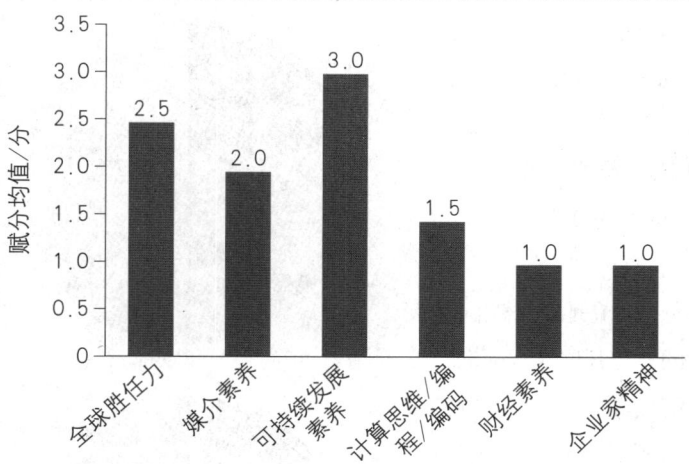

图 3-11 我国初中"地球科学（NSE）"复合能力中各能力素养要素的赋分均值

2．小结

从图 3-12 可以看出，28 项能力素养要素中，赋分均值较高的是读写能力、批判性思维、学生主体、行动和可持续发展素养，都在 3 分及以上，说明我国初中地球科学对这几项能力素养要素有较为明确的要求。另外，财经素养和企业家精神的赋分均值均仅为 1 分，说明我国初中地球科学对这两项能力素养要素的要求相对不明确。

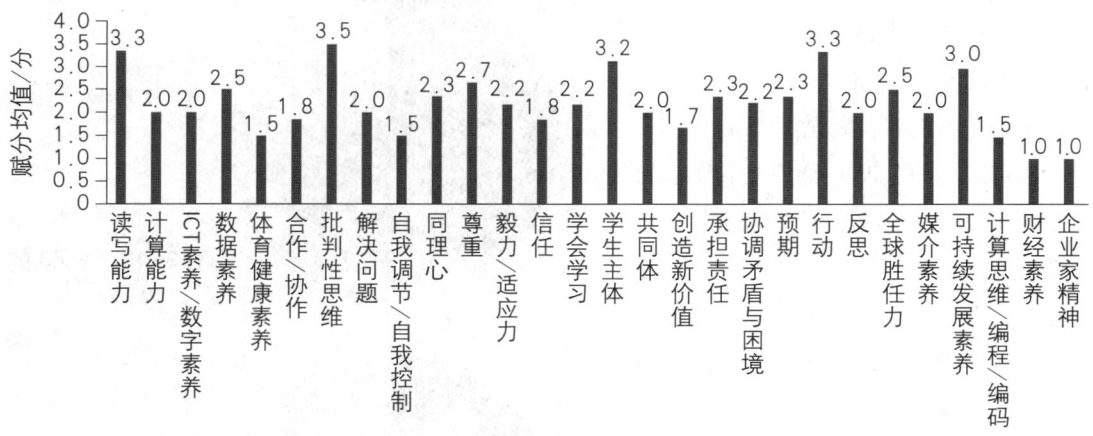

图 3-12 我国初中"地球科学（NSE）"各能力素养要素的赋分均值

三、"地球科学（NSE）" 6 大内容主题的赋值情况

1．基本情况

（1）主题 1

主题 1 的内容包含：宇宙；可持续性；水系统；热量；地质材料；影响某地水质的因素；人类活动和技术对水资源的影响；地球的形成。主题 1 的内容代码是 NSE1。

NSE1 对应的 28 项能力素养要素的赋值情况如图 3-13 所示：占比最多的分值是 2 分，占 47%；其次是 1 分，占 32%；然后是 4 分，占 14%；最少的是 3 分，占 7%。本主题的赋分均值为 2.04 分。

（2）主题 2

主题 2 的内容包含：在地球／空间／天文科学中使用科学的方法开展实践活动；提出科学问题并制订解决方案；调查问题的原因，提出假设并检验假设；解释调查数据，陈述调查结果。主题 2 的内容代码是 NSE2。

NSE2 对应的 28 项能力素养要素的赋值情况如图 3-14 所示：占比最多的分值是 2 分，占 68%；其次是 4 分，占 14%；然后是 3 分，占 11%；最少的是 1 分，占 7%。本主题的赋分均值为 2.32 分。

（3）主题 3

主题 3 的内容包含：计划、进行安全和严格的地球／空间／天文科学的调查活动。主题 3 的内容代码是 NSE3。

NSE3 对应的 28 项能力素养要素的赋值情况如图 3-15 所示：占比最多的分值是 2 分，占 39%；其次是 3 分，占 36%；然后是 1 分，占 21%；最少的是 4 分，占 4%。本主题的赋分均值为 2.21 分。

（4）主题 4

主题 4 的内容包含：了解地球／空间／天文科学家的工作，学会像地球／空间／天文科学家一样思考；理解地球／空间／天文科学与现实生活的联系；理解地球／空间／天文科学对现实世界的贡献（认知知识）。主题 4 的内容代码是 NSE4。

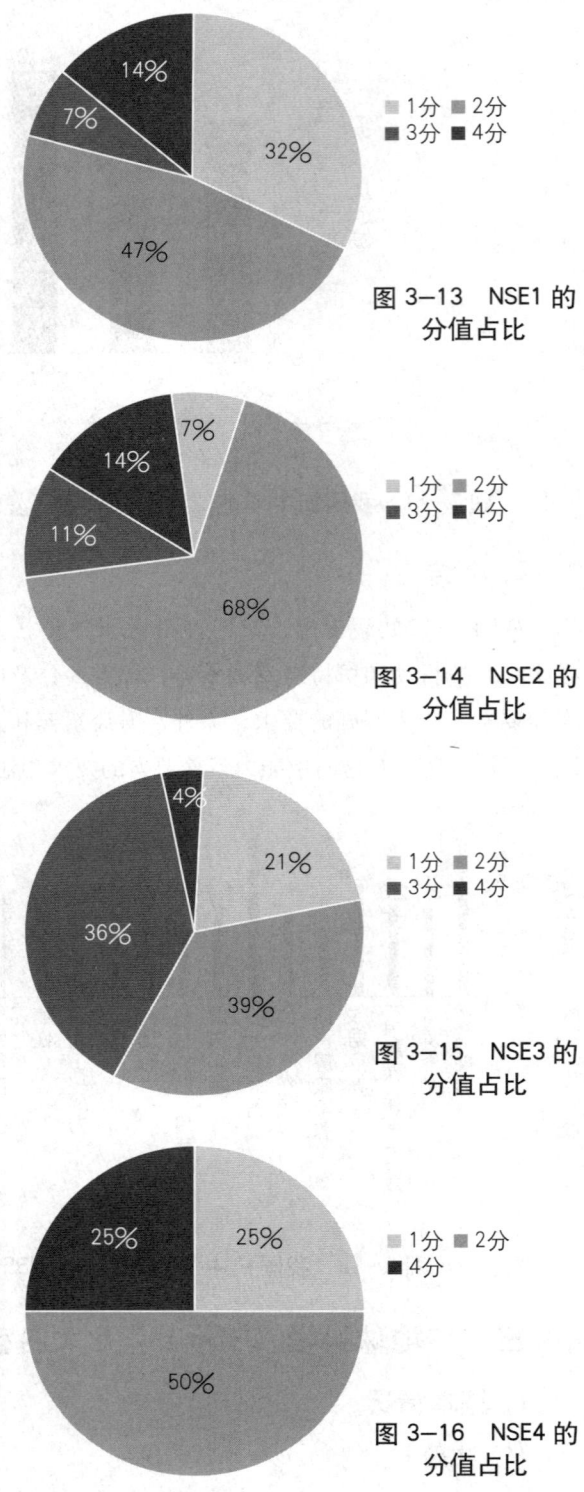

图 3-13 NSE1 的分值占比

图 3-14 NSE2 的分值占比

图 3-15 NSE3 的分值占比

图 3-16 NSE4 的分值占比

NSE4 对应的 28 项能力素养要素的赋值情况如图 3-16 所示：占比最多的分值是 2 分，占 50%；其次是 1 分和 4 分，均占 25%；没有能力素养要素被赋值为 3 分。本主题的赋分均值为 2.25 分。

(5) 主题 5

主题 5 的内容包含：地球／空间／天文科学中的道德和伦理问题。主题 5 的内容代码是 NSE5。

NSE5 对应的 28 项能力素养要素的赋值情况如图 3-17 所示：占比最多的分值是 2 分，占 61%；其次是 4 分，占 18%；然后是 1 分，占 14%；最少的是 3 分，占 7%。本主题的赋分均值为 2.29 分。

(6) 主题 6

主题 6 的内容包含：有关全球公民身份和可持续发展教育的概念，包括环境可持续性；促进国际理解、合作与和平的教育；有关人权和基本自由的教育。主题 6 的内容代码是 NSE6。

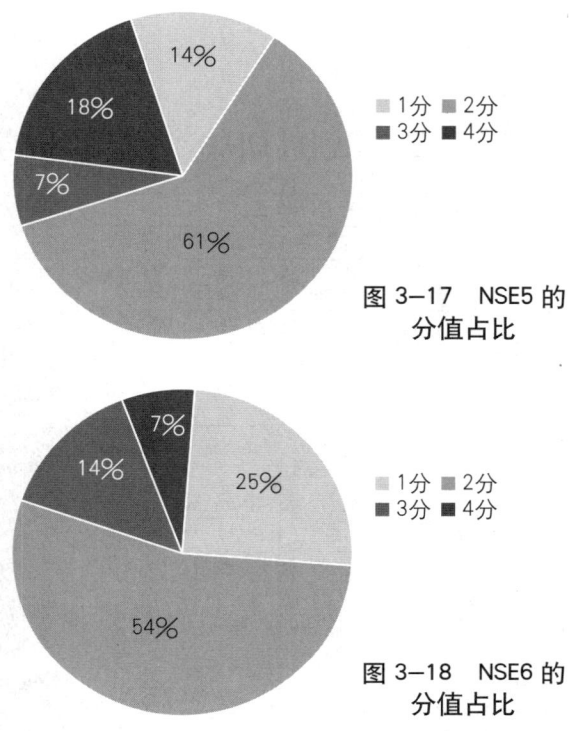

图 3-17 NSE5 的分值占比

图 3-18 NSE6 的分值占比

NSE6 对应的 28 项能力素养要素的赋值情况如图 3-18 所示：占比最多的分值是 2 分，占 54%；其次是 1 分，占 25%；然后是 3 分，占 14%；最少的是 4 分，占 7%。本主题的赋分均值为 2.04 分。

2．小结

本研究以 6 大内容主题的赋分均值情况，来衡量各内容主题的总体受重视程度。从图 3-19 可以看出，赋分均值最高的是 NSE2，为 2.32 分；其次是 NSE5，为 2.29 分；第三是 NSE4，为 2.25 分；第四是 NSE3，为 2.21 分；赋分均值最低的是 NSE1 和 NSE6，均为 2.04 分。6 大内容主题整体赋分均值为 2.19 分。

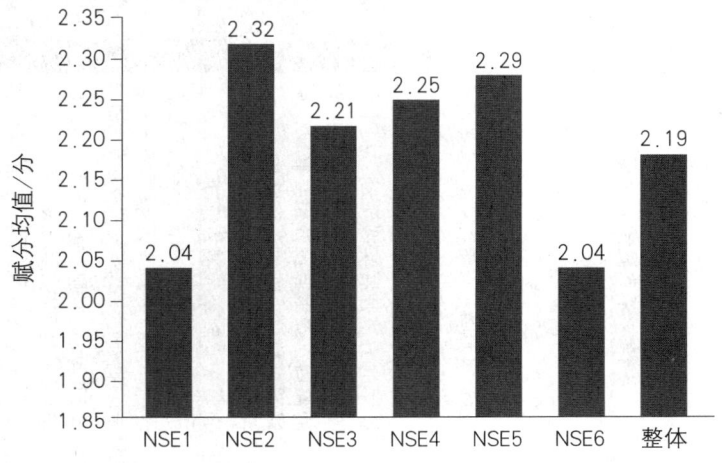

图 3-19 我国初中"地球科学（NSE）"6 大内容主题的赋分均值

第二节　我国初中"地球科学（NSE）"频次热图分析

表 3-2　我国初中"地球科学（NSE）"课程能力框架频次热图

内容代码	内容主题（学科内容/概念/活动）	基础素养					技能				态度和价值观				关键概念			变革能力和能力发展				复合能力					
		读写能力	计算能力	ICT素养/数字素养	数据素养	体育健康素养	合作/协作	批判性思维	解决问题	自我调节/自我控制	同理心	尊重	毅力/信任	适应力	学会学习	学生主体	共同体	创造新价值	承担责任	协调矛盾与困境	预期行动反思	全球胜任力	可持续发展素养	媒介素养	计算思维/编程/编码	财经素养	企业家精神
NSE 1	宇宙、可持续性；水系统；热量；地质材料；影响某地水质源的因素；人类活动和科技对水资源的影响；地球的形成	12	3	4	6	0	1	12	1	0	3	3	0	2	2	1	0	3	2	1	8	2	3	0	0	0	0
NSE 2	在地球/空间/天文科学中使用科学的方法开展实践活动；提出科学问题并订制解决方案；调查问题的原因、提出假设并检验假设；解释调查数据；陈述调查结果	8	3	3	3	2	3	3	2	1	3	4	4	5	5	4	5	3	3	4	6	3	4	2	0	0	0
NSE 3	计划、进行安全和严格的调查活动	15	5	0	5	1	4	3	2	0	3	0	2	4	4	4	6	0	2	1	5	1	0	3	2	0	0
NSE 4	了解地球/空间/天文科学家的工作；学会像地球/空间/天文科学家一样思考；理解地球/空间/天文科学与现实生活的联系；理解地球/空间/天文科学对现实世界的贡献（认知知识）	4	0	1	1	0	3	8	8	2	1	5	8	1	2	4	1	4	1	0	1	0	3	7	1	0	0
NSE 5	地球/空间/天文科学中的道德和伦理问题	3	3	2	2	2	2	1	0	0	4	4	3	3	2	3	2	2	5	2	3	4	3	8	0	0	0
NSE 6	有关全球公民身份和可持续发展教育的概念，包括环境可持续性；促进国际理解、合作与和平的教育；有关人权和基本自由的教育	3	1	2	0	0	0	3	2	0	1	1	0	1	1	0	1	1	1	1	1	2	1	2	0	0	0

一、频次矩阵整体情况

从表 3-2 可以看出，频次最高的象限点的频次为 15 次，频次最低的象限点的频次为 0 次。在 168 个象限点中，频次为 15 次的有 1 个象限点，频次为 12 次的有 2 个象限点，频次为 8 次的有 5 个象限点，频次为 7 次的有 1 个象限点，频次为 6 次的有 3 个象限点，频次为 5 次的有 7 个象限点，频次为 4 次的有 14 个象限点，频次为 3 次的有 36 个象限点，频次为 2 次的有 28 个象限点，频次为 1 次的有 34 个象限点，频次为 0 次的有 37 个象限点。从图 3-20 可以看出，占比最多的频次是 0 次，占 22%；其次是 3 次，占 21%；占比最少的是频次是 7 次、12 次和 15 次，均仅占 1%。

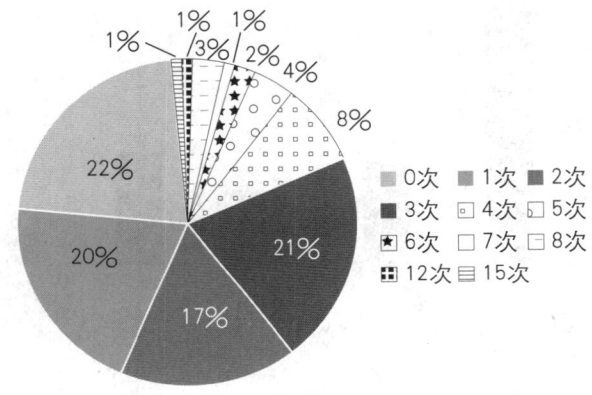

图 3-20　我国初中"地球科学（NSE）" 168 个象限点的频次占比

二、OECD 能力素养的频次情况

本研究对 OECD "学习框架 2030" 中的 5 大类能力素养出现的频次进行了统计，并用饼状图呈现结果。此外，本研究还统计了 5 大类能力素养中的 28 项能力素养要素出现的频次，以展现我国初中地球科学课程对各项能力素养要素的重视程度。

1. 基本情况

（1）基础素养

我国初中"地球科学（NSE）"中基础素养的 5 项能力素养要素对应的象限点有 30 个。这 30 个象限点的频次情况如图 3-21 所示：占比最多的频次是 3 次，占 23%；其次是 0 次、1 次和 2 次，均占 17%；然后是 4 次和 5 次，均占 7%；最后是 6 次、8 次、12 次和 15 次，均占 3%。

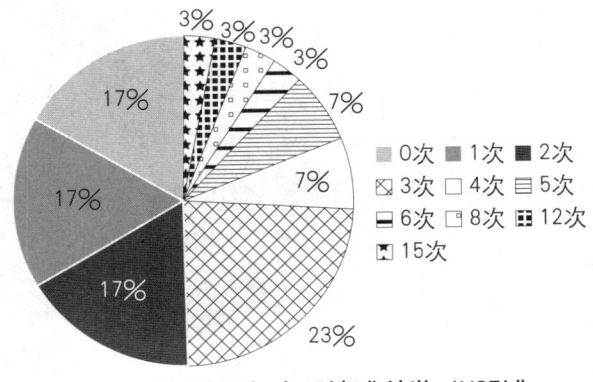

图 3-21　我国初中"地球科学（NSE）"基础素养的频次占比

从图 3-22 可以看出，基础素养的 5 项能力素养要素中，总频次最高的是读写能力，其次是数据素养、计算能力、ICT 素养/数字素养，最后为体育健康素养。其中，读写能力的总频次远高于其他能力素养要素，这表明我国初中地球科学课程特别注重对读写能力的培养，这与前文从分值角度进行分析得出的结论一致。此外，ICT 素养/数字素养的总频次较为居中，表明我国初中地球科学课程紧跟信息化发展趋势，充分利用信息技术和多媒体进行教学，这对学生的知识理解与应用有较大的促进作用。

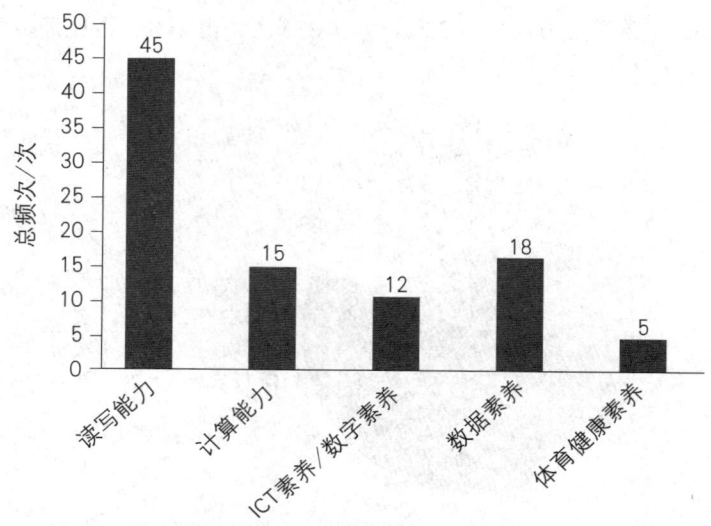

图 3-22 我国初中"地球科学（NSE）"基础素养中各能力素养要素的总频次

（2）技能、态度和价值观

我国初中"地球科学（NSE）"中技能、态度和价值观的 9 项能力素养要素对应的象限点有 54 个。这 54 个象限点的频次情况如图 3-23 所示：占比最多的频次是 3 次，占 29%；其次是 1 次，占 24%；然后是 0 次和 2 次，均占 15%；4 次占 9%；8 次占 4%；5 次和 12 次均仅占 2%。

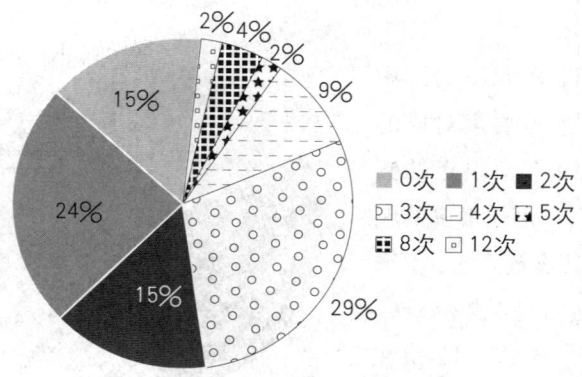

图 3-23 我国初中"地球科学（NSE）"技能、态度和价值观的频次占比

从图 3-24 可以看出，技能、态度和价值观的 9 项能力素养要素中，总频次最高的是批判性思维，其次是尊重、毅力／适应力、学会学习、合作／协作，然后是同理心、解决问题、信任，最低的是自我调节／自我控制。在技能、态度和价值观这一能力素养类型中，我国初中地球科学课程强调学生能够辩证地思考和分析地理问题，但对解决问题这一能力的要求则较少。

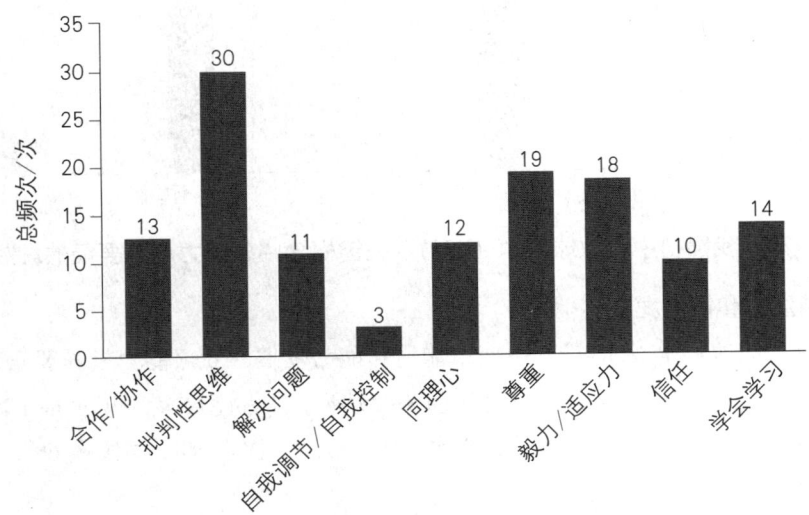

图 3-24　我国初中"地球科学（NSE）"技能、态度和价值观中各能力素养要素的总频次

（3）关键概念

我国初中"地球科学（NSE）"中关键概念的 2 项能力素养要素对应的象限点有 12 个。这 12 个象限点的频次情况如图 3-25 所示：占比最多的频次是 1 次和 4 次，均占 25%；其次是 2 次，占 18%；然后是 0 次、3 次、5 次、6 次，均占 8%。

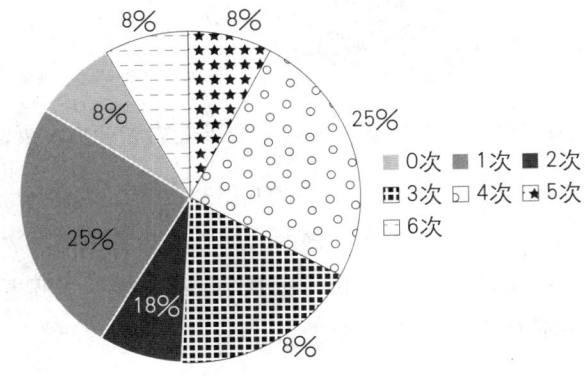

图 3-25　我国初中"地球科学（NSE）"关键概念的频次占比

从图 3-26 可以看出，关键概念的 2 项能力素养要素中，总频次较高的是学生主体，较低的是共同体。

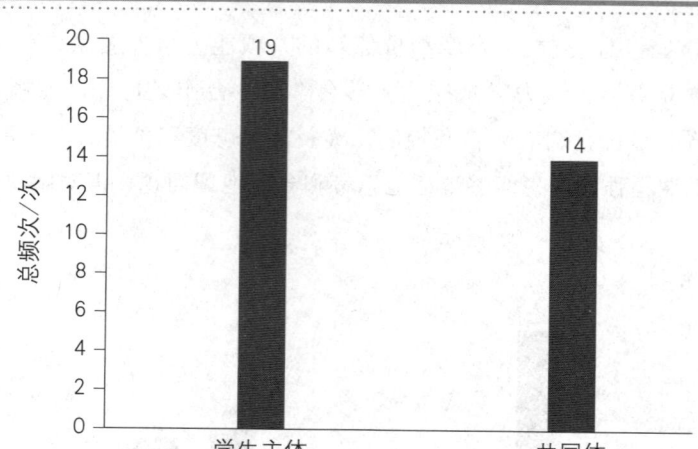

图 3-26　我国初中"地球科学（NSE）"关键概念中各能力素养要素的总频次

(4) 变革能力和能力发展

我国初中"地球科学（NSE）"中变革能力和能力发展的 6 项能力素养要素对应的象限点有 36 个。这 36 个象限点的频次情况如图 3-27 所示：占比最多的频次是 1 次，占 31%；其次是 2 次和 3 次，均占 19%；然后是 0 次，占 11%；5 次占 8%；4 次占 6%；6 次和 8 次均仅占 3%。

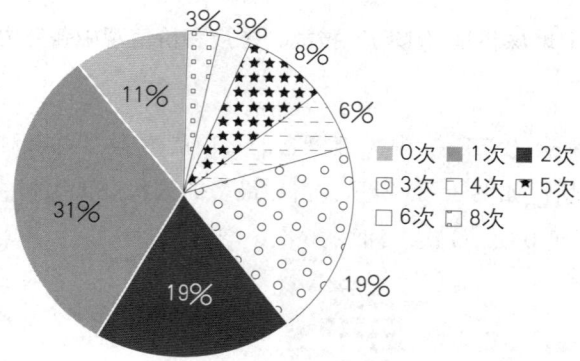

图 3-27　我国初中"地球科学（NSE）"变革能力和能力发展的频次占比

从图 3-28 可以看出，变革能力和能力发展的 6 项能力素养要素中，总频次最高的是行动；其次是承担责任；然后是协调矛盾与困境、预期、反思，三者的总频次相同；总频次最低的是创造新价值。在这一能力素养类型中，我国初中地球科学课程强调更多的是行动能力，重视学生运用所学的知识和技能来达成某一目的。

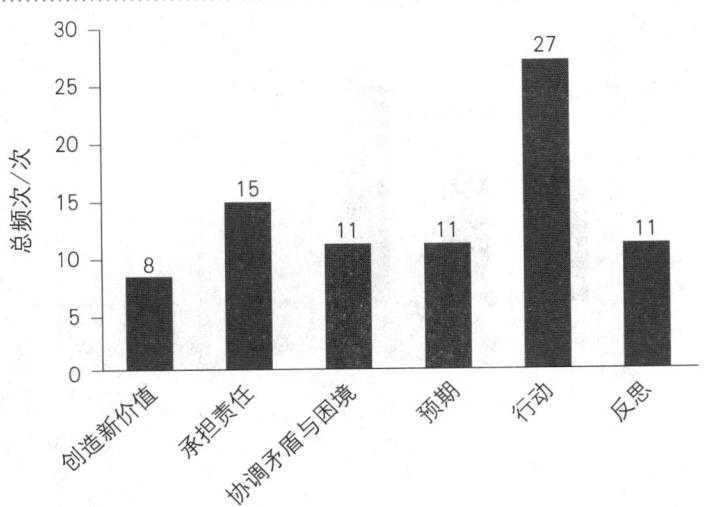

图 3-28 我国初中"地球科学（NSE）"变革能力和能力发展中各能力素养要素的总频次

（5）复合能力

我国初中"地球科学（NSE）"中复合能力的 6 项能力素养要素对应的象限点有 36 个。这 36 个象限点的频次情况如图 3-29 所示：占比最多的频次是 0 次，占 53%；其次是 2 次和 3 次，分别占 17% 和 14%；然后是 1 次和 4 次，均占 5%；7 次和 8 次均占 3%。

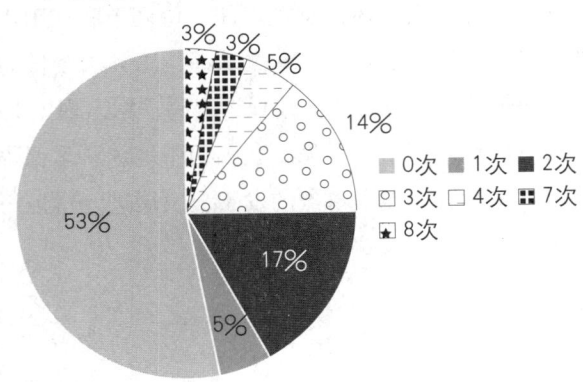

图 3-29 我国初中"地球科学（NSE）"复合能力的频次占比

从图 3-30 可以看出，复合能力的 6 项能力素养要素中，总频次最高的是可持续发展素养，其次是全球胜任力、媒介素养，然后是计算思维／编程／编码，财经素养、企业家精神均没有提及。在这一能力素养类型中，我国初中地球科学课程非常注重培养学生的可持续发展素养，该能力素养要素与人地关系问题有很强的联系。

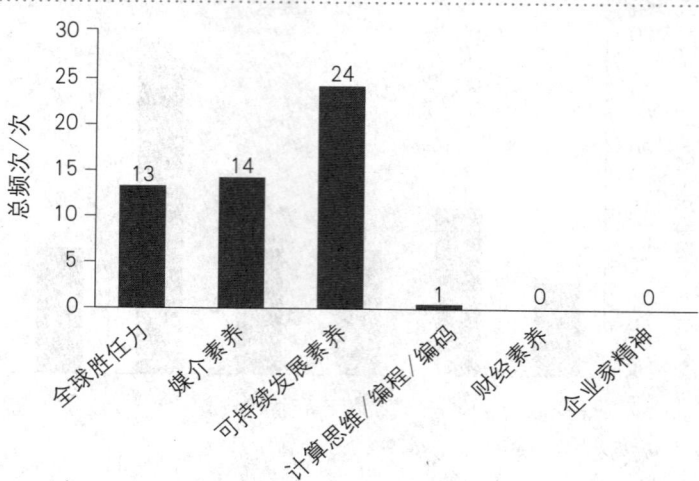

图 3-30 我国初中"地球科学（NSE）"复合能力中各能力素养要素的总频次

2．小结

从图 3-31 可以看出，28 项能力素养要素中，总频次较高的是读写能力、批判性思维、行动、可持续发展素养，在各个地理课程文件中均出现了 20 次以上；总频次居中的是计算能力、ICT 素养／数字素养、数据素养、合作／协作、解决问题、同理心、尊重、毅力／适应力、信任、学会学习、学生主体、共同体、承担责任、协调矛盾与困境、预期、反思、全球胜任力、媒介素养，均出现了 10 次及以上、20 次以下；总频次较低的是体育健康素养、自我调节／自我控制、创造新价值、计算思维／编程／编码，均出现了 1 次及以上、10 次以下；财经素养和企业家精神没有出现过。由此可见，我国初中地球科学课程重视培养学生的读写能力和实践能力，并要求学生能够对地理事象的发生、发展进行辩证思考，注重培养学生的可持续发展素养。

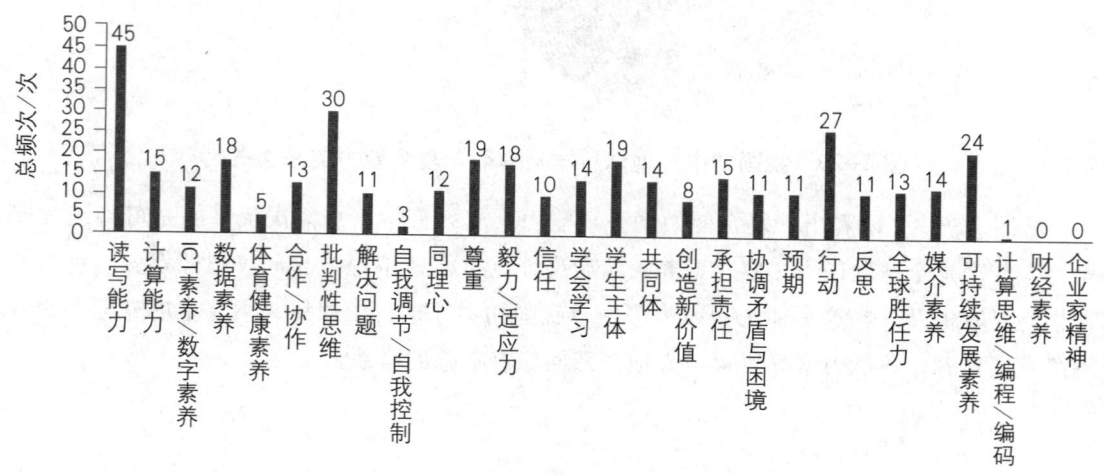

图 3-31 我国初中"地球科学（NSE）"各能力素养要素的总频次

三、"地球科学（NSE）"6大内容主题的总频次情况

本研究还分别统计了6大内容主题的总频次。从图3-32可以看出，总频次最高的是NSE2，该内容主题在我国的地理课程文件中出现了80次以上；其次是NSE3、NSE5和NSE1，均出现了70次以上、80次以下；然后是NSE4，出现了59次；总频次最低的是NSE6，仅出现了29次。显然，我国初中地球科学强调更多的是学生能够使用科学的方法开展实践活动，能够提出科学问题并制订解决方案，能够调查问题的原因、提出假设并检验假设，能够解释调查数据并陈述调查结果。

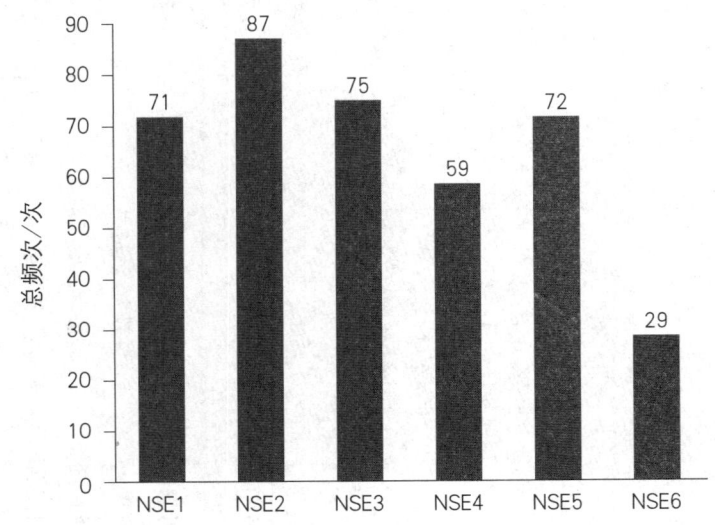

图3-32 我国初中"地球科学（NSE）"6大内容主题的总频次

第三节 我国初中"地球科学（NSE）"分值和频次二元分析

在对我国初中"地球科学（NSE）"各能力素养的分值和频次的研究基础上，本节采用相关性分析和四象限模型对其分值和频次进行二元分析：以能力素养要素的赋分均值为横轴，以能力素养要素的总频次为纵轴，绘制了我国初中"地球科学（NSE）"能力素养要素的赋分均值、总频次散点图，如图3-33所示。

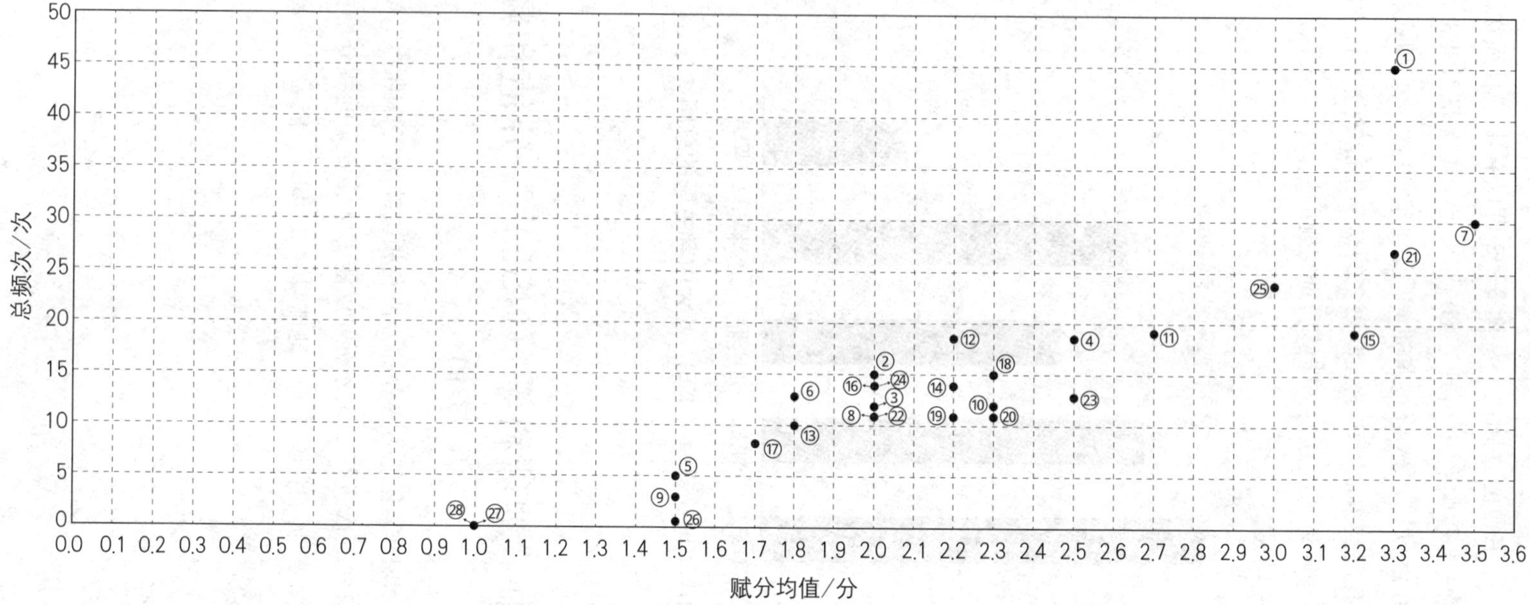

①读写能力 ②计算能力 ③ICT素养/数字素养 ④数据素养 ⑤体育健康素养 ⑥合作/协作 ⑦批判性思维
⑧解决问题 ⑨自我调节/自我控制 ⑩同理心 ⑪尊重 ⑫毅力/适应力 ⑬信任 ⑭学会学习
⑮学生主体 ⑯共同体 ⑰创造新价值 ⑱承担责任 ⑲协调矛盾与困境 ⑳预期 ㉑行动
㉒反思 ㉓全球胜任力 ㉔媒介素养 ㉕可持续发展素养 ㉖计算思维/编程/编码 ㉗财经素养 ㉘企业家精神

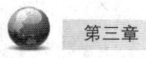

图 3–33 我国初中"地球科学（NSE）"能力素养要素的赋分均值、总频次散点图

一、相关性分析

从图 3-33 可以看出，赋分均值和总频次有较为明显的正相关关系。采用 SPSS 进行相关性检测，结果如表 3-3 所示。

表 3-3 我国初中"地球科学（NSE）"赋分均值、总频次相关性检测

方法	对象		赋分均值	总频次
Kendall's tau-b	赋分均值	相关系数	1.000	.748
		Sig.（双尾）	.	.000
		N	28	28
	总频次	相关系数	.748	1.000
		Sig.（双尾）	.000	.
		N	28	28

我国初中"地球科学（NSE）"部分，各项能力素养要素的赋分均值和总频次的 Kendall 相关性分析结果显示，赋分均值和总频次的相关系数为 0.748，表明二者呈显著正相关；Sig.（双尾）为 0.000，小于 0.01，表明置信度很高。这表明，我国初中"地球科学（NSE）"各能力素养要素的赋分均值越高，其出现的总频次也越多。该规律符合正常逻辑，有些能力素养要素确实是我国初中地球科学课程频繁强调的，而有些能力素养要素是被忽视、不常见的。

二、四象限模型

参照我国初中"地球科学（NSE）"能力素养要素的赋分均值、总频次散点图，将横轴的区间设置为 [0, 3.6]，将纵轴的区间设置为 [0, 50]，选择两个区间的中间值进行象限切分，将散点图划分为四个象限区域，如图 3-34 所示。

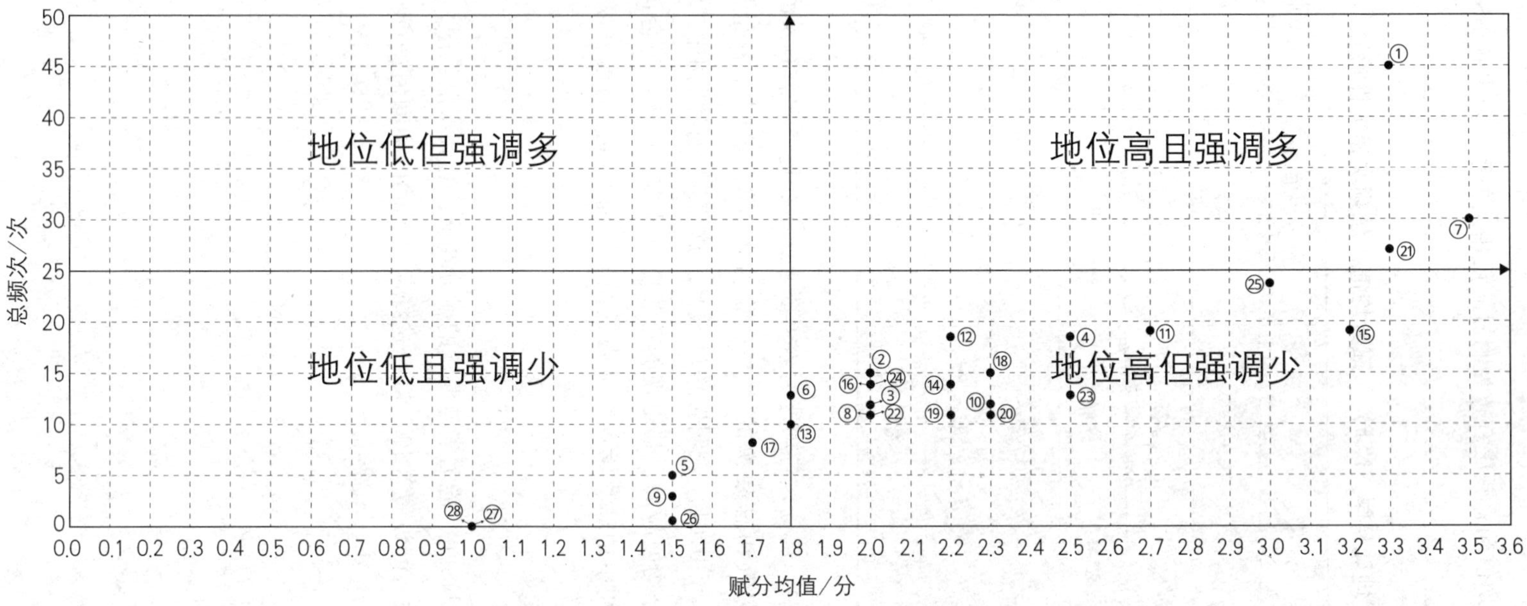

①读写能力 ②计算能力 ③ICT素养/数字素养 ④数据素养 ⑤体育健康素养 ⑥合作/协作 ⑦批判性思维
⑧解决问题 ⑨自我调节/自我控制 ⑩同理心 ⑪尊重 ⑫毅力/适应力 ⑬信任 ⑭学会学习
⑮学生主体 ⑯共同体 ⑰创造新价值 ⑱承担责任 ⑲协调矛盾与困境 ⑳预期 ㉑行动
㉒反思 ㉓全球胜任力 ㉔媒介素养 ㉕可持续发展素养 ㉖计算思维/编程/编码 ㉗财经素养 ㉘企业家精神

图 3–34　我国初中“地球科学（NSE）”能力素养要素四象限图

具体来看，落在左下象限（不含分界线）的一共有 6 项能力素养要素，分别是计算思维／编程／编码、自我调节／自我控制、体育健康素养、创造新价值、财经素养、企业家精神；落在右下象限（含分界线）的一共有 19 项能力素养要素，分别是计算能力、ICT 素养、数字素养、数据素养、合作／协作、解决问题、同理心、尊重、毅力／适应力、信任、学会学习、学生主体、共同体、承担责任、协调矛盾与困境、预期、反思、全球胜任力、媒介素养、可持续发展素养；没有落在左上象限（不含分界线）的能力素养要素；落在右上象限（含分界线）的一共有 3 项能力素养要素，分别是读写能力、行动、批判性思维。

我国初中地球科学课程最为重视培养的是读写能力、行动和批判性思维。其中读写能力的总频次最高，说明我国初中地球科学的教学强调读图、读文、书面表达、口头表达、查阅与收集资料等能力；批判性思维的赋分均值最高，说明该项能力素养要素在我国初中地球科学的教学中地位较高；计算思维／编程／编码、自我调节／自我控制、体育健康素养、创造新价值、财经素养、企业家精神的赋分均值和总频次都较低，说明我国初中地球科学课程对计算机技术、延迟满足、控制冲动和调节情绪表达的能力，健身和运动，开发创造的能力，财务决策能力以及企业家创业的能力等方面，均有较大程度的忽视。

第四节　总结

一、我国初中"地球科学（NSE）"分值分析结果

整体而言，OECD"地球科学（NSE）"部分的能力框架和内容体系与我国的初中地球科学课程的对应情况一般。我国初中"地球科学（NSE）"部分，有超过一半的象限点的分值为 2 分，说明大部分能力素养要素在较低层级的课程文件中有所体现，存在一定的教学可能性。

在 OECD 提出的 5 大类能力素养中，关键概念、变革能力和能力发展这两类能力素养在我国初中地球科学课程中的得分情况较好。具体而言，5 大类能力素养的 28 项能力素养要素中，读写能力、批判性思维、学生主体、行动、可持续发展素养在我国初中地球科学课程中的赋分均值较高，均在 3 分及以上。

在 OECD 提出的 6 大内容主题中，NSE2 在我国初中地球科学课程中的赋分均值最高。

二、我国初中"地球科学（NSE）"频次分析结果

整体而言，OECD"地球科学（NSE）"部分的能力框架和内容体系在我国初中地球科学课程部分的出现频次较低。我国初中"地球科学（NSE）"部分，频次最高的象限点的频次为 15 次，频次最低的象限点的频次为 0 次，且在 168 个象限点中频次为 0 次的占比最多。

在 OECD 提出的 5 大类能力素养中，基础素养出现的总频次最高。具体而言，5 大类能力素养的 28 项能力素养要素中，读写能力出现的总频次最高，批判性思维、行动、可持续发展素养出现的总频次也较高。

在OECD提出的6大内容主题中，出现了极端差异的情况，总频次最高的NSE2的出现次数是总频次最低的NSE6的近3倍。

三、我国初中"地球科学（NSE）"分值和频次的二元分析结果

我国初中"地球科学（NSE）"部分各能力素养要素的赋分均值和总频次呈显著正相关，其中赋分均值和总频次均占据优势的能力素养要素是读写能力、行动、批判性思维，均占据劣势的能力素养要素是计算思维／编程／编码、自我调节／自我控制、体育健康素养、创造新价值、财经素养、企业家精神。

我国初中地球科学课程的6大内容主题中，赋分均值最高的是NSE2，其次是NSE5，第三是NSE4，第四是NSE3，分值最低的是NSE1和NSE6；总频次最高的是NSE2，其次是NSE3、NSE5和NSE1，然后是NSE4，最低的是NSE6。综合来看，NSE2的赋分均值和总频次都最高，说明"使用科学的方法开展实践活动：提出科学问题并制订解决方案；调查问题的原因，提出假设并检验假设；解释调查数据，陈述调查结果"内容主题得到充分的重视；NSE5的赋分均值较高、总频次较低，说明"地球／空间／天文科学中的道德和伦理问题"内容主题得到重视，但强调不够；NSE1的赋分均值较低、总频次较高，说明"宇宙；可持续性；水系；热量；地质材料；影响某地水质的因素；人类活动和技术对水资源的影响；地球的形成"内容主题不太被重视，但强调多；NSE6的赋分均值和总频次都最低，说明"有关全球公民意识和可持续发展教育的概念，包括环境可持续性；促进国际理解、合作与和平的教育；有关人权和基本自由的教育"的内容主题既不太被重视，强调也少。

第四章

我国初中地理课程能力框架热图整体情况分析

第四章
我国初中地理课程能力框架热图整体情况分析

为了从整体上研究我国初中地理课程能力框架,本章将初中人文地理课程和地球科学课程结合起来分析,在分值维度和频次维度上分别进行能力指标的分级,并通过绘制等级金字塔来呈现28项能力素养要素的对应情况,在此基础上对整体分值和整体频次进行二元分析。

第一节 我国初中"人文地理(HGE)"和"地球科学(NSE)"分值热图叠加分析

一、我国初中"人文地理(HGE)"和"地球科学(NSE)"的分值对比分析

本研究对OECD"学习框架2030"中的5大类能力素养及其所包含的28项能力素养要素在我国初中人文地理课程与地球科学课程中的赋分均值情况进行了统计与对比分析。从图4-1可以看出,"人文地理(HGE)"的趋势线和"地球科学(NSE)"的趋势线的走向基本一致,波峰和波谷大部分重合,说明人文地理部分和地球科学部分的各项能力素养要素的赋分均值情况类似。在人文地理部分赋分均值较高的能力素养要素,如读写能力、批判性思维、行动、可持续发展素养,往往在地球科学部分的赋分均值也较高;在人文地理部分赋分均值较低的能力素养要素,如体育健康素养、自我调节／自我控制、计算思维／编程／编码、财经素养、企业家精神,往往在地球科学部分的赋分均值也较低。二者的相关度很高,说明我国初中地理课程按照OECD的体系划分的两部分内容具有较强的一致性。

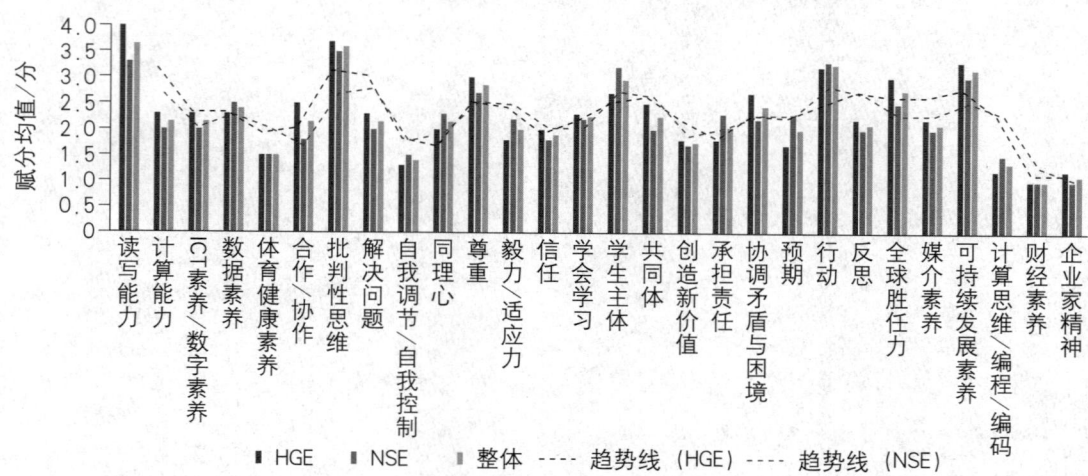

注:本图中的趋势线用来表征各能力素养要素的赋分均值差异情况。

本图中的"整体"是指我国初中地理课程(包含"人文地理(HGE)"与"地球科学(NSE)")的赋分均值情况。

图4-1 我国初中"人文地理(HGE)"和"地球科学(NSE)"的赋分均值

当然，能力素养要素在我国初中人文地理课程与地球科学课程中的赋分均值也存在差异。从图4-2可以看出，人文地理部分赋分均值比地球科学部分高的有17项能力素养要素，其中差距最大的是读写能力和合作／协作，这两项能力素养要素在人文地理部分的赋分均值比在地球科学部分高出0.7分。地球科学部分赋分均值比人文地理部分高的有9项能力素养要素，其中差距最大的是预期。但实际上，人文地理课程也常要求学生进行假设或猜想，如根据某一区域的地理环境情况分析该区域发展的方向等，因此在人文地理部分，我国初中地理课程应当重视预期这一能力的培养。

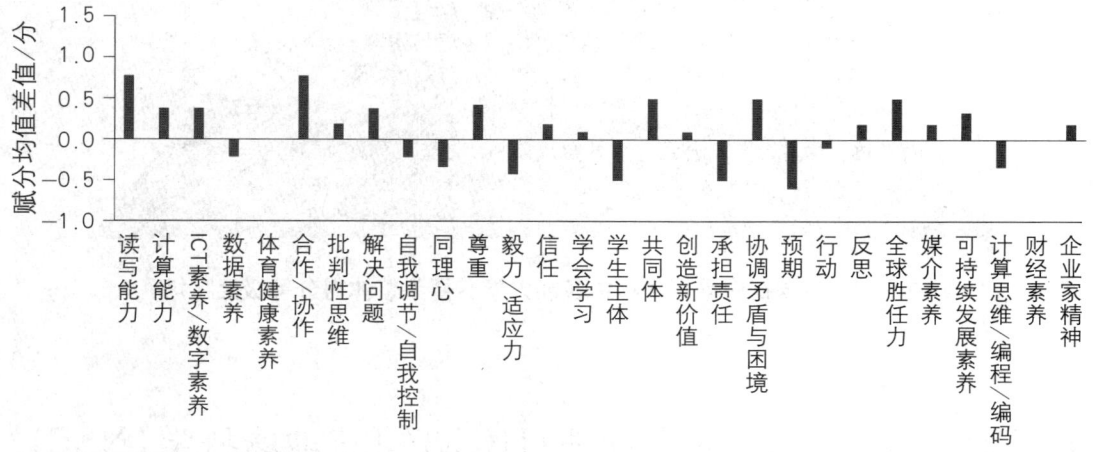

图4-2 我国初中"人文地理（HGE）"和"地球科学（NSE）"的赋分均值差值

整体而言，我国初中人文地理部分的赋分均值比地球科学部分的赋分均值情况更好，因此我国应加强对于初中地球科学课程的设计。

二、我国初中地理课程整体得分等级金字塔

本研究将我国初中人文地理部分和地球科学部分的各项能力素养要素的得分均值作为我国初中地理课程的整体得分。按照整体得分高低绘制的等级金字塔如图4-3所示，由下至上分别是得分较低（2分以下）、得分居中（2分及以上、3分以下）、得分较高（3分及以上），分别表示与课程对应情况不佳、教学的可能性较小，与课程对应情况一般、教学的可能性一般，与课程对应明确、教学的可能性大。从图4-3可以看出，我国初中地理课程整体得分较高（3分及以上）的能力素养要素有读写能力、批判性思维、行动和可持续发展素养；得分居中（2分及以上、3分以下）的能力素养要素有计算能力、ICT素养／数字素养、数据素养、合作／协作、解决问题、同理心、尊重、毅力／适应力、学会学习、学生主体、共同体、承担责任、协调矛盾与困境、预期、反思、全球胜任力、媒介素养；得分较低（2分以下）的能力素养要素有体育健康素养、自我调节／自我控制、信任、创造新价值、计算思维／编程／编码、财经素养、企业家精神。

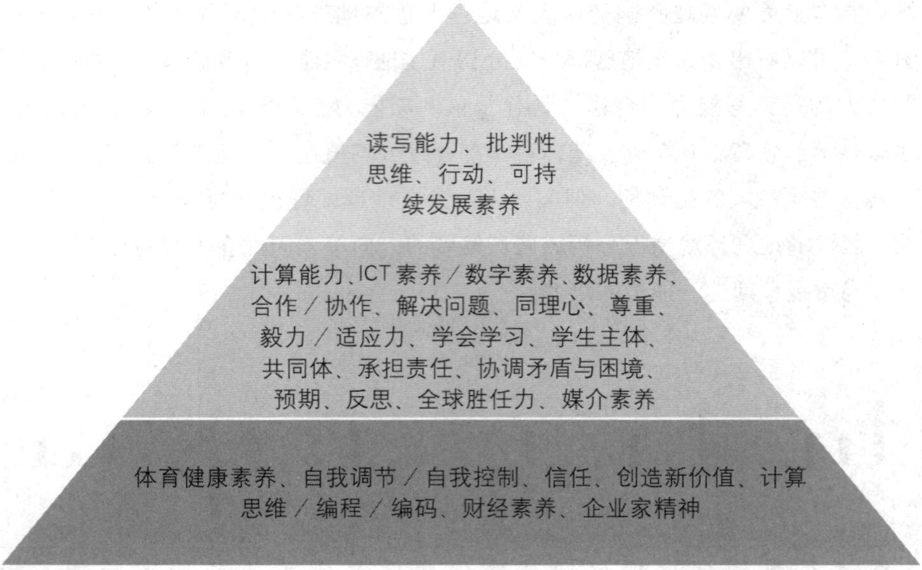

第四章 我国初中地理课程能力框架热图整体情况分析

读写能力、批判性思维、行动、可持续发展素养

计算能力、ICT素养／数字素养、数据素养、合作／协作、解决问题、同理心、尊重、毅力／适应力、学会学习、学生主体、共同体、承担责任、协调矛盾与困境、预期、反思、全球胜任力、媒介素养

体育健康素养、自我调节／自我控制、信任、创造新价值、计算思维／编程／编码、财经素养、企业家精神

图 4-3　我国初中地理课程中各能力素养要素整体得分等级金字塔

第二节　我国初中"人文地理（HGE）"和"地球科学（NSE）"频次热图叠加分析

一、我国初中"人文地理（HGE）"和"地球科学（NSE）"的频次对比分析

本研究对 OECD "学习框架 2030" 中的 5 大类能力素养所包含的 28 项能力素养要素在我国初中人文地理课程与地球科学课程中的频次情况进行了统计与对比分析。从图 4-4 可以看出，"人文地理（HGE）"的趋势线和"地球科学（NSE）"的趋势线的走向基本一致，波峰和波谷大部分重合，说明人文地理部分和地球科学部分的各项能力素养要素的总频次情况类似。在人文地理部分总频次较高的能力素养要素，如读写能力、批判性思维、行动，往往在地球科学部分的总频次也较高；在人文地理部分总频次较低的能力素养要素，如自我调节／自我控制、计算思维／编程／编码、财经素养、企业家精神，往往在地球科学部分的总频次也较低。二者的相关度很高，说明我国初中地理课程按照 OECD 的体系划分的两部分内容具有较强的一致性。

第二节 我国初中"人文地理（HGE）"和"地球科学（NSE）"频次热图叠加分析

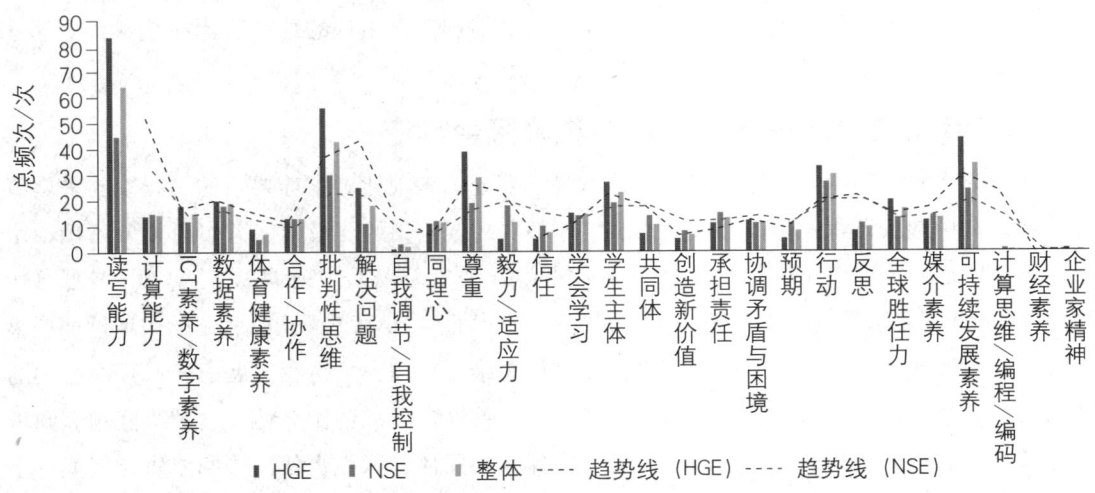

注：本图中的趋势线用来表征各能力素养要素的总频次差异情况。

本图中的"整体"是指我国初中地理课程（包含"人文地理（HGE）"与"地球科学（NSE）"）的总频次情况。

图 4-4　我国初中"人文地理（HGE）"和"地球科学（NSE）"的总频次

当然，能力素养要素在我国初中人文地理课程与地球科学课程中的总频次也存在差异。从图 4-5 可以看出，人文地理部分总频次比地球科学部分高的有 14 项能力素养要素，其中差距最大的是读写能力，该项能力素养要素在人文地理部分的总频次比地球科学部分高 39 次，其原因可能是：我国初中人文地理部分涉及的文本、图片较多，学生阅读文本和图片的需求大。但其实在地球科学部分，读图也是一项重要的技能，因此需要进一步加强对学生读写能力的培养。地球科学部分总频次比人文地理部分高的有 12 项能力素养要素，其中差距最大的是毅力／适应力，该项能力素养要素在地球科学部分的总频次比人文地理部分高 13 次。这一结果符合我们现行的课程架构：地球科学部分较为抽象，要求学生具有较高的空间思维能力，这意味着学生在学习地球科学内容时会面临不小的困难，因此需要学生具备坚持和克服困难的能力。

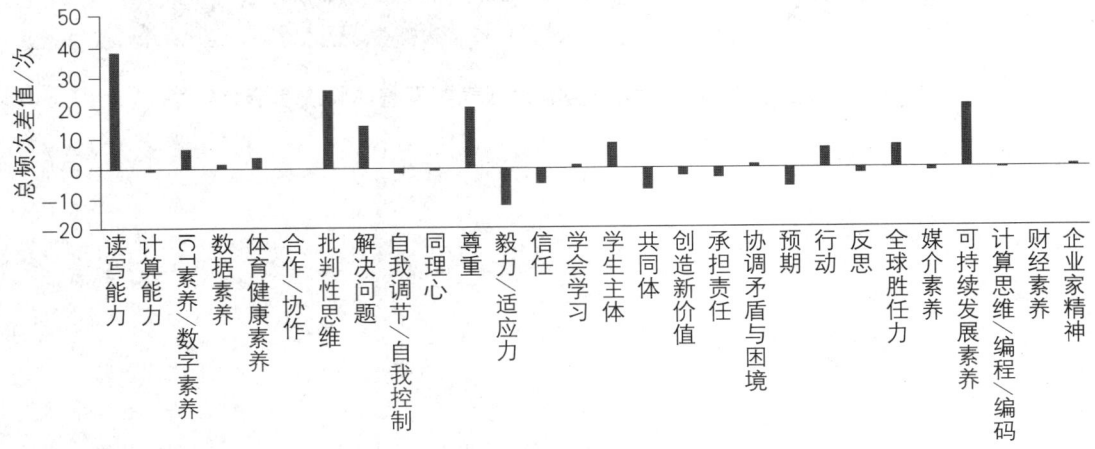

图 4-5　我国初中"人文地理（HGE）"和"地球科学（NSE）"的总频次差值

67

整体而言,各项能力素养要素在我国初中人文地理部分出现的总频次比在地球科学部分出现的更多,因此我国应加强对于初中地球科学各项能力素养要素的培养。

二、我国初中地理课程整体频次等级金字塔

本研究将我国初中人文地理部分和地球科学部分的各项能力素养要素的总频次的平均值作为我国初中地理课程的整体频次。按照整体频次高低绘制的等级金字塔如图 4-6 所示,由上至下分别是频次较高(30 次及以上)、频次居中(10 次及以上、30 次以下)、频次较低(10 次以上),分别表示受重视、一般对待、不受重视。从图 4-6 可以看出,我国初中地理课程整体频次较高的能力素养要素有读写能力、批判性思维、行动、可持续发展素养;频次居中的能力素养要素有计算能力、ICT 素养/数字素养、数据素养、合作/协作、解决问题、同理心、尊重、毅力/适应力、学会学习、学生主体、共同体、承担责任、协调矛盾与困境、全球胜任力、媒介素养;频次较低的能力素养要素有体育健康素养、自我调节/自我控制、信任、创造新价值、预期、反思、计算思维/编程/编码、财经素养、企业家精神。

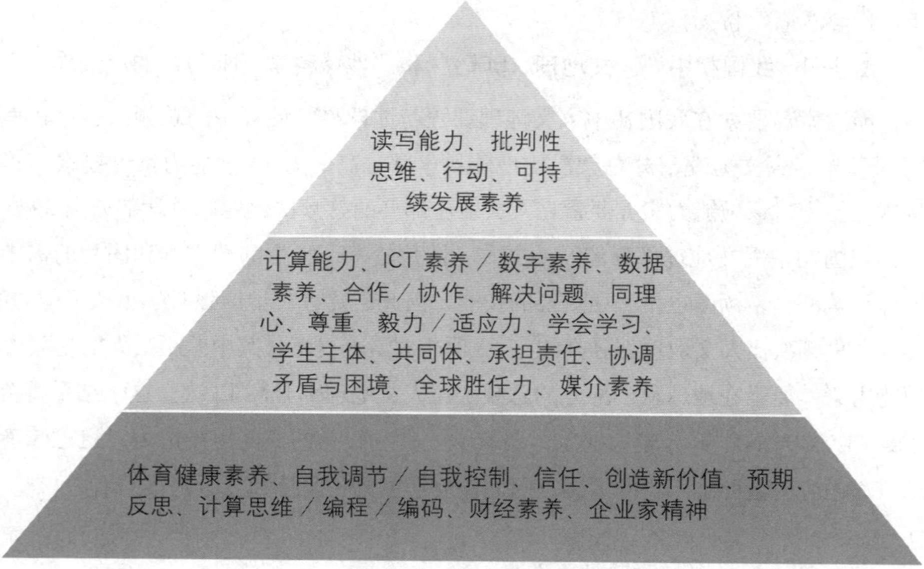

图 4-6 我国初中地理课程中各能力素养要素整体频次等级金字塔

第三节　我国初中地理课程整体分值和频次二元分析

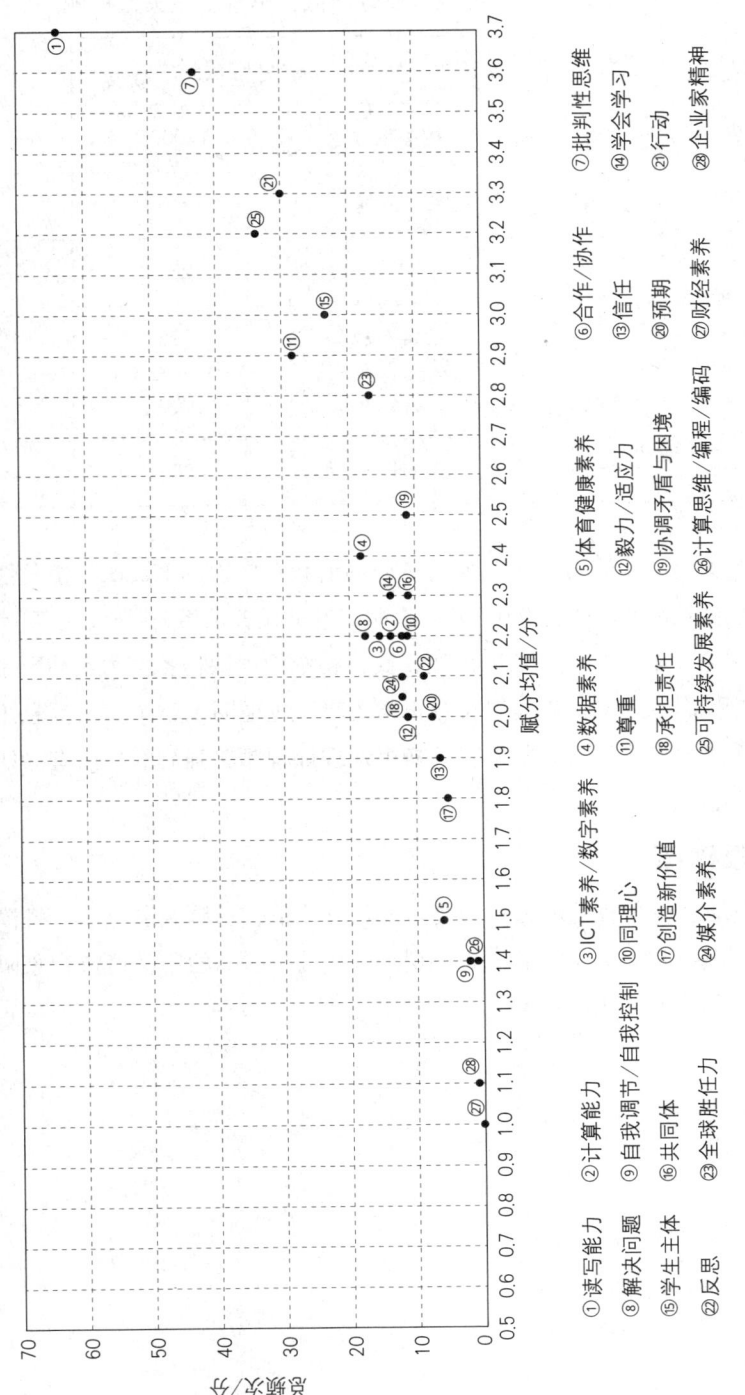

图 4—7　我国初中地理课程整体能力素养要素的赋分均值、总频次散点图

第四章
我国初中地理课程能力框架热图整体情况分析

一、相关性分析

从图 4-7 可以明显看出，赋分均值和总频次具有较为明显的正相关关系。采用 SPSS 进行相关性检测，结果如表 4-1 所示。

表 4-1 我国初中地理课程赋分均值、总频次相关性检测

方法	对象		赋分均值	总频次
Kendall's tau-b	赋分均值	相关系数	1.000	.795
		Sig.（双尾）	.	.000
		N	28	28
	总频次	相关系数	.795	1.000
		Sig.（双尾）	.000	.
		N	28	28

我国初中地理课程各项能力素养要素的赋分均值和总频次的 Kendall 相关性分析结果显示，赋分均值和总频次的相关系数为 0.795，表明二者呈显著正相关；Sig.（双尾）为 0.000，小于 0.01，表明置信度很高。以上数据说明，我国初中地理课程各能力素养要素的赋分均值越高，其出现的总频次也越多。该规律符合正常逻辑，也证明了整个文字信息采集的过程是科学可信的，有些能力素养要素确实是我国初中地理课程频繁强调的，而有些能力素养要素则是被忽视、不常见的。

二、四象限模型

参照我国初中地理课程各项能力素养要素的赋分均值、总频次散点图，将横轴的区间设置为 [0.5, 3.7]，将纵轴的区间设置为 [0, 70]，选择两个区间的中间值进行象限切分，将散点图划分为四个象限区域，如图 4-8 所示。

第三节 我国初中地理课程整体分值和频次二元分析

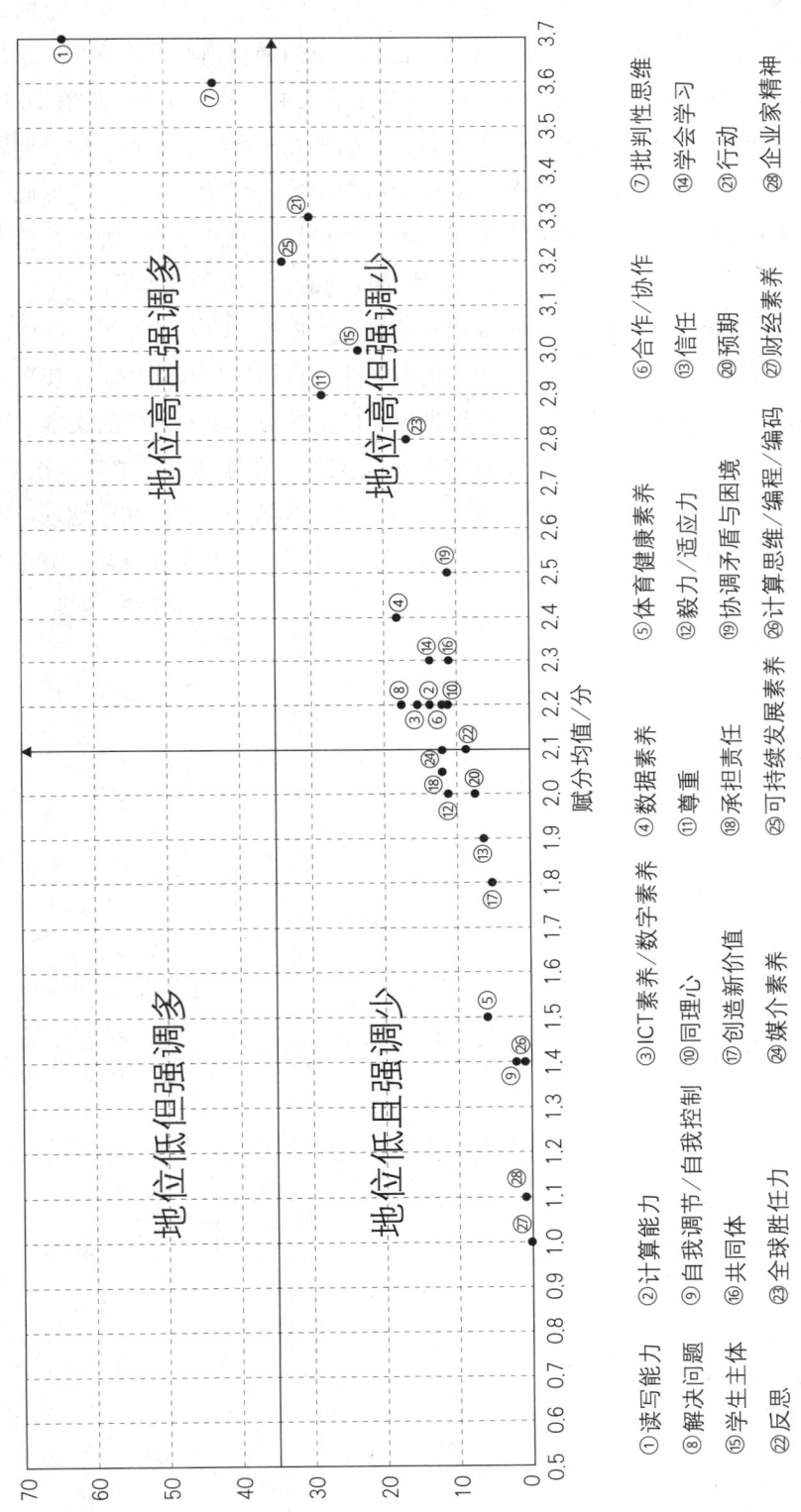

图4—8 我国初中地理课程整体能力素养要素四象限图

具体来看，落在左下象限（不含分界线）的一共有 10 项能力素养要素，分别是体育健康素养、自我调节／自我控制、毅力／适应力、信任、创造新价值、承担责任、预期、计算思维／编程／编码、财经素养、企业家精神；落在右下象限（含分界线）的有 16 项能力素养要素，分别是计算能力、ICT 素养／数字素养、数据素养、合作／协作、解决问题、同理心、尊重、学会学习、学生主体、共同体、协调矛盾与困境、行动、反思、全球胜任力、媒介素养、可持续发展素养；没有落在左上象限（不含分界线）的能力素养要素；落在右上象限（含分界线）的一共有 2 项能力素养要素，分别是读写能力、批判性思维。

整体来看，我国初中地理课程最为重视培养的是读写能力、批判性思维。其中读写能力的总频次和赋分均值都最高，说明我国初中地理教学非常重视培养和评估学生使用书面、口头、视觉文本的能力。有读写能力的学生能够理解、使用并构建不同类型的文本。这些文本包括与具体学科相关的文本，以及图表和图形等视觉文本（在地理学科中具体指文字材料、景观图、统计表和地图等），所以读写能力最受重视是可以理解的。我国初中地理课程非常不重视培养财经素养、企业家精神，这些能力素养要素在我国初中地理课程文件中几乎没有出现过。

第五章

我国高中"人文地理（HGE）"课程能力框架热图分析

第一节　我国高中"人文地理（HGE）"分值热图分析

表5-1　我国高中"人文地理（HGE）"课程能力框架分值热图

内容代码	内容主题（学科内容/概念/活动）	基础素养					技能、态度和价值观							关键概念					变革能力和能力发展			复合能力			
		读写能力	计算能力	ICT素养/数字素养	数据素养	体育健康素养	合作协作	批判性思维	解决问题	自我调节/自我控制	同理心/尊重	毅力/信任/适应力	学会学习	学生主体	创造新价值	承担责任	协调矛盾与困境	预期行动和反思	胜任力	全球力	全媒介素养	可持续发展素养	计算思维/编程/编码	财经素养	企业家精神
HGE1	地球、地貌；气候类型；自然环境对区域的影响	4	1	4	4	4	4	4	4	4	4	3	4	4	1	1	4	3	4	4	4	4	1	1	1
HGE2	人类活动对区域的影响；文化差异；世界社会、经济和文化多样性；人类聚居模式	4	1	1	1	1	1	4	1	1	4	1	1	3	1	1	1	1	1	1	1	1	1	1	1
HGE3	与全球公民意识和可持续发展教育有关的概念，包括环境可持续性；促进国际理解、合作与和平的教育；人权和基本自由的教育	3	1	4	4	3	4	4	4	4	4	3	1	4	1	3	1	1	3	3	3	4	3	1	1
HGE4	了解地理学家的工作，学像地理学家一样思考；理解地理与现实生活之间的联系，以及地理对现实世界的贡献（认知知识）	3	2	1	1	1	1	1	1	1	4	3	3	3	1	4	4	3	4	4	2	1	3	1	1
HGE5	分析信息，搜集资料（包括书面及口头资料）；识别并运用不同的观点；描述、根据材料推导结论；交流调查结果（如根据搜集到的数据撰写调查报告）	3	1	1	4	1	1	1	3	1	4	3	1	3	1	1	1	1	1	3	1	1	1	1	1
HGE6	地理中的道德和伦理问题（如环境保护）	4	1	1	4	1	1	3	1	1	4	3	1	1	1	3	4	4	3	3	3	4	1	1	1

一、赋值矩阵整体情况

在 168 个象限点中，51 个象限点的分值为 4 分，26 个象限点的分值为 3 分，2 个象限点的分值为 2 分，89 个象限点的分值为 1 分。从图 5-1 可以看出，占比最多的分值是 1 分，占 53%；其次是 4 分，占 30%；然后是 3 分，占 16%；占比最少的分值是 2 分，仅占 1%。有 53% 的象限点的分值为 1 分，说明 6 大内容主题中，有超过一半的能力素养要素是与课程设置完全对应不上、教学中也不可能培养的。这在一定程度上反映了我国高中人文地理课程的能力框架和内容体系与 OECD "学习框架 2030" 的对应程度只有一半左右。

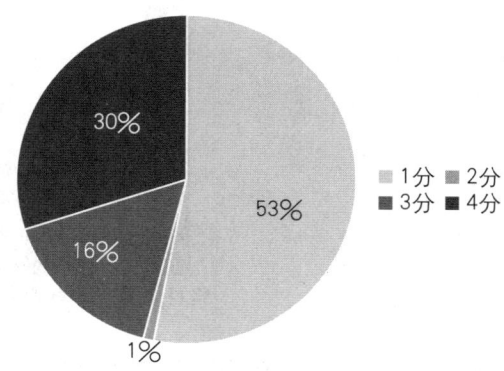

图 5-1　我国高中"人文地理（HGE）"168 个象限点的分值占比

二、OECD 能力素养的赋值情况

本研究对 OECD "学习框架 2030" 中的 5 大类能力素养的得分情况进行了统计，并用饼状图呈现结果。此外，本研究还统计了 5 大类能力素养中的 28 项能力素养要素的赋分均值情况，以展现我国高中人文地理课程对各项能力素养要素要求的明确程度。

1. 基本情况

（1）基础素养

我国高中"人文地理（HGE）"中基础素养的 5 项能力素养要素对应的象限点有 30 个。这 30 个象限点的赋值情况如图 5-2 所示：占比最多的分值是 4 分，占 43%；其次是 1 分，占 37%；然后是 3 分，占 17%；占比最少的分值是 2 分，仅占 3%。可以看出，我国高中人文地理课程与 OECD "学习框架 2030" 中的基础素养对应情况良好。统计结果还显示，有高达 40% 左右的基础素养能力指标出现在较权威的课程文本文件中，即 OECD 的基础素养能力指标与我国高中人文地理课程中的核心能力对应更好。

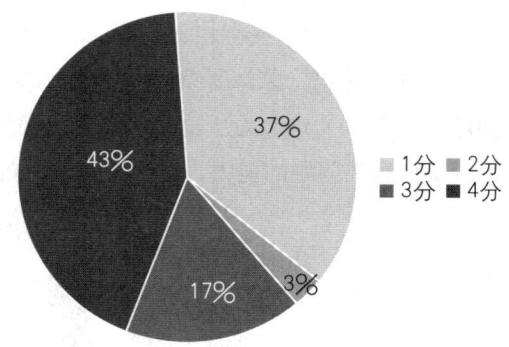

图 5-2　我国高中"人文地理（HGE）"基础素养的分值占比

从图 5-3 可以看出，基础素养的 5 项能力素养要素中，赋分均值最高的是数据素养，其次是读写能力，其余依次是 ICT 素养/数字素养、体育健康素养、计算能力。这表明我国高中人文地理课程更加重视从数据中获取和创建有意义信息的能力，以及学生使用书面、口头、视觉文本的能力，这些能力在较权威的课程文本中出现，地位相对较高。

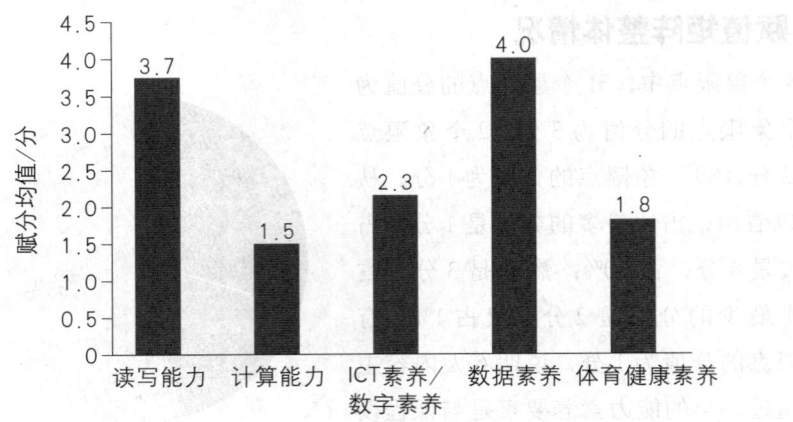

图 5-3 我国高中"人文地理（HGE）"基础素养中各能力素养要素的赋分均值

（2）技能、态度和价值观

我国高中"人文地理（HGE）"中技能、态度和价值观的 9 项能力素养要素对应的象限点有 54 个。这 54 个象限点的赋值情况如图 5-4 所示：占比最多的分值是 1 分，占 59%；其次是 4 分，占 32%；然后是 3 分，占 9%；没有象限点被赋值为 2 分。与基础素养不同的是，技能、态度和价值观这一能力素养类型与我国高中人文地理课程对应不良，对应程度仅为 41%。

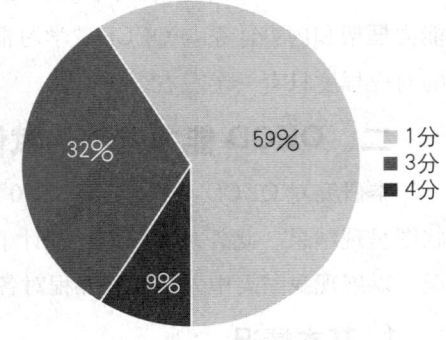

图 5-4 我国高中"人文地理（HGE）"技能、态度和价值观的分值占比

从图 5-5 可以看出，技能、态度和价值观的 9 项能力素养要素中，赋分均值较高的是批判性思维、解决问题和尊重，其次是合作／协作、学会学习，赋分均值较低的是自我调节／自我控制、同理心、毅力／适应力、信任。这表明我国高中人文地理课程非常重视学生的辩证思维能力、在困境中解决问题的能力，以及充分考虑自我和他人感受和权利的能力。

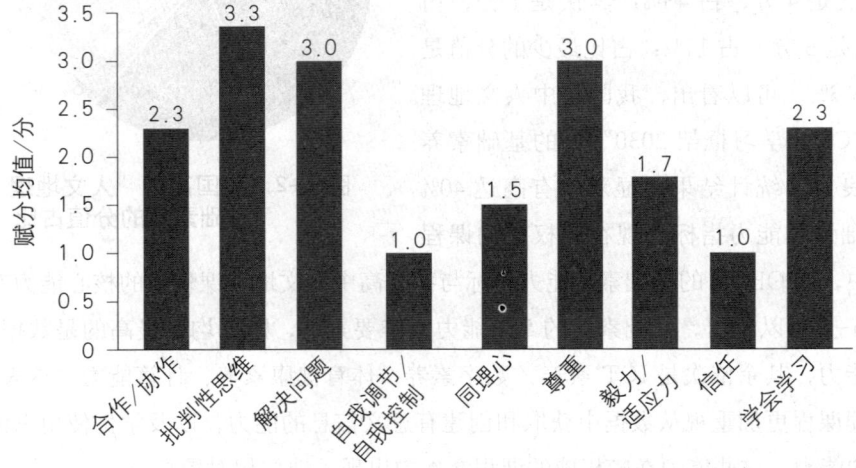

图 5-5 我国高中"人文地理（HGE）"技能、态度和价值观中各能力素养要素的赋分均值

（3）关键概念

我国高中"人文地理（HGE）"中关键概念的2项能力素养要素对应的象限点有12个。这12个象限点的赋值情况如图5-6所示：占比最多的分值是1分，占58%；其次是3分，占25%；然后是4分，占17%；没有象限点被赋值为2分。这一能力素养类型与我国高中人文课程对应不良，对应程度仅为42%。

从图5-7可以看出，关键概念的2项能力素养要素中，赋分均值较高的是学生主体，较低的是共同体。

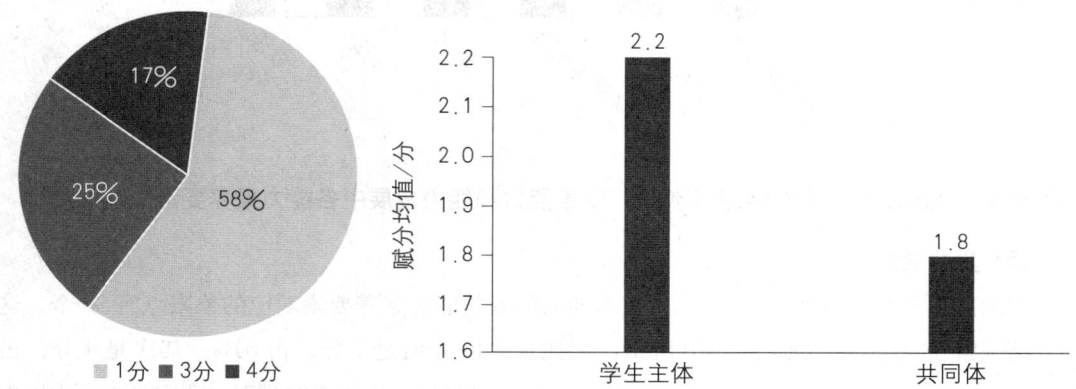

图5-6　我国高中"人文地理（HGE）"关键概念的分值占比

图5-7　我国高中"人文地理（HGE）"关键概念中各能力素养要素的赋分均值

（4）变革能力和能力发展

我国高中"人文地理（HGE）"中变革能力和能力发展的6项能力素养要素对应的象限点有36个。这36个象限点的赋值情况如图5-8所示：占比最多的分值是1分，占44%；其次是3分，占31%；然后是4分，占25%；没有象限点被赋值为2分。这一能力素养类型与我国高中人文课程的对应程度超过了50%。

从图5-9可以看出，变革能力和能力发展的6项能力素养要素中，赋分均值较高的是行动，其次是承担责任、协调矛盾与困境、反思，然后是预期，最低的是创造新价值。这表明我国高中人文地理课程更加重视学生为了一个确定的目的而采取行动的意愿和能力。

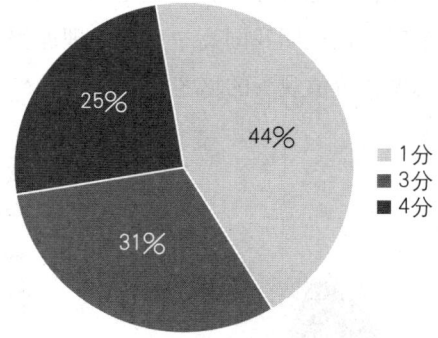

图5-8　我国高中"人文地理（HGE）"变革能力和能力发展的分值占比

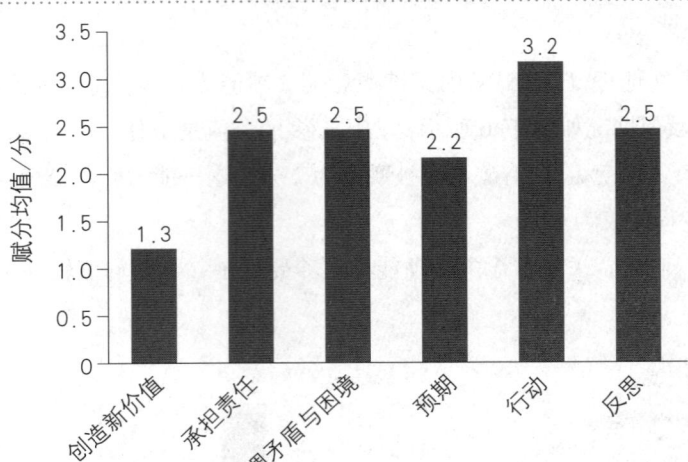

图 5-9 我国高中"人文地理（HGE）"变革能力和能力发展中各能力素养要素的赋分均值

（5）复合能力

我国高中"人文地理（HGE）"中复合能力的 6 项能力素养要素对应的象限点有 36 个。这 36 个象限点的赋值情况如图 5-10 所示：占比最多的分值是 1 分，占 64%；其次是 4 分，占 28%；然后是 3 分，占 5%；最少的是 2 分，占 3%。可见这一能力素养类型与我国高中人文地理课程的对应性较差，有 64% 的能力素养要素属于与课程不对应、教学上也不存在可能性。

从图 5-11 可以看出，复合能力的 6 项能力素养要素中，赋分均值较高的是可持续发展素养、全球胜任力，其次是媒介素养，较低的是计算思维/编程/编码、企业家精神、财经素养。这说明我国高中人文地理课程更加重视可持续发展素养和全球参与所需的知识、技能、态度、价值观等的培养。

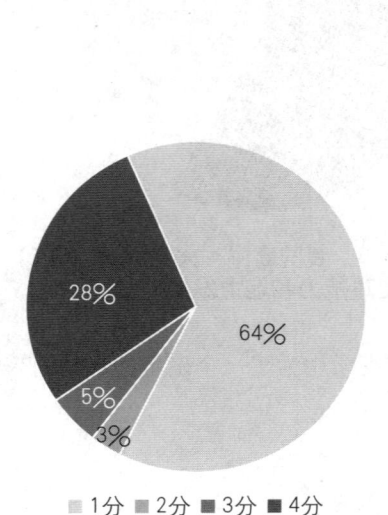

图 5-10 我国高中"人文地理（HGE）"复合能力的分值占比

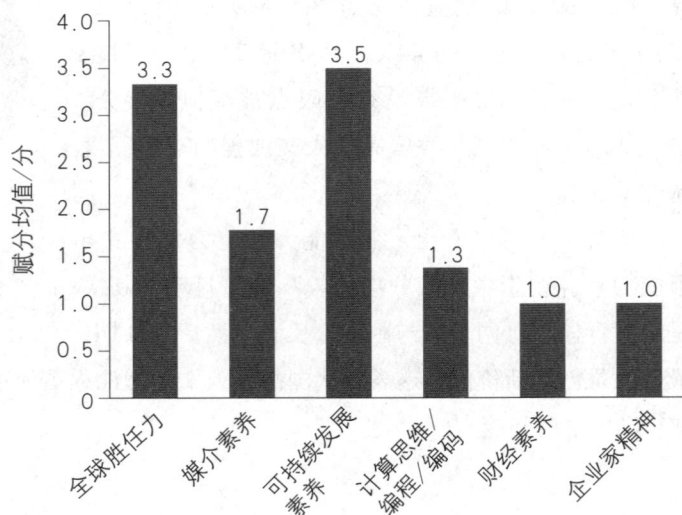

图 5-11 我国高中"人文地理（HGE）"复合能力中各能力素养要素的赋分均值

2. 小结

总体来看，28项能力素养要素中，赋分均值较高的是读写能力、数据素养、批判性思维、解决问题、尊重、行动、全球胜任力、可持续发展素养，都在3分及以上；赋分均值居中的是ICT素养/数字素养、合作/协作、学会学习、学生主体、承担责任、协调矛盾与困境、预期、反思，都在2分及以上、3分以下；赋分均值较低的是计算能力、体育健康素养、自我调节/自我控制、同理心、毅力/适应力、信任、共同体、创造新价值、媒介素养、计算思维/编程/编码、财经素养、企业家精神，都在2分以下。

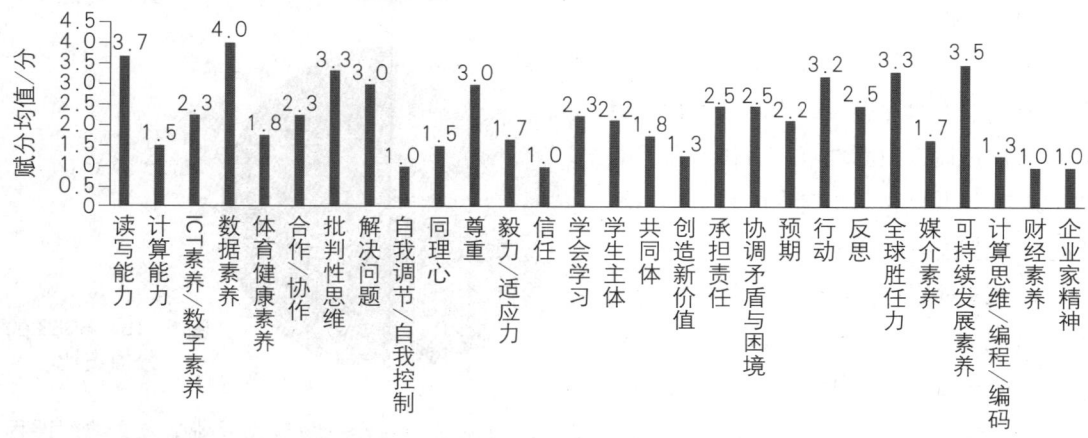

图5-12 我国高中"人文地理（HGE）"各能力素养要素的赋分均值

三、"人文地理（HGE）"6大内容主题的赋值情况

1．基本情况

（1）主题1

主题1的内容包含：地球，地貌；气候类型；自然环境对区域的影响。主题1的内容代码是HGE1。

HGE1对应的28项能力素养要素的赋值情况如图5-13所示：占比最多的分值是4分，占53%；其次是1分，占43%；然后是3分，占4%；没有象限点被赋值为2分。可见这一内容主题与我国高中人文地理课程内容体系对应情况良好，有超过一半的能力素养要素分值为3分或4分。

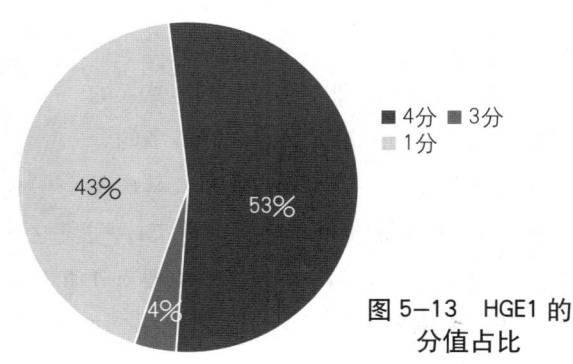

图5-13 HGE1的分值占比

（2）主题2

主题2的内容包含：人类活动对区域的影响；文化差异；世界社会、经济和文化多样性；人类聚居模式。主题2的内容代码是HGE2。

HGE2 对应的 28 项能力素养要素的赋值情况如图 5-14 所示：占比最多的分值是 1 分，占 75%；其次是 4 分，占 21%；然后是 3 分，占 4%；没有象限点被赋值为 2 分。可见这一内容主题与我国高中人文地理课程内容体系对应情况较差，有 75% 的能力素养要素没有对应上。

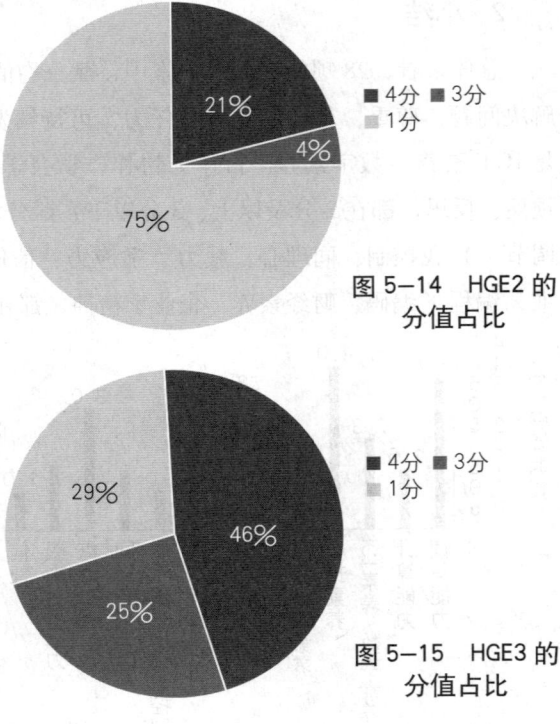

图 5-14 HGE2 的分值占比

（3）主题 3

主题 3 的内容包含：与全球公民意识和可持续发展教育有关的概念，包括环境可持续性；促进国际理解、合作与和平的教育；有关人权和基本自由的教育。主题 3 的内容代码是 HGE3。

HGE3 对应的 28 项能力素养要素的赋值情况如图 5-15 所示：占比最多的分值是 4 分，占 46%；其次是 1 分，占 29%；然后是 3 分，占 25%；没有象限点被赋值为 2 分。可见这一内容主题与我国高中人文地理课程内容体系对应情况良好，有 71% 的能力素养要素分值为 3 分或 4 分。

图 5-15 HGE3 的分值占比

（4）主题 4

主题 4 的内容包含：了解地理学家的工作，学会像地理学家一样思考；理解地理与现实生活之间的联系，以及地理对现实世界的贡献（认知知识）。主题 4 的内容代码是 HGE4。

HGE4 对应的 28 项能力素养要素的赋值情况如图 5-16 所示：占比最多的分值是 4 分和 3 分，二者均占 32%；其次是 1 分，占 29%；最少的是 2 分，占 7%。可见这一内容主题与我国高中人文地理课程内容体系对应情况良好，有 64% 的能力素养要素分值为 3 分或 4 分。

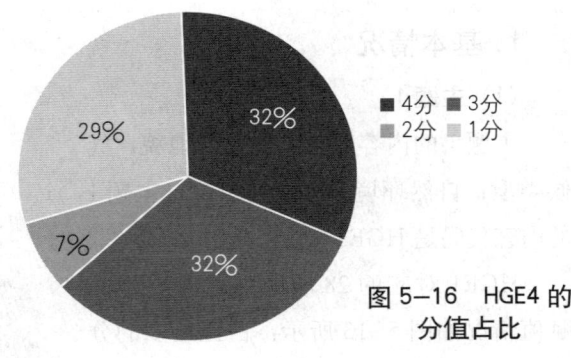

图 5-16 HGE4 的分值占比

（5）主题 5

主题 5 的内容包含：分析信息；搜集资料（包括书面及口头资料）；识别并运用不同的观点；观察并描述；根据材料推导结论；交流调查结果（如根据搜集到的数据撰写调查报告）。主题 5 的内容代码是 HGE5。

HGE5 对应的 28 项能力素养要素的赋值情况如图 5-17 所示：占比最多的分值是 1 分，占

86%；其次是 4 分和 3 分，二者均占 7%；没有象限点被赋值为 2 分。可见这一内容主题与我国高中人文地理课程内容体系对应情况非常不好。

（6）主题 6

主题 6 的内容包含：地理中的道德和伦理问题（如环境保护）。主题 6 的内容代码是 HGE6。

HGE6 对应的 28 项能力素养要素的赋值情况如图 5-18 所示：占比最多的分值是 1 分，占 58%；其次是 3 分和 4 分，二者均占 21%；没有象限点被赋值为 2 分。可见这一内容主题与我国高中人文地理课程内容体系对应程度较为一般，有 42% 的能力素养要素分值为 3 分或 4 分。

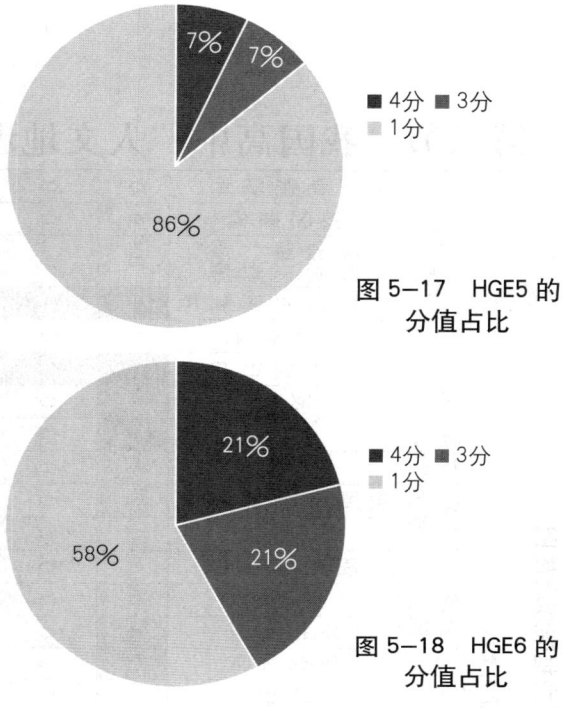

图 5-17　HGE5 的分值占比

图 5-18　HGE6 的分值占比

2．小结

本研究还统计了 6 大内容主题的赋分均值情况，以此衡量各内容主题的总体受重视程度。从图 5-19 可以看出，赋分均值较高的是 HGE3、HGE1 和 HGE4，高于平均水平；赋分均值较低的是 HGE2、HGE5 和 HGE6，低于平均水平。这表明我国高中人文地理课程更加重视全球公民意识的培养和可持续发展教育，以及地理对现实生活的贡献、与现实生活的联系。与这些内容相关的知识和能力要求出现在更为权威的课程文本中。

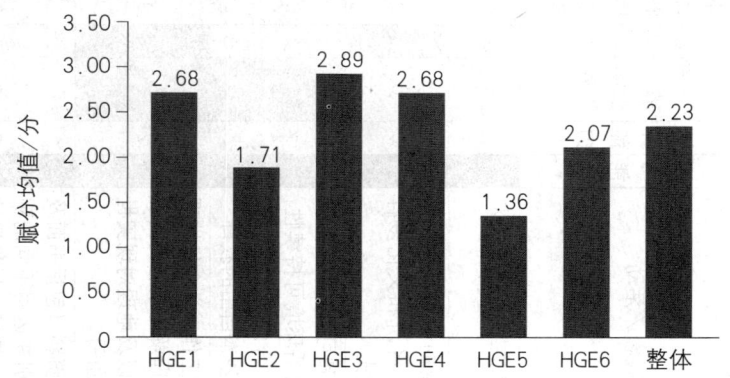

图 5-19　我国高中"人文地理（HGE）"6 大内容主题的赋分均值

第二节　我国高中"人文地理（HGE）"频次热图分析

表5-2　我国高中"人文地理（HGE）"课程能力框架频次热图

内容代码	内容主题	学科内容/概念/活动	基础素养				技能、态度和价值观						关键概念			变革能力和能力发展					复合能力					
			读写能力	计算能力	ICT素养/数字素养	体育健康素养	合作/协作	批判性思维	解决问题	自我调节/自我控制	同理心/尊重	毅力/信任/适应力	学会学习	学生主体	共同体	创造新价值	承担责任	协调矛盾与困境	预期行动	反思	全球胜任力	多媒介素养	可持续发展素养	计算思维/编程/编码	财经素养	企业家精神
HGE1	地球、地貌、气候类型；自然环境对区域的影响		5	0	1	2	2	1	4	0	2	0	4	3	0	0	0	2	1	5	3	6	0	6	0	0
HGE2	人类活动对区域的影响；文化差异；世界社会、经济和文化多样性；人类聚居模式		5	0	0	3	0	2	3	0	0	0	0	0	0	2	0	0	0	2	6	5	0	4	0	0
HGE3	与全球公民意识和可持续发展有关的概念，包括环境可持续性；促进国际理解、合作与和平的教育；有关人权和基本自由的教育		4	2	3	2	4	3	5	0	3	2	0	3	2	3	2	0	4	4	2	4	0	5	0	0
HGE4	了解地理学家的工作、学会像地理学家一样思考、理解地理与现实生活之间的联系，以及地理对现实世界的贡献（认知知识）		3	2	3	4	3	4	5	0	2	0	0	3	2	0	5	2	6	2	2	5	0	3	1	0
HGE5	分析信息；搜集资料（包括书面及口头资料）；识别并运用不同的观点；观察并描述；根据材料推导结论；交流调查结果（如根据搜集到的数据撰写调查报告）		5	0	0	0	0	2	0	0	0	0	0	0	0	0	0	0	3	0	0	3	0	4	0	0
HGE6	地理中的道德和伦理问题（如环境保护）		5	0	4	0	2	2	0	0	3	2	0	0	0	0	2	3	4	4	3	5	0	6	0	0

第二节 我国高中"人文地理（HGE）"频次热图分析

一、频次矩阵整体情况

从表 5-2 可以看出，频次最高的象限点的频次为 6 次，频次最低的象限点的频次为 0 次。在 168 个象限点中，频次为 6 次的有 4 个象限点，频次为 5 次的有 12 个象限点，频次为 4 次的有 13 个象限点，频次为 3 次的有 21 个象限点，频次为 2 次的有 24 个象限点，频次为 1 次的有 5 个象限点，频次为 0 次的有 89 个象限点。从图 5-20 可以看出，占比最多的频次是 0 次，占 53%；其次是 2 次，占 14%；然后是 3 次，占 13%；5 次占 8%；4 次占 7%；1 次占 3%；6 次占 2%；除了 0 次之外，整体呈现正态分布规律。

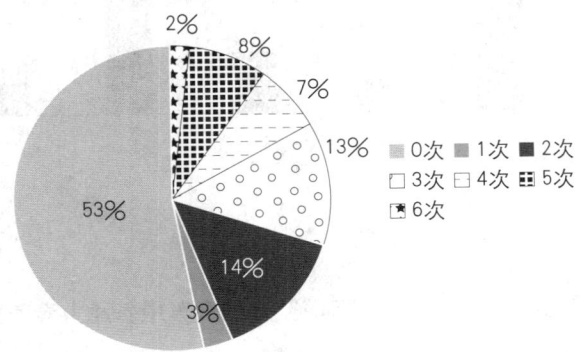

图 5-20 我国高中"人文地理（HGE）"168 个象限点的频次占比

二、OECD 能力素养的频次情况

本研究对 OECD"学习框架 2030"中的 5 大类能力素养出现的频次进行了统计，并用饼状图呈现结果。此外，本研究还统计了 5 大类能力素养中的 28 项能力素养要素出现的频次，以展现我国高中人文地理课程对各项能力素养要素的重视程度。

1. 基本情况

（1）基础素养

我国高中"人文地理（HGE）"中基础素养的 5 项能力素养要素对应的象限点有 30 个。这 30 个象限点的频次情况如图 5-21 所示：占比最多的频次是 0 次，占 37%；其次是 2 次，占 20%；然后是 3 次和 5 次，均占 13%；4 次占 10%；1 次占 7%。

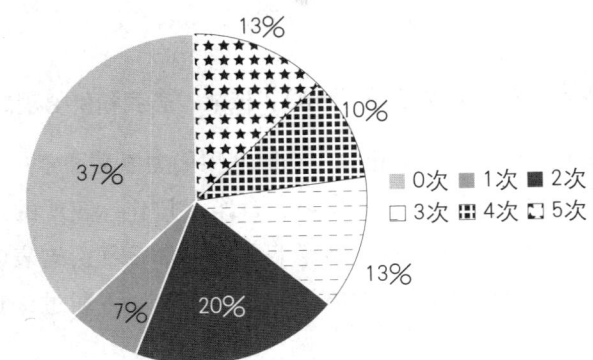

图 5-21 我国高中"人文地理（HGE）"基础素养的频次占比

从图 5-22 可以看出，基础素养的 5 项能力素养要素中，总频次最高的是读写能力，遥遥领先；其次是数据素养，稍高于其他能力素养要素；ICT 素养／数字素养、计算能力、体育健康素养基本持平，总频次均非常低。这表明我国高中人文地理课程非常重视读写能力，这与前文从分值角度进行分析得出的结论是一致的。

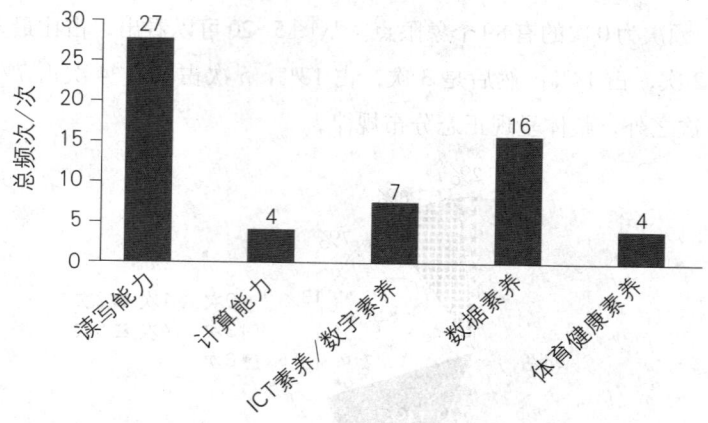

图 5-22　我国高中"人文地理（HGE）"基础素养中各能力素养要素的总频次

（2）技能、态度和价值观

我国高中"人文地理（HGE）"中技能、态度和价值观的 9 项能力素养要素对应的象限点有 54 个。这 54 个象限点的频次情况如图 5-23 所示：占比最多的频次是 0 次，占 59%；其次是 3 次，占 15%；然后是 2 次，占 13%；4 次占 7%；5 次占 4%；1 次占 2%。

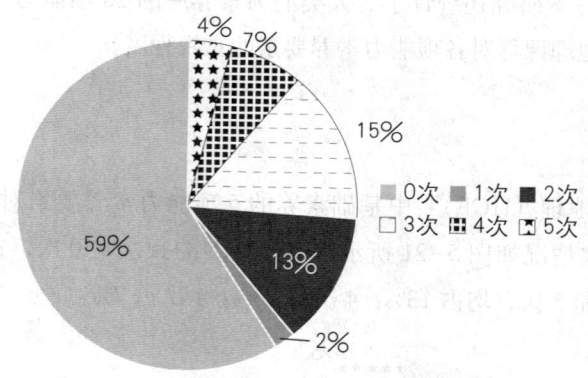

图 5-23　我国高中"人文地理（HGE）"技能、态度和价值观的频次占比

从图 5-24 可以看出，技能、态度和价值观的 9 项能力素养要素中，总频次最高的是解决问题，其次是批判性思维、尊重、学会学习、合作／协作，较低的是同理心、毅力／适应力，文件中一次都没有提及的是自我调节／自我控制和信任。这表明我国高中人文地理课程非常重视培养学生在没有明确的解决方法和方案的情境下通过认知过程理解并解决问题的能力。

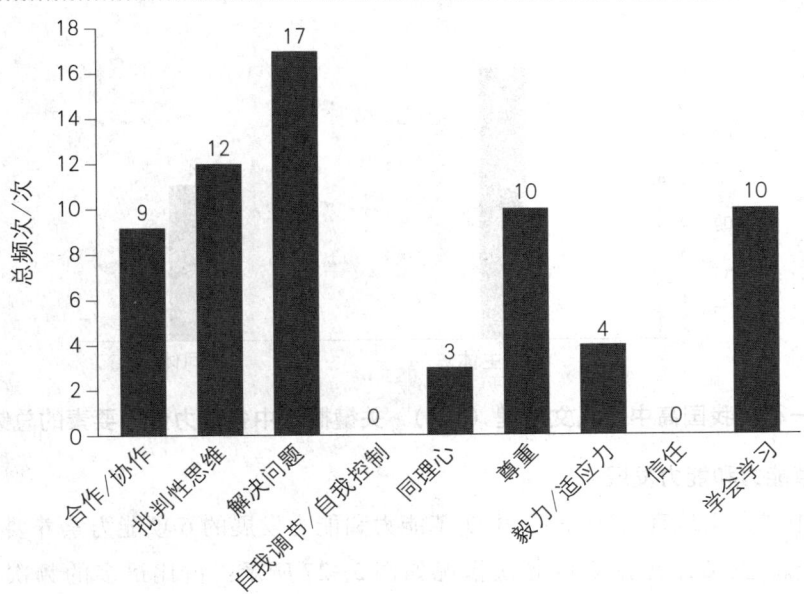

图 5-24 我国高中"人文地理（HGE）"技能、态度和价值观中各能力素养要素的总频次

(3) 关键概念

我国高中"人文地理（HGE）"中关键概念的 2 项能力素养要素对应的象限点有 12 个。这 12 个象限点的频次情况如图 5-25 所示：占比最多的频次是 0 次，占 58%；其次是 2 次，占 34%；然后是 3 次，占 8%。

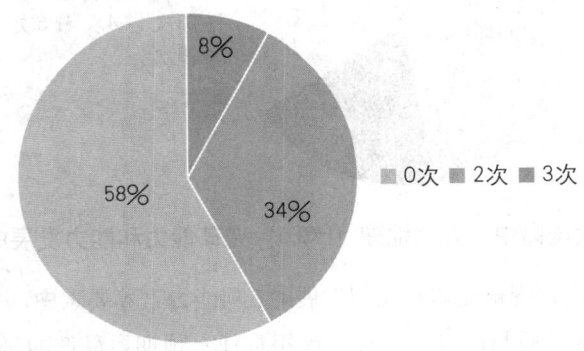

图 5-25 我国高中"人文地理（HGE）"关键概念的频次占比

从图 5-26 可以看出，关键概念的 2 项能力素养要素中，总频次较高的是学生主体，较低的是共同体。

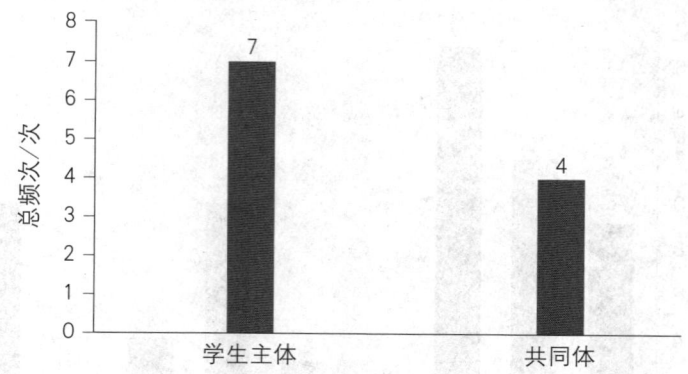

图 5-26　我国高中"人文地理（HGE）"关键概念中各能力素养要素的总频次

（4）变革能力和能力发展

我国高中"人文地理（HGE）"中变革能力和能力发展的 6 项能力素养要素对应的象限点有 36 个。这 36 个象限点的频次情况如图 5-27 所示：占比最多的频次是 0 次，占 44%；其次是 2 次，占 19%；然后是 3 次，占 17%；4 次占 8%；5 次占 6%；6 次和 1 次均仅占 3%。

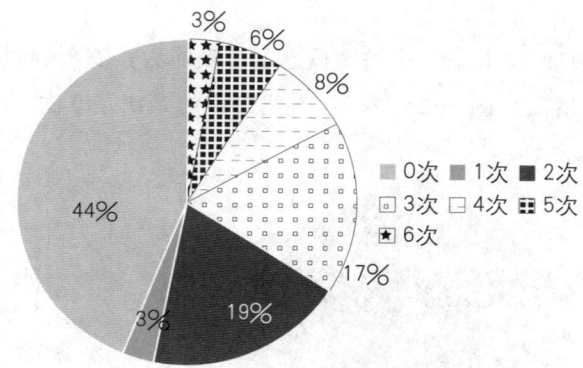

图 5-27　我国高中"人文地理（HGE）"变革能力和能力发展的频次占比

从图 5-28 可以看出，变革能力和能力发展的 6 项能力素养要素中，总频次最高的是行动，遥遥领先；其次是协调矛盾与困境、反思、承担责任、预期；最低的是创造新价值。在这一能力素养类型中，我国高中人文地理课程强调更多的是行动能力，这与前文从分值角度进行分析得出的结论是一致的。

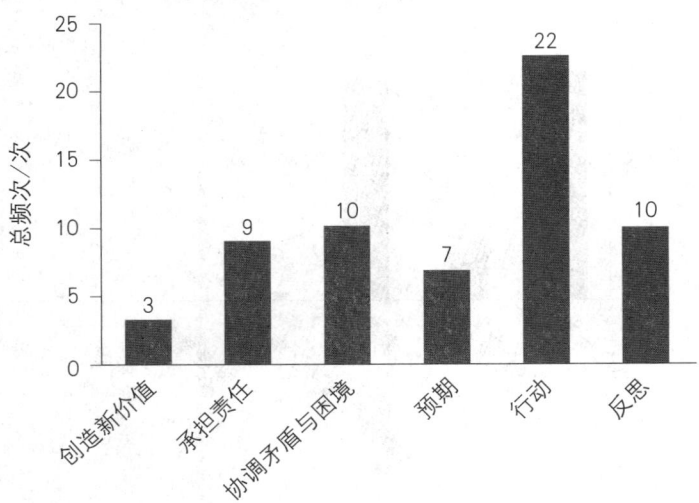

图 5-28 我国高中"人文地理（HGE）"变革能力和能力发展中各能力素养要素的总频次

（5）复合能力

我国高中"人文地理（HGE）"中复合能力的 6 项能力素养要素对应的象限点有 36 个。这 36 个象限点的频次情况如图 5-29 所示：占比最多的频次是 0 次，占 64%；其次是 5 次，占 11%；然后是 4 次和 6 次，均占 8%；3 次占 6%；1 次占 3%。

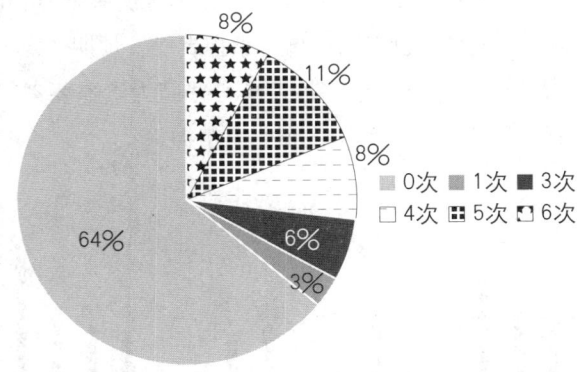

图 5-29 我国高中"人文地理（HGE）"复合能力的频次占比

从图 5-30 可以看出，复合能力的 6 项能力素养要素中，总频次较高的是全球胜任力和可持续发展素养，其次是媒介素养，计算思维／编程／编码仅出现了 1 次，财经素养、企业家精神这两项能力素养要素都没有出现过。在这一能力素养类型中，我国高中人文地理课程非常注重培养学生的全球胜任力和可持续发展意识，这与前文从分值角度进行分析得出的结论是一致的。

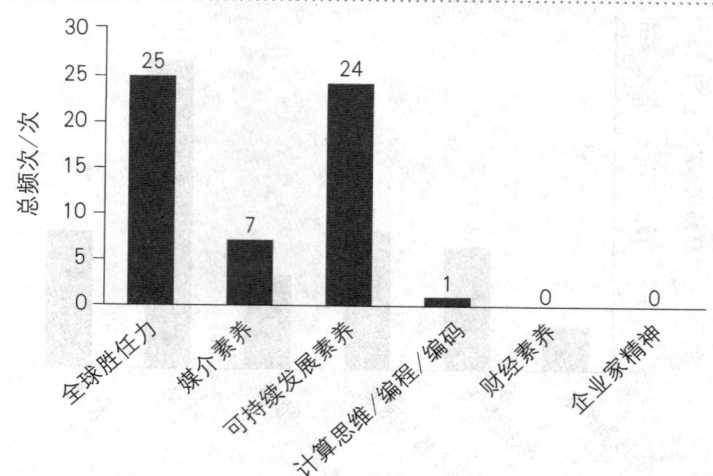

图 5-30　我国高中"人文地理（HGE）"复合能力中各能力素养要素的总频次

2．小结

总体来看，28 项能力素养要素中，总频次较高的是读写能力、全球胜任力、可持续发展素养、行动，在各个地理课程文件中均出现了 20 次以上；总频次居中的是数据素养、批判性思维、解决问题、尊重、学会学习、协调矛盾与困境、反思，均出现了 10 次及以上、20 次以下；总频次较低的是计算能力、ICT 素养/数字素养、体育健康素养、合作/协作、同理心、毅力/适应力、学生主体、共同体、创造新价值、承担责任、预期、媒介素养、计算思维/编程/编码，均出现了 1 次及以上、10 次以下；还有一些能力素养要素一次都没有采集到，分别是自我调节/自我控制、信任、财经素养、企业家精神。

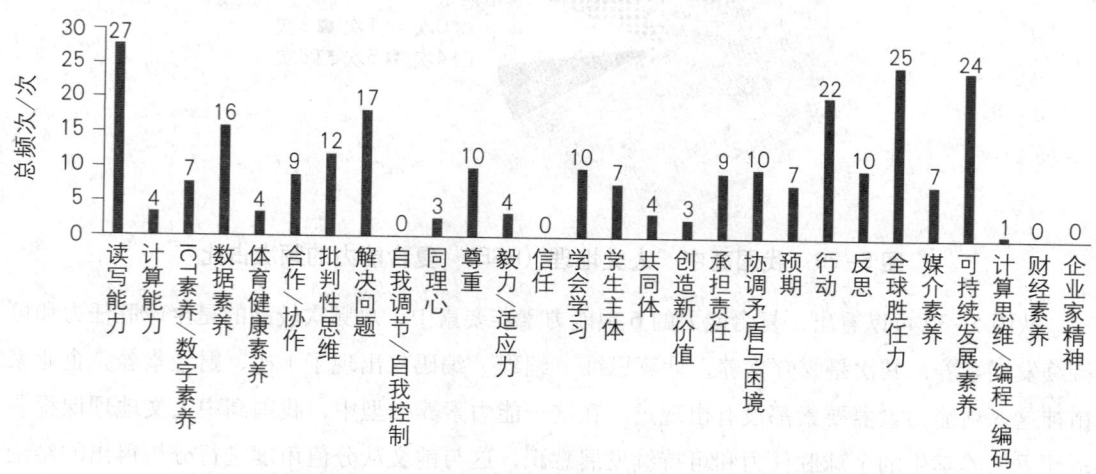

图 5-31　我国高中"人文地理（HGE）"各能力素养要素的总频次

三、"人文地理（HGE）" 6 大内容主题的总频次情况

本研究还分别统计了 6 大内容主题的总频次。从图 5-32 可以看出，总频次较高的是 HGE4 和 HGE3，这两个内容主题在我国的地理课程文件中均出现了 60 次及以上；其次是

HGE1 和 HGE6，均出现了 40 次以上、50 次以下；最后是 HGE2 和 HGE5，均出现了 10 次以上、25 次以下。显然，我国高中人文地理课程更加重视全球公民意识的培养和可持续发展教育，以及地理对现实生活的贡献、与现实生活的联系，这与前文从分值角度进行分析得出的结论是一致的。

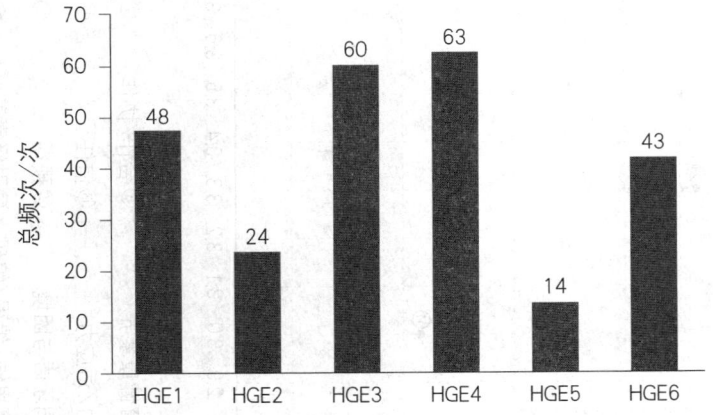

图 5-32　我国高中"人文地理（HGE）"6 大内容主题的总频次

第三节　我国高中"人文地理（HGE）"分值和频次二元分析

在对我国高中"人文地理（HGE）"各能力素养的分值和频次的研究基础上，本节采用相关性分析和四象限模型对其分值和频次进行二元分析：以能力素养要素的赋分均值为横轴，以能力素养要素的总频次为纵轴，绘制了我国高中"人文地理（HGE）"能力素养要素的赋分均值、总频次散点图，如图 5-33 所示。

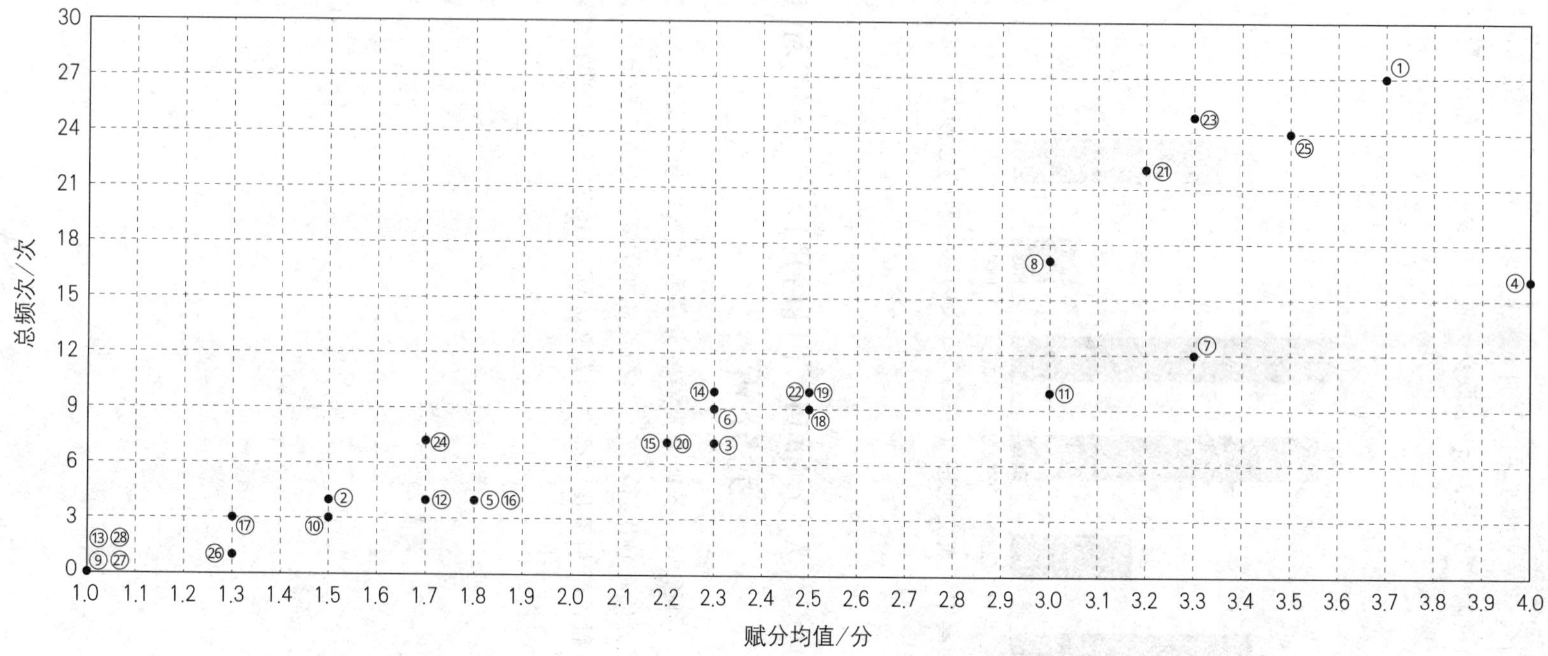

①读写能力	②计算能力	③ICT素养/数字素养	④数据素养	⑤体育健康素养	⑥合作/协作	⑦批判性思维
⑧解决问题	⑨自我调节/自我控制	⑩同理心	⑪尊重	⑫毅力/适应力	⑬信任	⑭学会学习
⑮学生主体	⑯共同体	⑰创造新价值	⑱承担责任	⑲协调矛盾与困境	⑳预期	㉑行动
㉒反思	㉓全球胜任力	㉔媒介素养	㉕可持续发展素养	㉖计算思维/编程/编码	㉗财经素养	㉘企业家精神

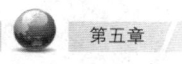

图 5–33　我国高中“人文地理（HGE）”能力素养要素的赋分均值、总频次散点图

一、相关性分析

从图 5-33 可以看出，赋分均值和总频次有较为明显的正相关关系。采用 SPSS 进行相关性检测，结果如表 5-3 所示。

表 5-3　我国高中"人文地理（HGE）"分值、频次相关性检测

方法	对象		赋分均值	总频次
Kendall's tau-b	赋分均值	相关系数	1.000	.900
		Sig.（双尾）	.	.000
		N	28	28
	总频次	相关系数	.900	1.000
		Sig.（双尾）	.000	.
		N	28	28

我国高中"人文地理（HGE）"部分，各项能力素养要素的赋分均值和总频次的 Kendall 相关性分析结果显示，赋分均值和总频次的相关系数为 0.900，表明二者呈显著正相关；Sig.（双尾）为 0.000，小于 0.01，表明置信度很高。以上数据说明，我国高中"人文地理（HGE）"各能力素养要素的赋分均值越高，其出现的总频次也越多。该规律符合正常逻辑，也证明了整个文字信息采集的过程是科学可信的，有些能力素养要素确实是我国高中人文地理课程着重、频繁强调的，而有些能力素养要素则是被忽视、不常见的。

二、四象限模型

参照我国高中"人文地理（HGE）"能力素养要素的赋分均值、总频次散点图，将横轴的区间设置为 [1, 4]，将纵轴的区间设置为 [0, 30]，选择两个区间的中间值进行象限切分，将散点图划分为四个象限区域，如图 5-34 所示。

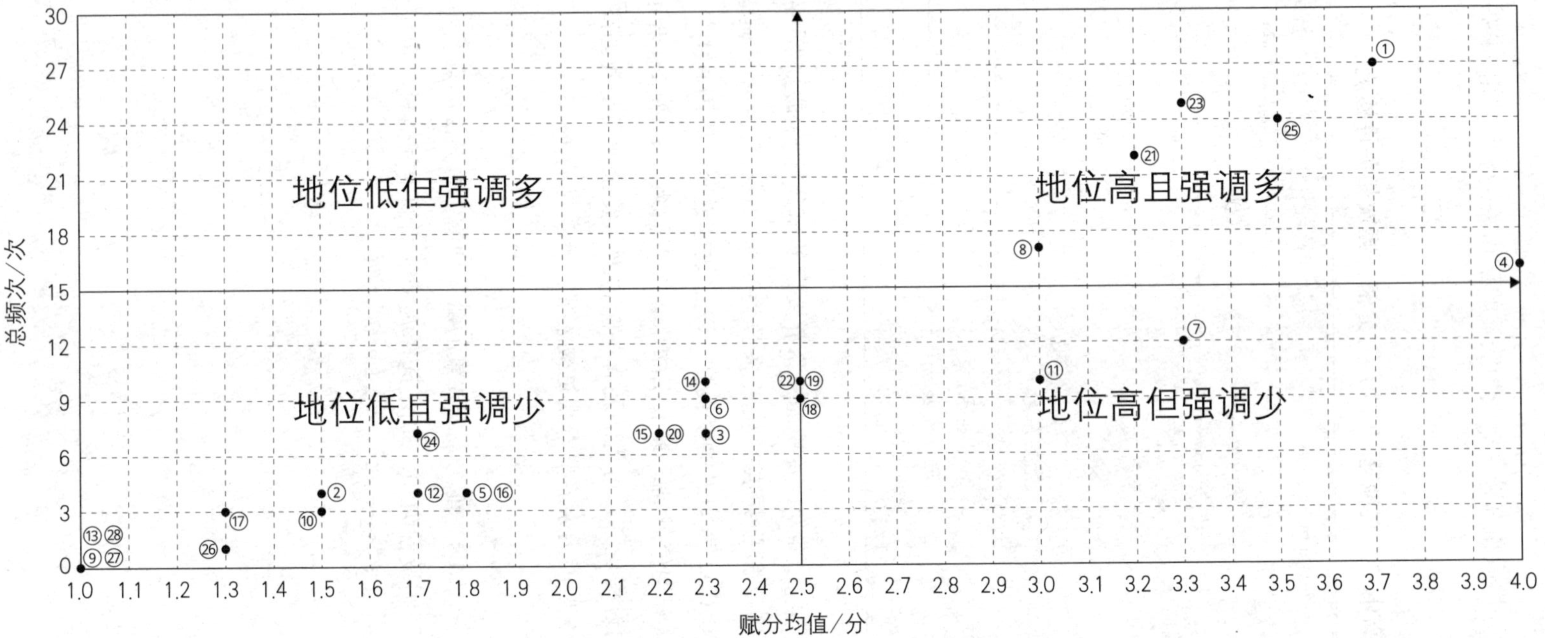

①读写能力　②计算能力　③ICT素养/数字素养　④数据素养　⑤体育健康素养　⑥合作/协作　⑦批判性思维
⑧解决问题　⑨自我调节/自我控制　⑩同理心　⑪尊重　⑫毅力/适应力　⑬信任　⑭学会学习
⑮学生主体　⑯共同体　⑰创造新价值　⑱承担责任　⑲协调矛盾与困境　⑳预期　㉑行动
㉒反思　㉓全球胜任力　㉔媒介素养　㉕可持续发展素养　㉖计算思维/编程/编码　㉗财经素养　㉘企业家精神

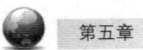

图 5–34　我国高中“人文地理（HGE）”能力素养要素四象限图

具体来看，落在左下象限（不含分界线）的一共有17项能力素养要素，分别是计算能力、ICT素养／数字素养、体育健康素养、合作／协作、自我调节／自我控制、同理心、毅力／适应力、信任、学会学习、学生主体、共同体、创造新价值、预期、媒介素养、计算思维／编程／编码、财经素养、企业家精神；落在右下象限（含分界线）的一共有5项能力素养要素，分别是批判性思维、尊重、承担责任、协调矛盾与困境、反思；没有落在左上象限（不含分界线）的能力素养要素；落在右上象限（含分界线）的一共有6项能力素养要素，分别是读写能力、数据素养、解决问题、行动、全球胜任力、可持续发展素养。

我国高中人文地理课程最为重视培养的是读写能力、数据素养、解决问题、行动、全球胜任力、可持续发展素养。其中读写能力的总频次最高，说明我国高中人文地理教学强调读图、读文、书面表达、口头表达、查阅搜集资料等能力；数据素养的赋分均值最高，说明该能力素养要素在我国高中人文地理教学中地位较高；左下象限（不含分界线）的17项能力素养要素的赋分均值和总频次都比较低，说明我国高中人文地理忽视培养学生的这些能力。

第四节　总结

一、我国高中"人文地理（HGE）"分值分析结果

整体而言，OECD"人文地理（HGE）"部分的能力框架和内容体系与我国的高中人文地理课程的对应情况一般。我国高中"人文地理（HGE）"部分，有一半左右的象限点的分值为1分，说明大部分能力素养要素在较低层级的课程文件中有所体现，教学可能性较低。

在OECD提出的5大类能力素养中，基础素养、变革能力和能力发展这两类能力素养在我国高中人文地理课程中的得分情况较好，复合能力中各能力素养要素的赋分均值差异较大。具体而言，5大类能力素养的28项能力素养要素中，读写能力、数据素养、批判性思维、解决问题、尊重、行动、全球胜任力、可持续发展素养在我国高中人文地理课程中的赋分均值较高，均在3分及以上。

在OECD提出的6大内容主题中，HGE3、HGE1和HGE4在我国高中人文地理课程中的赋分均值较高，这表明我国高中人文地理比较重视这3个内容主题。

二、我国高中"人文地理（HGE）"频次分析结果

整体而言，OECD"人文地理（HGE）"部分的能力框架和内容体系在我国高中人文地理课程中的出现频次较低。我国高中"人文地理（HGE）"部分，所有象限点的频次均在6次及以下，且一半以上的象限点的频次为0次，频次偏低。

在OECD提出的5大类能力素养中，基础素养和复合能力出现的总频次较高。具体而言，5大类能力素养的28项能力素养要素中，读写能力出现的总频次最高，全球胜任力、可持续发展素养、行动出现的总频次也较高。

第五章 我国高中"人文地理（HGE）"课程能力框架热图分析

在 OECD 提出的 6 大内容主题中，总频次较高的是 HGE4 和 HGE3。

三、我国高中"人文地理（HGE）"分值和频次的二元分析结果

我国高中"人文地理（HGE）"部分各能力素养要素的赋分均值和总频次呈显著正相关，其中赋分均值和总频次均占据优势的能力素养要素是读写能力、数据素养、解决问题、行动、全球胜任力、可持续发展素养，均占据劣势的能力素养要素是计算能力、ICT 素养/数字素养、体育健康素养、合作/协作、自我调节/自我控制、同理心、毅力/适应力、信任、学会学习、学生主体、共同体、创造新价值、预期、媒介素养、计算思维/编程/编码、财经素养、企业家精神。

我国高中人文地理的 6 大内容主题中，赋分均值较高的是 HGE3、HGE1 和 HGE4，较低的是 HGE2、HGE5 和 HGE6；总频次较高的是 HGE4 和 HGE3，其次是 HGE1 和 HGE6，较低的是 HGE2 和 HGE5。综合来看，HGE3、HGE4、HGE1 的赋分均值和总频次都较高，说明"与全球公民意识和可持续发展教育有关的概念，包括环境可持续性；促进国际理解、合作与和平的教育；有关人权和基本自由的教育""了解地理学家的工作，学会像地理学家一样思考；理解地理与现实生活之间的联系，以及地理对现实世界的贡献（认知知识）""地球，地貌；气候类型；自然环境对区域的影响"等内容主题得到重视和强调；相比之下，HGE2、HGE5 的赋分均值和总频次都较低，说明"人类活动对区域的影响；文化差异；世界社会、经济和文化多样性；人类聚居模式""分析信息；搜集资料；识别并运用不同的观点；观察并描述；根据材料推导结论；交流调查结果"等内容主题既不太受重视，强调得也少。这两个内容主题主要涉及科学研究方法以及世界社会、经济和文化多样性与差异，其重要性不言自明，需要现在与未来的高中人文地理课程给予重视。

第六章

我国高中"地球科学(NSE)"课程能力框架热图分析

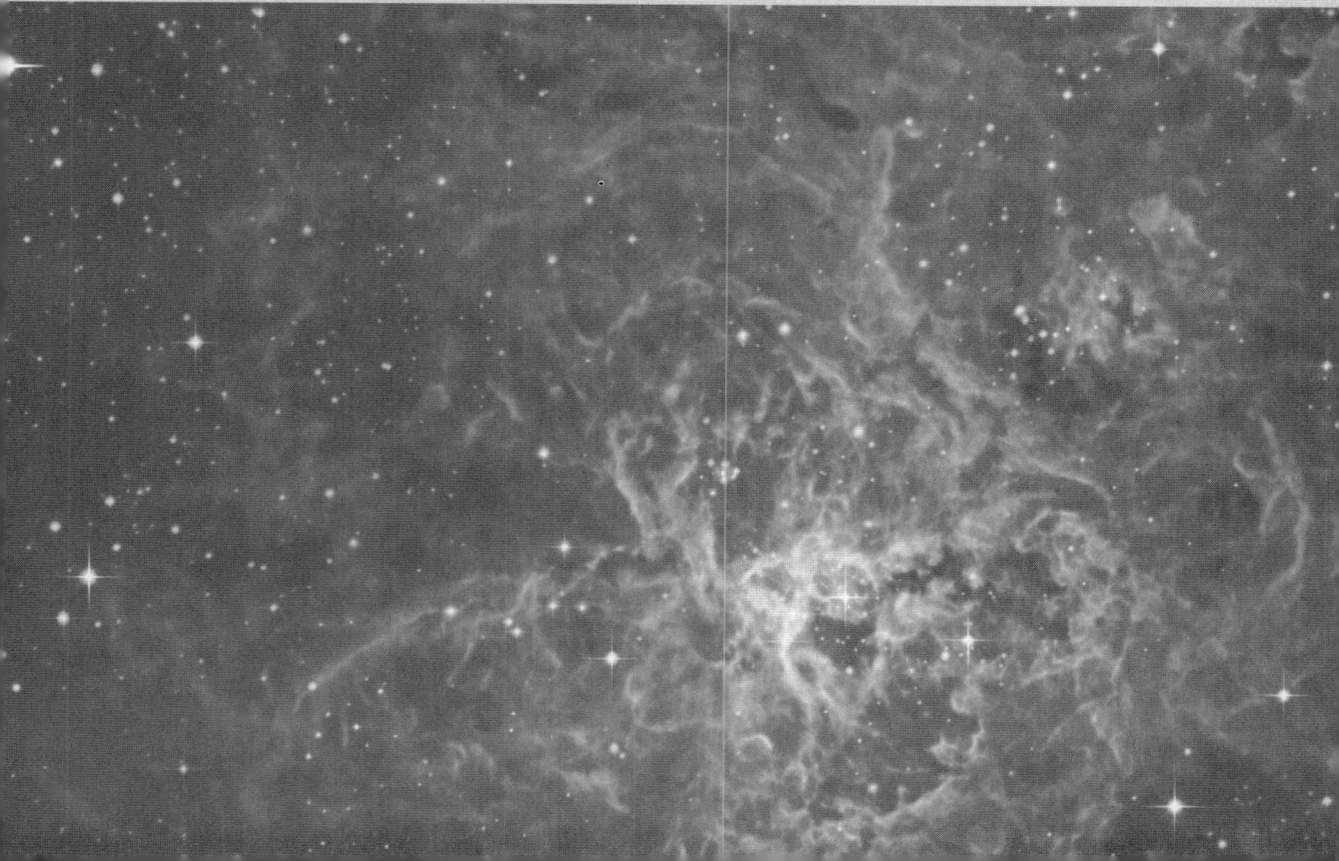

第六章 我国高中"地球科学（NSE）"课程能力框架热图分析

第一节 我国高中"地球科学（NSE）"分值热图分析

表6-1 我国高中"地球科学（NSE）"课程能力框架分值热图

内容代码	内容主题（学科内容/概念/活动）	读写能力	计算能力	ICT素养/数字素养	数据素养	体育健康素养	合作/协作	批判性思维	解决问题	自我调节/自我控制	同理心	尊重	毅力/信任	适应力	学会学习	学生主体	共同体	创造承担责任	创新价值	协调矛盾与困境	预期行动	反思	全球胜任力	全媒介素养	可持续发展素养	计算思维/编程/编码	财经素养	企业家精神
NSE1	宇宙；可持续性；水系统；热量因素；地质材料；影响某地水质的因素；人类活动和技术对水资源的影响；地球的形成	3	3	1	3	1	3	3	3	1	1	1	1	1	3	3	2	1	1	1	3	4	1	1	4	1	1	1
NSE2	在地球/空间/天文科学中使用科学问题的方法开展实践活动；提出科学问题并制订解决方案；调查问题的原因，提出假设并检验假设；解释调查数据，陈述调查结果	1	1	1	1	1	1	4	4	1	1	1	1	1	4	4	1	1	1	1	4	1	1	1	4	1	1	1
NSE3	计划、进行安全和严格的调查/空间/天文科学的调查活动	4	4	1	3	1	4	4	4	1	1	1	3	1	4	4	4	1	1	1	4	3	1	1	4	4	1	1
NSE4	了解地球/空间/天文科学家的工作，学会像地球/空间/天文科学家一样思考、理解地球/空间/天文科学与现实生活的联系，对实现地球/空间/天文科学对现实世界的贡献（认知知识）	3	3	3	1	1	1	1	3	1	1	1	1	1	1	3	3	1	1	1	1	1	4	1	4	1	1	1
NSE5	地球/空间/天文科学中的道德和伦理问题	1	1	1	1	1	1	1	1	4	2	3	1	1	1	1	1	2	1	1	1	1	4	1	4	1	1	1
NSE6	有关全球公民身份和可持续发展教育的概念，包括环境可持续性，促进国际理解、合作与和平的教育；有关人权和基本自由的教育	4	4	2	4	1	4	4	4	1	3	4	3	1	3	3	2	2	1	4	4	3	3	1	4	1	1	1

一、赋值矩阵整体情况

在168个象限点中，96个象限点的分值为1分，41个象限点的分值为4分，26个象限点的分值为3分，5个象限点的分值为2分。从图6-1可以看出，占比最多的分值是1分，占57%；其次是4分，占24%；然后是3分，占16%；占比最少的分值是2分，仅占3%。OECD能力框架和内容体系与我国高中地球科学部分的对应情况比人文地理部分差。有57%的象限点的分值为1分，说明28项能力素养要素下的6大内容主题，有超过一半是与课程设置完全对应不上、教学中也不可能培养的；有40%左右的象限点分值为3分或4分，说明28项能力素养要素下的6大内容主题，有40%与课程设置对应较好，教学中的可能性也较大。

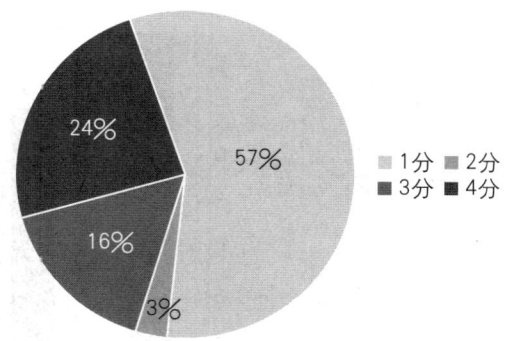

图6-1 我国高中"地球科学（NSE）"168个象限点的分值占比

二、OECD能力素养的赋值情况

本研究对OECD"学习框架2030"中的5大类能力素养的得分情况进行了统计，并用饼状图呈现结果。此外，本研究还统计了5大类能力素养中的28项能力素养要素的赋分均值情况，以展现我国高中地球科学课程对各项能力素养要素要求的明确程度。

1. 基本情况

（1）基础素养

我国高中"地球科学（NSE）"中基础素养的5项能力素养要素对应的象限点有30个。这30个象限点的赋值情况如图6-2所示：占比最多的分值是1分，占47%；其次是3分，占27%；然后是4分的，占23%；最少的是2分，占3%。

我国高中"地球科学（NSE）"中基础素养的整体赋分均值为2.27分，在5大类能力素养中排名第二。从图6-3可以看出，读写能力的赋分均值最高，为3.3分。读写能力是文化学科的基础能力，并且我国高中地球科学对地图

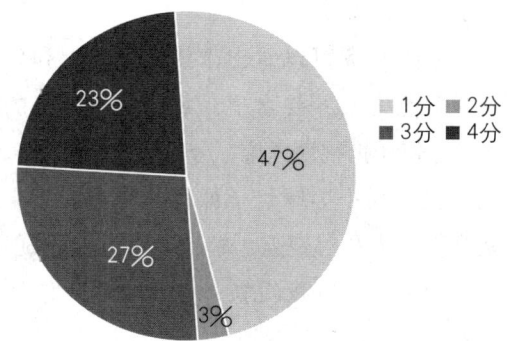

图6-2 我国高中"地球科学（NSE）"基础素养的分值占比

的阅读能力有很明确的高要求，所以这项能力的得分最高。计算能力和数据素养的赋分均值均为2.5分，也高于基础素养的整体赋分均值。我国高中地球科学课程涉及许多数据的计算和图表的阅读，此外在实践活动中也要求学生收集气温、降水量等方面的数据，所以对计算能力和数据素养的要求也相对明确。赋分均值最低的是体育健康素养，为1.0分，这项能力

素养要素在我国高中地球科学课程中对应的内容很少且不明确。

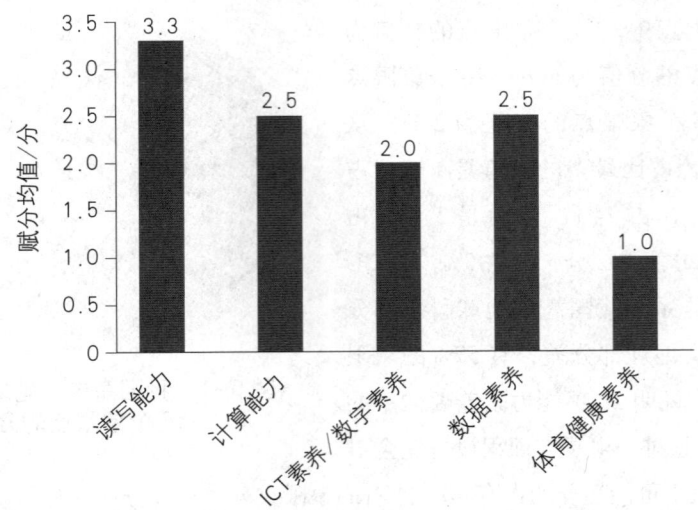

图 6-3 我国高中"地球科学（NSE）"基础素养中各能力素养要素的赋分均值

（2）技能、态度和价值观

我国高中"地球科学（NSE）"中技能、态度和价值观的 9 项能力素养要素对应的象限点有 54 个。这 54 个象限点的赋值情况如图 6-4 所示：占比最多的分值是 1 分，占 56%；其次是 4 分，占 24%；第三是 3 分，占 18%；最少的是 2 分，占 2%。

从图 6-5 可以看出，技能、态度和价值观的 9 项能力素养要素中，赋分均值较高的是合作/协作和批判性思维，分别为 3.2 分和 3.0 分，说明我国高中地球科学课程非常重视学生的团队合作能力和对观点、解决方案进行质疑和评估的思维能力；赋分均值较低的是毅力/适应力、同理心、自我调节/自我控制，均为 1.3 分，赋分均值最低的是信任，为 1.0 分，说明我国高中地球科学课程对这些能力素养要素的要求不明确。

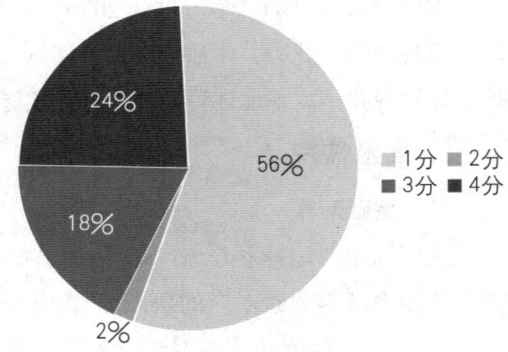

图 6-4 我国高中"地球科学（NSE）"技能、态度和价值观的分值占比

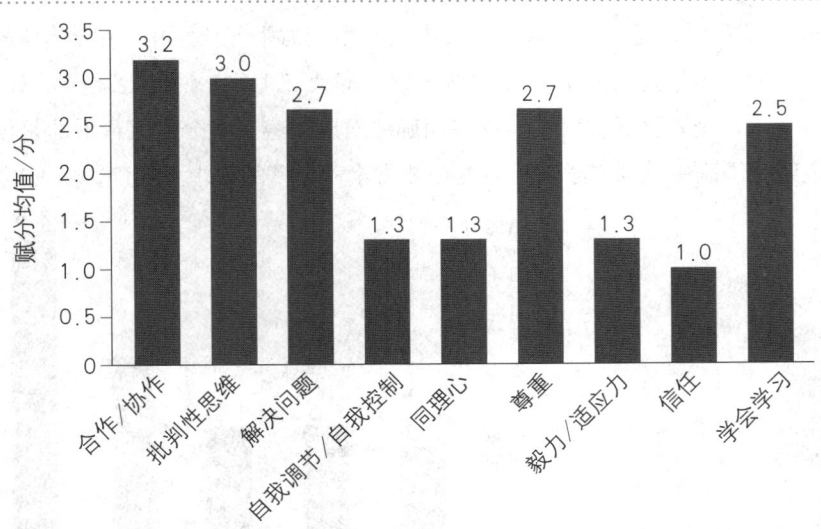

图6-5 我国高中"地球科学（NSE）"技能、态度和价值观中各能力素养要素的赋分均值

(3) 关键概念

我国高中"地球科学（NSE）"中关键概念的2项能力素养要素对应的象限点有12个。这12个象限点的赋值情况如图6-6所示：分值1分、2分、3分和4分均占25%。

从图6-7可以看出，关键概念的2项能力素养要素中，赋分均值较高的是学生主体，为3.0分，说明我国高中地球科学课程重视对学生这一能力素养要素的培养；赋分均值较低的是共同体，为2.0分，说明我国高中地球科学课程对这一能力素养要素的要求较不明确。

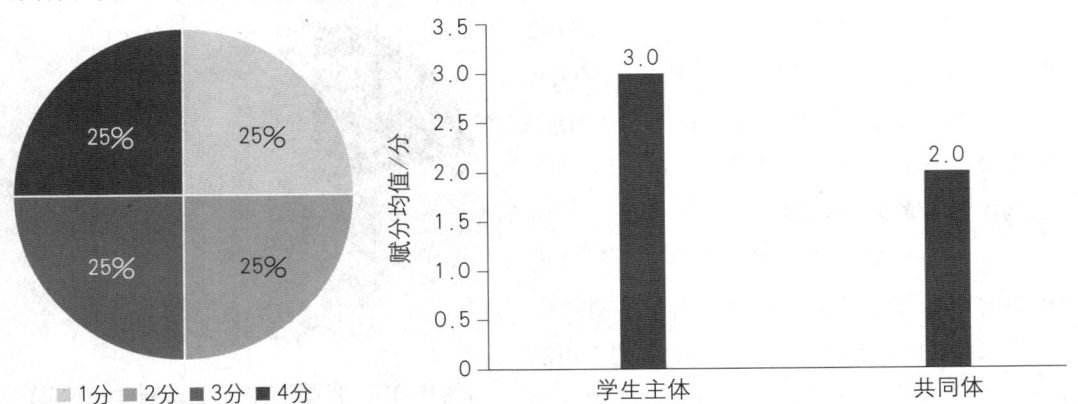

图6-6 我国高中"地球科学 (NSE)"关键概念的分值占比

图6-7 我国高中"地球科学（NSE）"关键概念中各能力素养要素的赋分均值

(4) 变革能力和能力发展

我国高中"地球科学（NSE）"中变革能力和能力发展的6项能力素养要素对应的象限点有36个。这36个象限点的赋值情况如图6-8所示：占比最多的分值是1分，占58%；其次是4分，占28%；然后是3分，占14%；没有象限点被赋值为2分。

从图 6-9 可以看出，变革能力和能力发展的 6 项能力素养要素中，赋分均值最高的是行动，为 3.5 分，明显高于此类能力素养的整体赋分均值 2.1 分，说明地球科学对实践重视程度很高，我国高中地球科学课程对此有许多明确的对应内容。赋分均值最低的是创造新价值，为 1.3 分，说明我国高中地球科学课程对此项能力素养要素的要求不明确，对应的内容也少。

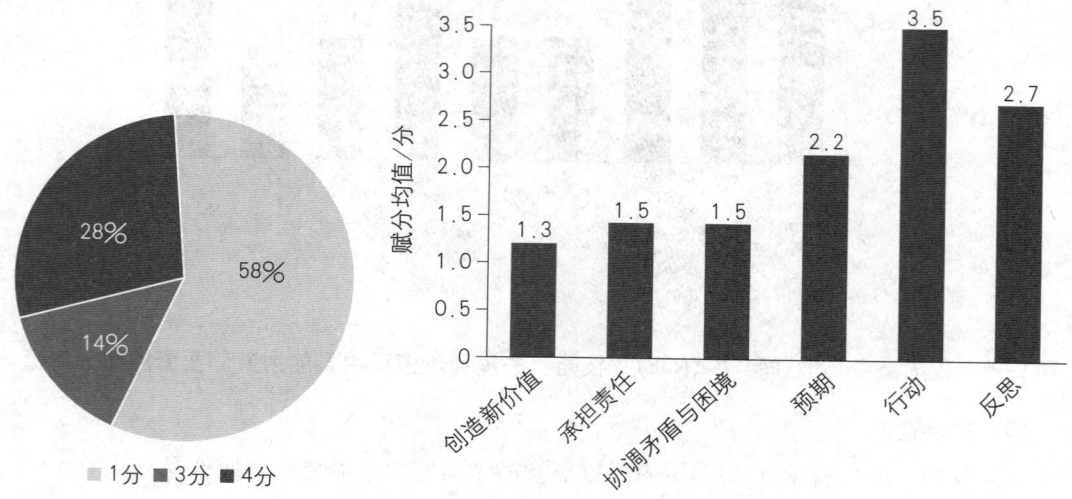

图 6-8 我国高中"地球科学（NSE）"变革能力和能力发展的分值占比

图 6-9 我国高中"地球科学（NSE）"变革能力和能力发展中各能力素养要素的赋分均值

（5）复合能力

我国高中"地球科学（NSE）"中复合能力的 6 项能力素养要素对应的象限点有 36 个。这 36 个象限点的赋值情况如图 6-10 所示：占比最多的分值是 1 分，占 78%；其次是 4 分，占 22%；没有象限点被赋值为 2 分和 3 分。由此可见，我国高中地球科学课程中，与复合能力相关的内容总体较少，要求也相对不明确。

从图 6-11 可以看出，在复合能力的 6 项能力素养要素中，赋分均值最高的是可持续发展素养，为 3.5 分。其他能力素养要素的赋分均值都较低，其中计算思维／编程／编码为 1.5 分；媒介素养、财经素养、企业家精神的赋分均值更低，均仅为 1.0 分，这些都说明我国高中地球科学对这 4 项能力素养要素的要求均比较低，且不明确。

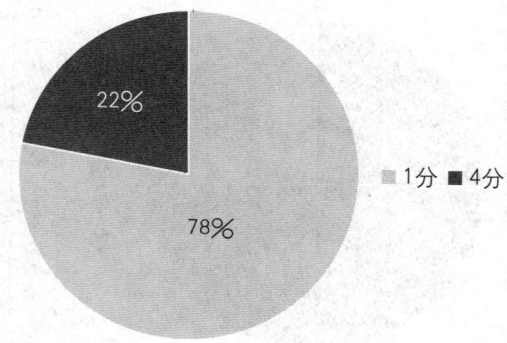

图 6-10 我国高中"地球科学（NSE）"复合能力分值占比

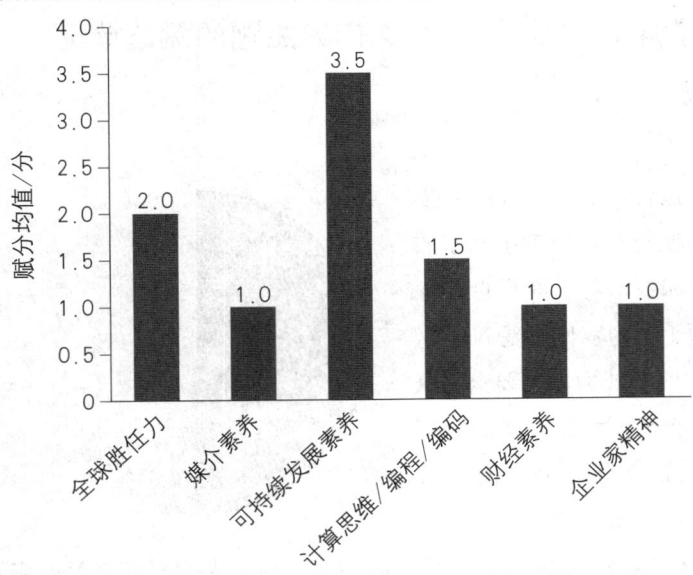

图 6-11 我国高中"地球科学（NSE）"复合能力中各能力素养要素的赋分均值

2. 小结

从图 6-12 可以看出，28 项能力素养要素中，赋分均值较高的是读写能力、合作/协作、批判性思维、学生主体、行动和可持续发展素养，赋分均值均在 3 分及以上，说明我国高中地球科学课程对这 6 项能力素养要素有较为明确的要求。另外，体育健康素养、信任、媒介素养、财经素养和企业家精神的赋分均值均仅为 1 分，说明我国高中地球科学课程对这 5 项能力素养要素的要求不明确。

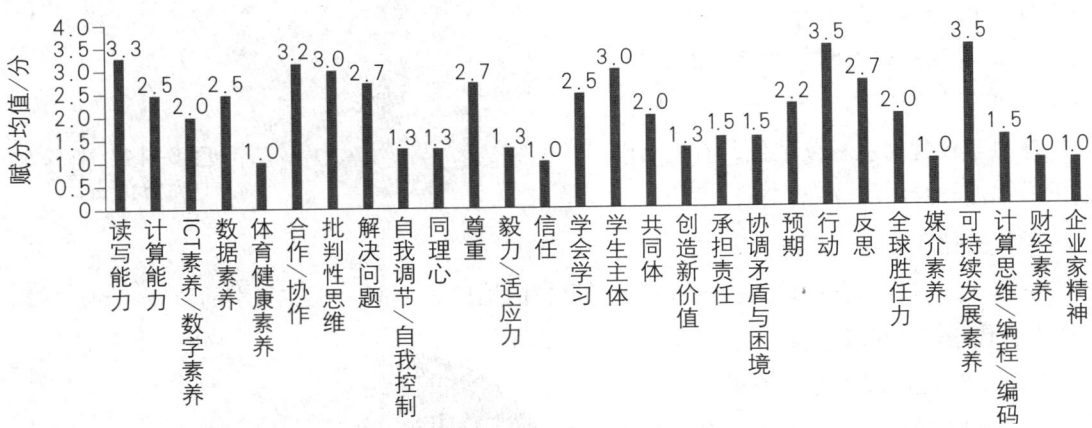

图 6-12 我国高中"地球科学（NSE）"各能力素养要素的赋分均值

三、"地球科学（NSE）"6大内容主题的赋值情况

1．基本情况

（1）主题1

主题1的内容包含：宇宙；可持续性；水系统；热量；地质材料；影响某地水质的因素；人类活动和技术对水资源的影响；地球的形成。主题1的内容代码是NSE1。

NSE1对应的28项能力素养要素的赋值情况如图6-13所示：占比最多的分值是1分，占43%；其次是4分，占29%；然后是3分，占25%；最少的是2分，占3%。本主题的赋分均值为2.39分，与我国高中地球科学课程对应良好，有54%的能力素养要素的分值为3分或4分。

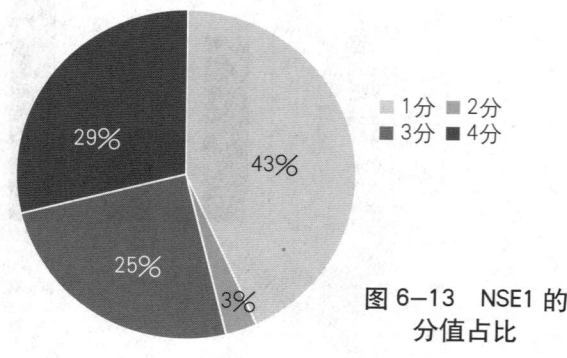

图6-13 NSE1的分值占比

（2）主题2

主题2的内容包含：在地球／空间／天文科学中使用科学的方法开展实践活动；提出科学问题并制订解决方案；调查问题的原因，提出假设并检验假设；解释调查数据，陈述调查结果。主题2的内容代码是NSE2。

NSE2对应的28项能力素养要素的赋值情况如图6-14所示：占比最多的分值是1分，占89%；其次是4分，占11%；没有能力素养要素被赋值为2分和3分。本主题的赋分均值为1.32分，与我国高中地球科学课程对应程度很低，有近90%的内容都没有对应。

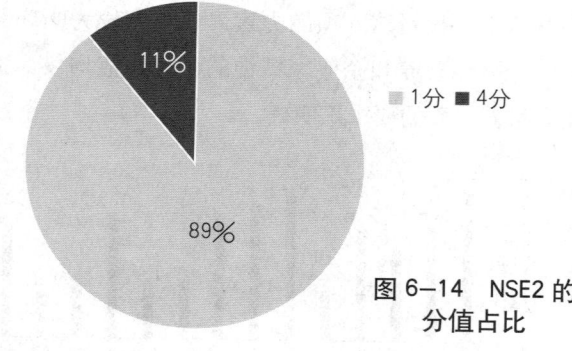

图6-14 NSE2的分值占比

（3）主题3

主题3的内容包含：计划、进行安全和严格的地球／空间／天文科学的调查活动。主题3的内容代码是NSE3。

NSE3对应的28项能力素养要素的赋值情况如图6-15所示：占比最多的分值是4分，占43%；其次是1分，占39%；然后是分值为3分，占18%；没有能力素养要素被赋值为2分。本主题的赋分均值为2.64分，与我国高中地球科学课程对应程度较高，有61%的能力素养要素的分

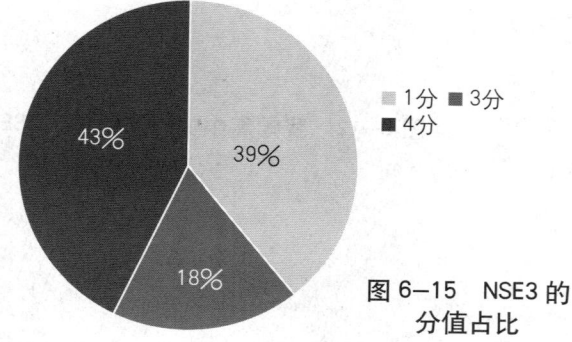

图6-15 NSE3的分值占比

值为 3 分或 4 分。

（4）主题 4

主题 4 的内容包含：了解地球／空间／天文科学家的工作，学会像地球／空间／天文科学家一样思考；理解地球／空间／天文科学与现实生活的联系，理解地球／空间／天文科学对现实世界的贡献（认知知识）。主题 4 的内容代码是 NSE4。

NSE4 对应的 28 项能力素养要素的赋值情况如图 6-16 所示：占比最多的分值是 1 分，占 50%；其次是 3 分的，占 29%；然后是 4 分，占 18%；最少的是 2 分，占 3%。本主题的赋分均值为 2.14 分，与我国高中地球科学课程对应程度居中，有 47% 的能力素养要素的分值为 3 分或 4 分。

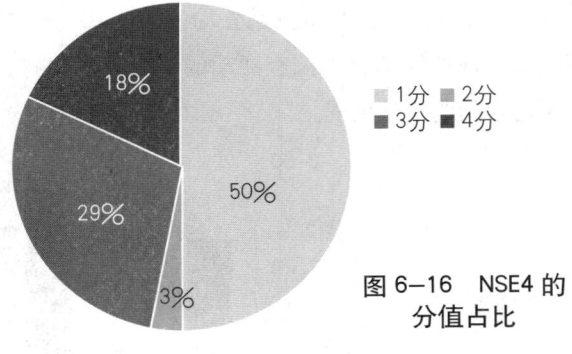

图 6-16　NSE4 的分值占比

（5）主题 5

主题 5 的内容包含：地球／空间／天文科学中的道德和伦理问题。主题 5 的内容代码是 NSE5。

NSE5 对应的 28 项能力素养要素的赋值情况如图 6-17 所示：占比最多的分值是 1 分，占 89%；其次是 4 分，占 7%；然后是 2 分，占 4%；没有能力素养要素被赋值为 3 分。本主题的赋分均值为 1.25 分，

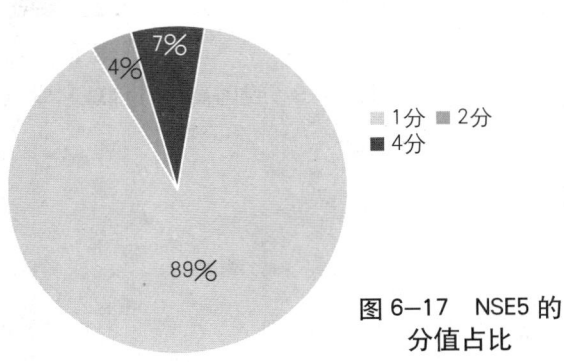

图 6-17　NSE5 的分值占比

与我国高中地球科学课程对应程度很低，有近 90% 的内容都没有对应，在教学中也没有可能性。

（6）主题 6

主题 6 的内容包含：有关全球公民身份和可持续发展教育的概念，包括环境可持续性；促进国际理解、合作与和平的教育；有关人权和基本自由的教育。主题 6 的内容代码是 NSE6。

NSE4 对应的 28 项能力素养要素的赋值情况如图 6-18 所示：占比最多的分值是 4 分，占 39%；其次是 1 分的，占 32%；

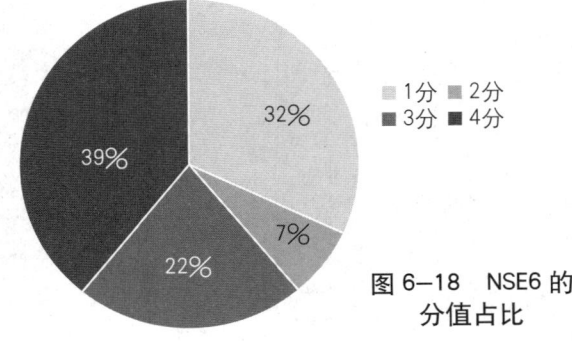

图 6-18　NSE6 的分值占比

然后是 3 分，占 22%；最后是 2 分的，占 7%。本主题的赋分均值为 2.68 分，与我国高中地球科学课程对应程度较高，有 61% 的能力素养要素的分值为 3 分或 4 分。

2. 小结

本研究以6大内容主题的赋分均值情况来衡量各内容主题的总体受重视程度。从图6-19可以看出，赋分均值最高的是NSE6，为2.68分；其次是NSE3，为2.64分；第三是NSE1，为2.39分；第四是NSE4，为2.14分；第五是NSE2，为1.32分；最低的是NSE5，为1.25分。6大内容主题的整体赋分均值为2.07分。显然，我国高中地球科学课程更加重视进行安全和严谨的地球科学调查活动的能力，以及有关全球公民身份和可持续发展教育，而对道德和伦理问题不够重视。

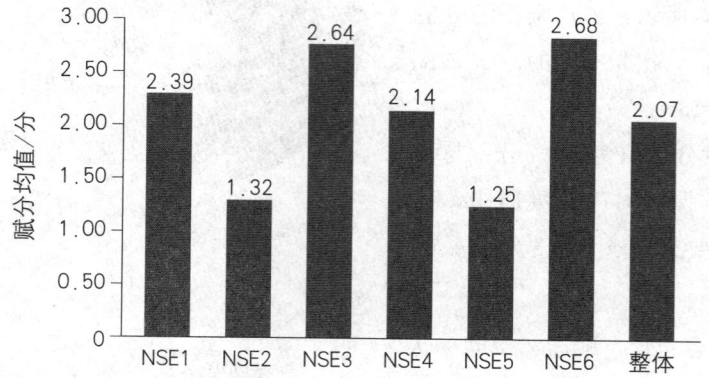

图6-19 我国高中"地球科学（NSE）"6大内容主题的赋分均值

第二节　我国高中"地球科学（NSE）"频次热图分析

表6-2　我国高中"地球科学（NSE）"课程能力框架频次热图

内容代码	内容主题 学科内容/概念/活动	基础素养					技能、态度和价值观							关键概念			变革能力和能力发展				复合能力					
		读写能力	计算能力	ICT素养/数字素养	数据素养	体育健康素养	合作/协作	批判性思维	解决问题	自我调节/自我控制	同理心	尊重	毅力/信任/适应力	学会学习	学生共同主体	创造共同价值	承担责任	协调矛盾与困境	预期行动	反思	全球胜任力	媒介素养	可持续发展素养	计算思维/编程/编码	财经素养	企业家精神
NSE 1	宇宙；可持续性；水系统；热量；地质材料；影响某地水质的因素；人类活动和科技对水资源的影响；地球的形成	6	4	3	4	0	3	2	5	0	0	2	0	0	3	1	0	0	2	5	2	2	3	0	0	0
NSE 2	在地球/空间/天文科学中使用科学的方法开展实践活动；提出科学问题并制订解决方案；调查问题的原因；提出假设并检验假设；解释调查数据；陈述调查结果	0	0	0	0	0	3	0	0	0	0	0	0	3	4	0	0	0	0	3	0	0	3	0	0	0
NSE 3	计划、进行安全和严格的地球/空间/天文科学的调查活动	5	3	0	3	0	5	3	6	2	0	0	2	0	1	2	3	0	0	3	5	4	0	0	0	0
NSE 4	了解地球/空间/天文科学家的工作、学会像地球/空间/天文科学家一样思考；理解地球/空间/天文科学与现实生活的联系；理解地球/空间/天文科学对实现世界的贡献（认知知识）	2	4	4	3	0	2	3	4	0	0	3	0	0	2	3	2	0	0	3	2	0	5	2	0	0
NSE 5	地球/空间/天文科学中的道德和伦理问题	3	0	0	0	0	0	0	0	0	0	1	0	0	0	0	3	2	0	0	0	0	3	0	0	0
NSE 6	有关全球公民身份和可持续发展教育的概念，包括环境可持续性；促进国际理解、合作与和平的教育；有关人权和基本自由的教育	2	3	3	2	0	2	2	3	0	2	4	0	0	3	1	0	2	4	2	4	5	2	0	0	0

105

一、频次矩阵整体情况

从表 6-2 可以看出，频次最高的象限点的频次为 6 次，频次最低的象限点的频次为 0 次。在 168 个象限点中，频次为 6 次的有 2 个象限点，频次为 5 次的有 7 个象限点，频次为 4 次的有 11 个象限点，频次为 3 次的有 26 个象限点，频次为 2 次的有 22 个象限点，频次为 1 次的有 4 个象限点，频次为 0 次的有 96 个象限点。从图 6-20 可以看出，占比最多的频次是 0 次，占 57%；其次是 3 次，占 16%；然后是 2 次，占 13%；4 次占 7%；5 次占 4%；1 次占 2%；占比最少的是 6 次，仅占 1%。除了 0 次之外，其他频次整体呈现正态分布规律。

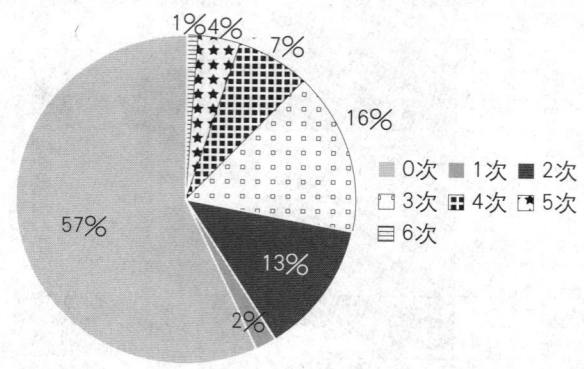

图 6-20 我国高中"地球科学（NSE）"168 个象限点的频次占比

二、OECD 能力素养的频次情况

本研究对 OECD "学习框架 2030" 中的 5 大类能力素养出现的频次进行了统计，并用饼状图呈现结果。此外，本研究还统计了 5 大类能力素养中的 28 项能力素养要素出现的频次，以展现我国高中地球科学课程对各项能力素养要素的重视程度。

1. 基本情况

（1）基础素养

我国高中"地球科学（NSE）"中基础素养的 5 项能力素养要素对应的象限点有 30 个。这 30 个象限点的频次情况如图 6-21 所示：占比最多的频次是 0 次，占 47%；其次是 3 次，占 23%；然后是 4 次，占 14%；2 次占 10%；5 次和 6 次均占 3%。

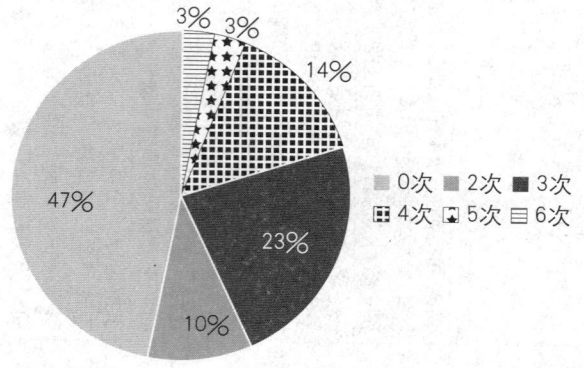

图 6-21 我国高中"地球科学（NSE）"基础素养的频次占比

从图6-22可以看出，基础素养的5项能力素养要素中，总频次最高的是读写能力，遥遥领先；其次是计算能力、数据素养、ICT素养／数字素养；最低的是体育健康素养，一次都没有出现过。这表明我国高中地球科学课程特别注重对读写能力的培养，这与前文从分值角度进行分析得出的结论一致。

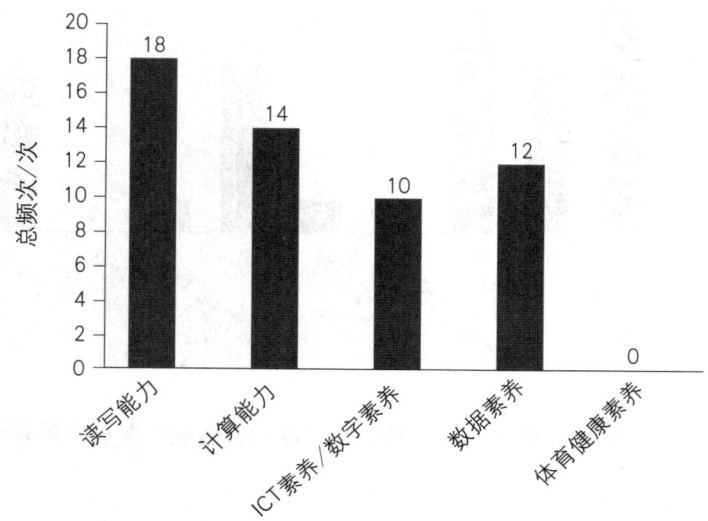

图6-22 我国高中"地球科学（NSE）"基础素养中各能力素养要素的总频次

(2) 技能、态度和价值观

我国高中"地球科学（NSE）"中技能、态度和价值观的9项能力素养要素对应的象限点有54个。这54个象限点的频次情况如图6-23所示：占比最多的频次是0次，占55%；其次是3次，占16%；然后是2次，占15%；1次、4次和5次均占4%；占比最少的是6次，仅占2%。

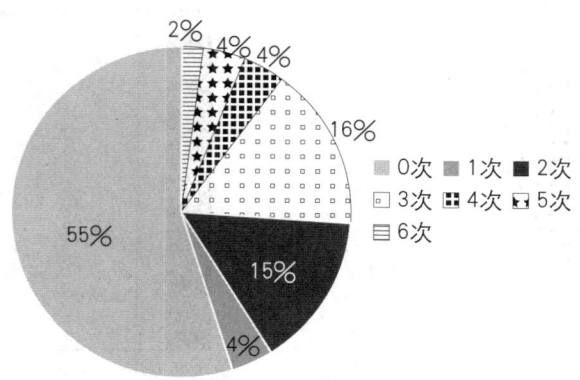

图6-23 我国高中"地球科学（NSE）"技能、态度和价值观的频次占比

从图6-24可以看出，技能、态度和价值观的9项能力素养要素中，总频次最高的是解决问题，其次是合作／协作、批判性思维、尊重、学会学习，然后是自我调节／自我控制、同理心、毅力／适应力，文件中一次都没有提及的是信任。在技能、态度和价值观这一能力素养类型中，我国高中地球科学课程强调的是解决问题的能力以及与他人合作的能

力。其中解决问题包括解决个人问题、人际问题、社会问题等。

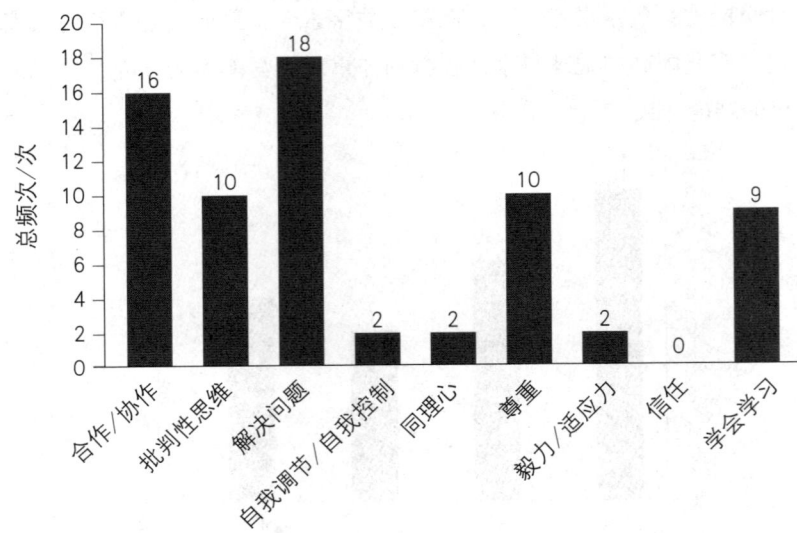

图 6-24　我国高中"地球科学（NSE）"技能、态度和价值观中各能力素养要素的总频次

（3）关键概念

我国高中"地球科学（NSE）"中关键概念的 2 项能力素养要素对应的象限点有 12 个。这 12 个象限点的频次情况如图 6-25 所示：占比最多的频次是 0 次和 3 次，均占 25%；其次是 1 次和 2 次，均占 17%；然后是 4 次，占 16%。

从图 6-26 可以看出，关键概念的 2 项能力素养要素中，总频次较高的是学生主体，较低的是共同体。

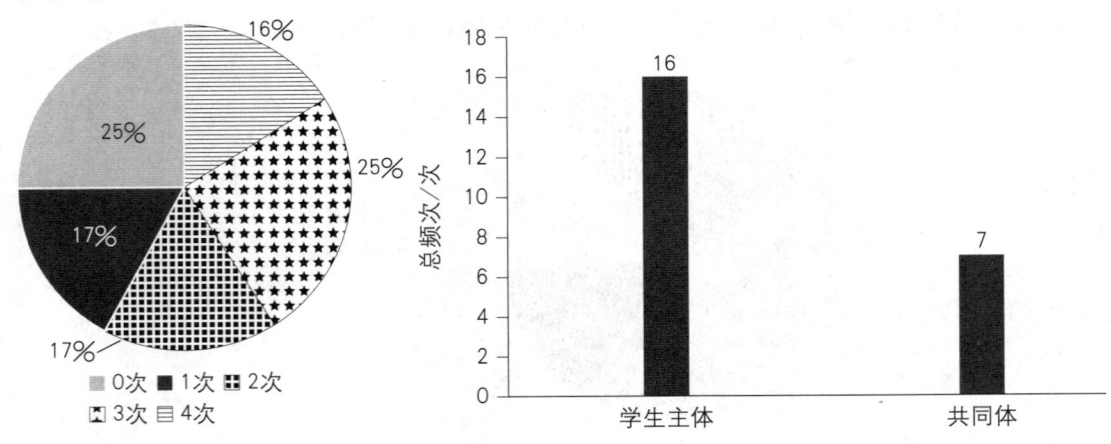

图 6-25　我国高中"地球科学（NSE）"关键概念的频次占比

图 6-26　我国高中"地球科学（NSE）"关键概念中各能力素养要素的总频次

（4）变革能力和能力发展

我国高中"地球科学（NSE）"中变革能力和能力发展的 6 项能力素养要素对应的象限点有 36 个。这 36 个象限点的频次情况如图 6-27 所示：占比最多的频次是 0 次，占 58%；其次是 2 次，占 17%；然后是 3 次，占 11%；4 次占 8%；5 次占 6%。

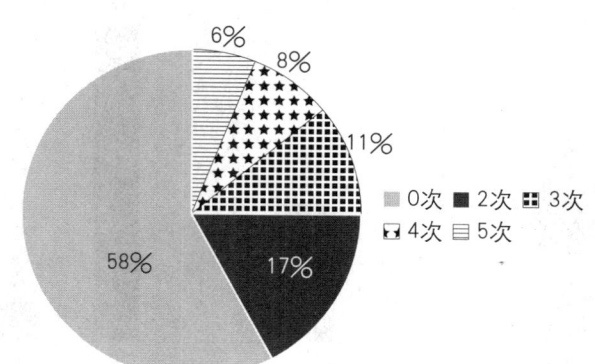

图 6-27　我国高中"地球科学（NSE）"变革能力和能力发展的频次占比

从图 6-28 可以看出，变革能力和能力发展的 6 项能力素养要素中，总频次最高的是行动，然后依次是反思、预期、承担责任、创造新价值和协调矛盾与困境。在这一能力素养类型中，我国高中地球科学课程强调得更多的是行动能力，即为了一个明确的目标而采取行动的意愿和能力。

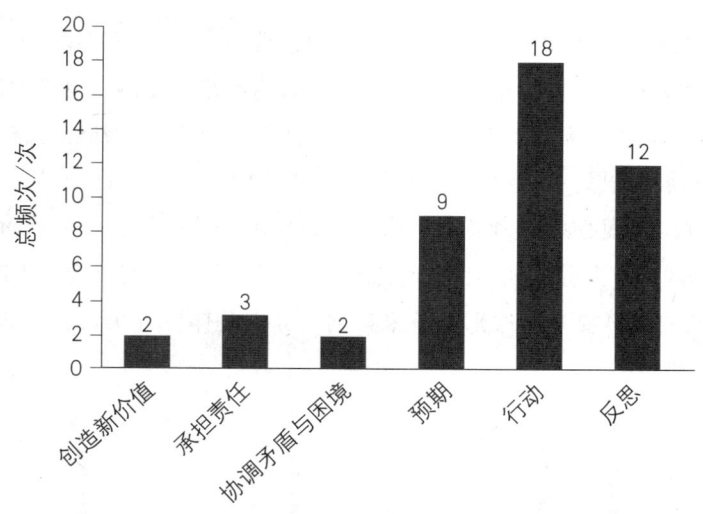

图 6-28　我国高中"地球科学（NSE）"变革能力和能力发展中各能力素养要素的总频次

（5）复合能力

我国高中"地球科学（NSE）"中复合能力的 6 项能力素养要素对应的象限点有 36 个。这 36 个象限点的频次情况如图 6-29 所示：占比最多的频次是 0 次，占 78%；其次是 2 次和 3 次，均占 8%；然后是 5 次，占 6%。

从图 6-30 可以看出，复合能力的 6 项能力素养要素中，总频次最高的是可持续发展素养，其次是全球胜任力，再次是计算思维／编程／编码，媒介素养、财经素养和企业家精神均没有提及。在这一能力素养类型中，我国高中地球科学课程非常注重培养学生的可持续发展意识和全球胜任力，这与前文从分值角度进行分析得出的结论是一致的。

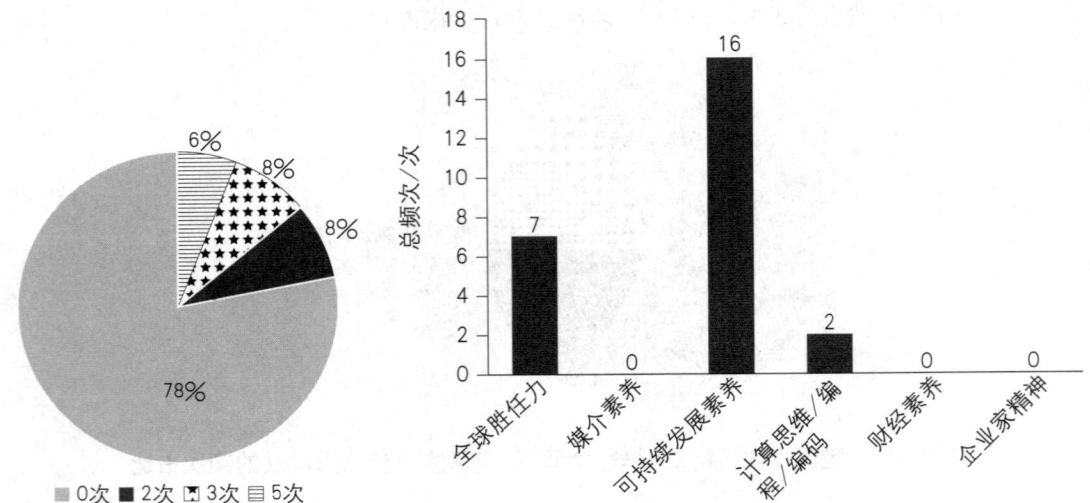

图6-29 我国高中"地球科学 (NSE)"复合能力的频次占比

图6-30 我国高中"地球科学（NSE）"复合能力中各能力素养要素的总频次统计

2．小结

从图6-31可以看出，相比人文地理部分，地球科学部分没有任何能力素养要素的总频次高于20次，且各能力素养要素的总频次比较均匀，没有特别突出的。总频次居中的是读写能力、计算能力、ICT素养／数字素养、数据素养、合作／协作、批判性思维、解决问题、尊重、学生主体、行动、反思、可持续发展素养，出现了10次及以上、20次以下；较低的是自我调节／自我控制、同理心、毅力／适应力、学会学习、共同体、创造新价值、承担责任、协调矛盾与困境、预期、全球胜任力、计算思维／编程／编码，均出现了1次及以上、10次以下；还有部分能力素养要素一次都未被采集到，分别是体育健康素养、信任、媒介素养、财经素养、企业家精神。

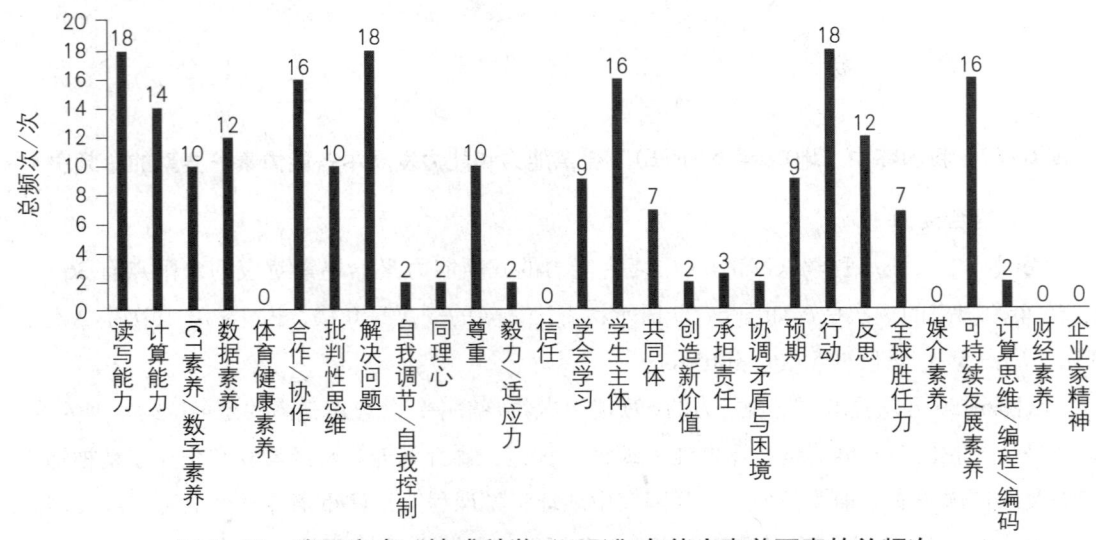

图6-31 我国高中"地球科学（NSE）"各能力素养要素的总频次

三、"地球科学（NSE）"6大内容主题的总频次情况

从图6-32可以看出，总频次较高的是NSE3、NSE6和NSE1，各内容主题在我国高中地理课程文件中均出现了50次及以上；其次是NSE4，出现了44次；较低的是NSE2和NSE5，均仅出现了10次及以下。显然，我国高中地球科学强调更多的是地理实践的方案、行动、评估，可持续发展教育和全球公民意识，宇宙和地球等相关内容，强调较少的是科学中的道德伦理以及使用科学方法开展实践活动。

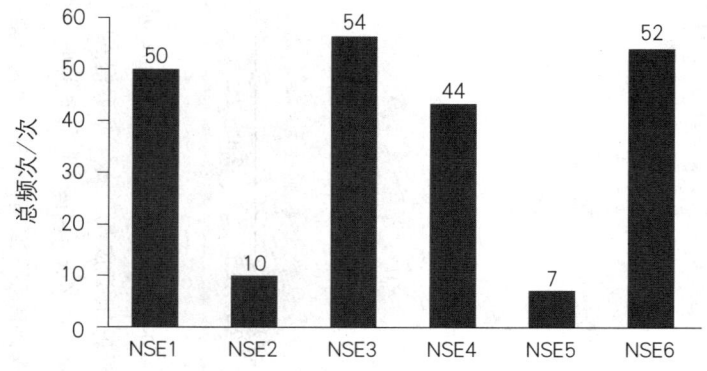

图6-32 我国高中"地球科学（NSE）"6大内容主题的总频次

第三节 我国高中"地球科学（NSE）"分值和频次二元分析

在对我国高中"地球科学（NSE）"各能力素养的分值和频次的研究基础上，本节采用相关性分析和四象限模型对其分值和频次进行二元分析：以能力素养要素的赋分均值为横轴，以能力素养要素的总频次为纵轴，绘制了我国高中"地球科学（NSE）"能力素养要素的赋分均值、总频次散点图，如图6-33所示。

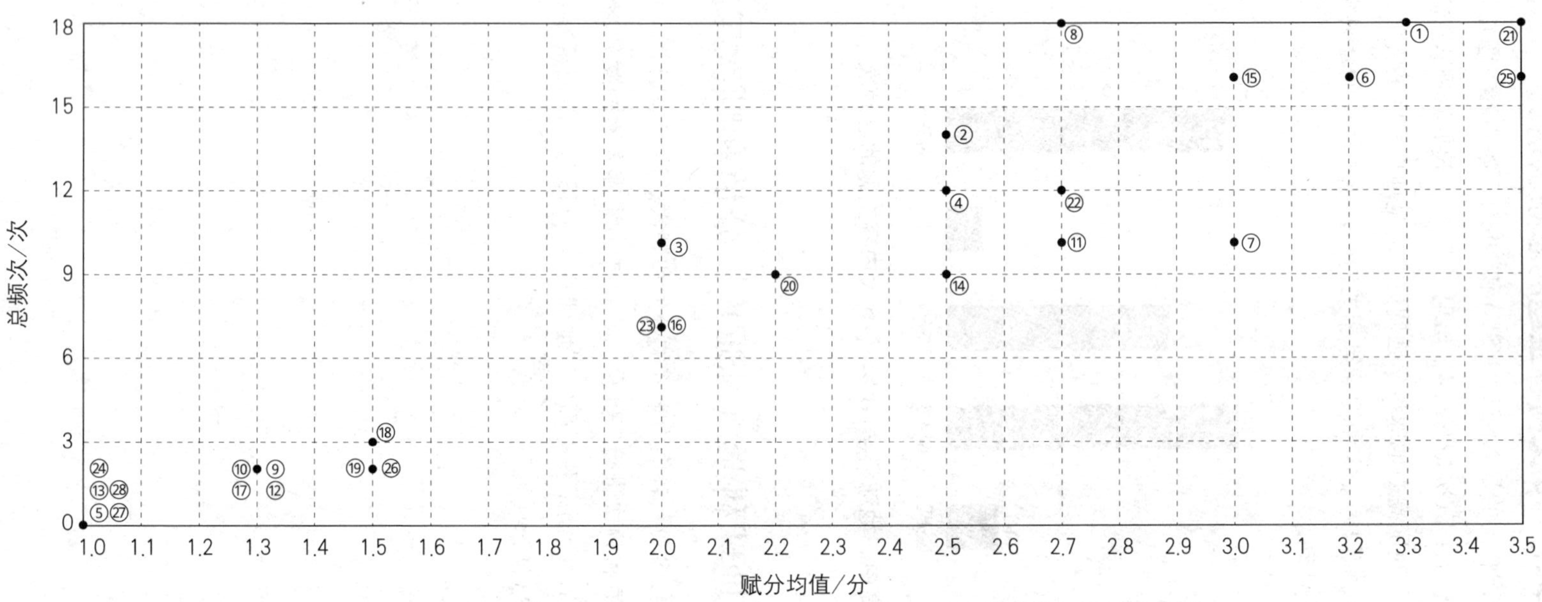

①读写能力 ②计算能力 ③ICT素养/数字素养 ④数据素养 ⑤体育健康素养 ⑥合作/协作 ⑦批判性思维
⑧解决问题 ⑨自我调节/自我控制 ⑩同理心 ⑪尊重 ⑫毅力/适应力 ⑬信任 ⑭学会学习
⑮学生主体 ⑯共同体 ⑰创造新价值 ⑱承担责任 ⑲协调矛盾与困境 ⑳预期 ㉑行动
㉒反思 ㉓全球胜任力 ㉔媒介素养 ㉕可持续发展素养 ㉖计算思维/编程/编码 ㉗财经素养 ㉘企业家精神

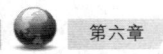

图 6–33　我国高中“地球科学（NSE）”能力素养要素的赋分均值、总频次散点图

一、相关性分析

从图 6-33 可以明显看出，赋分均值和总频次具有较为明显的正相关关系。采用 SPSS 进行相关性检测，结果如表 6-3 所示。

表 6-3　我国高中"地球科学（NSE）"赋分均值、总频次相关性检测

方法	对象		赋分均值	总频次
Kendall's tau-b	赋分均值	相关系数	1.000	.880
		Sig.（双尾）	.	.000
		N	28	28
	总频次	相关系数	.880	1.000
		Sig.（双尾）	.000	.
		N	28	28

我国高中"地球科学（NSE）"部分，各项能力素养要素的赋分均值和总频次的 Kendall 相关性分析结果显示，赋分均值和总频次的相关系数为 0.880，表明二者呈显著正相关；Sig.（双尾）为 0.000，小于 0.01，表明置信度很高。这表明，我国高中"地球科学（NSE）"各能力素养要素的赋分均值越高，其出现的总频次也越多。该规律符合正常逻辑，也证明整个文字信息采集的过程是科学可信的，有些能力素养要素确实是我国高中地球科学课程频繁强调的，而有些能力素养要素是被忽视、不常见的。

二、四象限模型

参照我国高中"地球科学（NSE）"能力素养要素的赋分均值、总频次散点图，将横轴的区间设置为 [1.0, 3.5]，将纵轴的区间设置为 [0, 18]，选择两个区间的中间值进行象限切分，将散点图划分为四个象限区域，如图 6-34 所示。

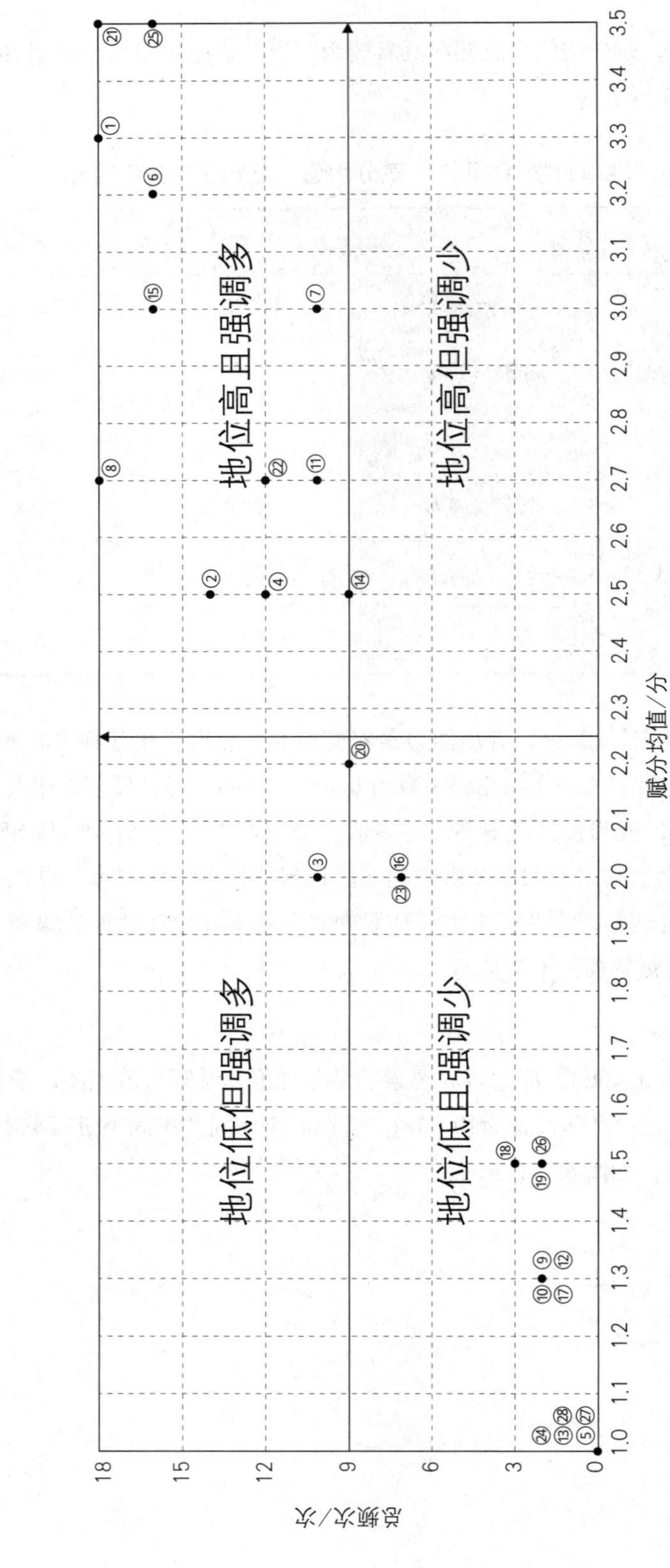

①读写能力 ②计算能力 ③ICT素养/数字素养 ④数据素养 ⑤体育健康素养 ⑥合作/协作 ⑦批判性思维

⑧解决问题 ⑨自我调节/自我控制 ⑩同理心 ⑪尊重 ⑫毅力/适应力 ⑬信任 ⑭学会学习

⑮学生主体 ⑯共同体 ⑰创造新价值 ⑱承担责任 ⑲协调矛盾与困境 ⑳预期 ㉑行动

㉒反思 ㉓全球胜任力 ㉔媒介素养 ㉕可持续发展素养 ㉖计算思维/编程/编码 ㉗财经素养 ㉘企业家精神

图 6–34 我国高中“地球科学（NSE）”能力素养要素四象限图

具体来看，落在左下象限（不含分界线）的一共有 14 项能力素养要素，分别是体育健康素养、自我调节／自我控制、同理心、毅力／适应力、信任、共同体、创造新价值、承担责任、协调矛盾与困境、全球胜任力、媒介素养、计算思维／编程／编码、财经素养、企业家精神；没有落在右下象限（不含分界线）的能力素养要素；落在左上象限（含分界线）的一共有 2 项能力素养要素，分别是 ICT 素养／数字素养、预期；落在右上象限（含分界线）的一共有 12 项能力素养要素，分别是读写能力、计算能力、数据素养、合作／协作、批判性思维、解决问题、尊重、学会学习、学生主体、行动、反思、可持续发展素养。

我国高中地球科学课程最为重视培养的是读写能力、计算能力、数据素养、合作／协作、批判性思维、解决问题、尊重、学会学习、学生主体、行动、反思、可持续发展素养。其中，行动的总频次和赋分均值都是最高的，说明我国高中地球科学课程重视发展学生运用已获得的技能来行动的能力，这与近些年来课程改革强调的地理实践力不谋而合。这里的行动不仅包括过程，还包括过程后的评价和反应。我国高中地球科学课程完全不重视的是体育健康素养、自我调节／自我控制、同理心、毅力／适应力、信任、共同体、创造新价值、承担责任、协调矛盾与困境、全球胜任力、媒介素养、计算思维／编程／编码、财经素养、企业家精神，说明我国高中地球科学课程不够重视延迟满足、控制冲动和调节情绪表达的能力，信任、交流的能力，金融、财经、支付等能力，企业家创业的能力，对运动的积极态度的引导以及对关于为何和如何参与体育运动的理解，协调矛盾与承担责任的能力和分析媒体（包括社交媒体和新闻网站）内容的能力。

第四节　总 结

一、我国高中"地球科学（NSE）"分值分析结果

整体而言，OECD"地球科学（NSE）"部分的能力框架和内容体系与我国的高中地球科学课程的对应情况较差。我国高中"地球科学（NSE）"部分，有超过一半的象限点的分值为 1 分，说明大部分能力素养要素在较低层级的课程文件中有所体现，教学可能性较小。

在 OECD 提出的 5 大类能力素养中，基础素养，技能、态度和价值观，变革能力和能力发展这三类能力素养在我国高中地球科学课程中的得分情况较好。具体而言，5 大类能力素养的 28 项能力素养要素中，读写能力、合作／协作、批判性思维、学生主体、行动、可持续发展素养在我国高中地球科学课程中的赋分均值较高，均在 3 分及以上。

在 OECD 提出的 6 大内容主题中，NSE3 和 NSE6 在我国高中地球科学课程中的赋分均值较高，这表明我国高中地球科学课程比较重视 NSE3 和 NSE6 这两大内容主题。

二、我国高中"地球科学（NSE）"频次分析结果

整体而言，OECD"地球科学（NSE）"部分的能力框架和内容体系在我国高中地球科学

课程部分的出现频次较低。我国高中"地球科学（NSE）"部分，频次最高的象限点的频次是6次，频次最低的象限点的频次是0次，且在168个象限中，0次的占比最多，占57%。

在OECD提出的5大类能力素养中，基础素养出现的总频次较高。具体而言，5大类能力素养的28项能力素养要素中，读写能力、解决问题、行动的总频次最高，合作／协作、学生主体、可持续发展素养的总频次也较高。

在OECD提出的6大内容主题中，总频次较高的是NSE3、NSE6和NSE1。

三、我国高中"地球科学（NSE）"分值和频次的二元分析结果

我国高中"地球科学（NSE）"部分各能力素养要素的赋分均值和总频次呈显著正相关，其中赋分均值和总频次均占据优势的能力素养要素是读写能力、计算能力、数据素养、合作／协作、批判性思维、解决问题、尊重、学会学习、学生主体、行动、反思、可持续发展素养，均占据劣势的能力素养要素是体育健康素养、自我调节／自我控制、同理心、毅力／适应力、信任、共同体、创造新价值、承担责任、协调矛盾与困境、全球胜任力、媒介素养、计算思维／编程／编码、财经素养、企业家精神。

我国高中地球科学的6大内容主题，赋分均值偏高的是NSE6和NSE3，居中的是NSE1和NSE4，偏低的是NSE2和NSE5；总频次较高的是NSE3、NSE6和NSE1，偏低的是NSE2和NSE5。综合来看，NSE3、NSE6的赋分均值和总频次都较高，说明"计划、进行安全和严格的地球／空间／天文科学的调查活动""有关全球公民身份和可持续发展教育的概念，包括环境可持续性；促进国际理解、合作与和平的教育；有关人权和基本自由的教育"等内容主题得到重视和强调；NSE2、NSE5的赋分均值和总频次都低，说明"在地球／空间／天文科学中使用科学的方法开展实践活动：提出科学问题并制订解决方案；调查问题的原因，提出假设并检验假设；解释调查数据，陈述调查结果""地球／空间／天文科学中的道德和伦理问题"等内容主题既不太受重视，强调也少。这一结论与初中地球科学的相关结论基本相反。NSE2和NSE5主要涉及科学研究方法与科学中的道德伦理方面，其重要性不言自明，需要高中地球科学课程给予重视。

第七章

我国高中地理课程能力框架热图整体情况分析

第七章
我国高中地理课程能力框架热图整体情况分析

为了从整体上研究我国高中地理课程能力框架，本章将高中人文地理课程和地球科学课程结合起来分析，在分值维度和频次维度上分别进行能力指标的分级，并通过绘制等级金字塔来呈现 28 项能力素养要素的对应情况，在此基础上对整体分值和整体频次进行二元分析。

第一节 我国高中"人文地理（HGE）"和"地球科学（NSE）"分值热图叠加分析

一、我国高中"人文地理（HGE）"和"地球科学（NSE）"的分值对比分析

本研究对 OECD"学习框架 2030"中的 5 大类能力素养所包含的 28 项能力素养要素在我国高中人文地理课程与地球科学课程中的得分情况进行了统计与对比分析。从图 7-1 可以看出，"人文地理（HGE）"的趋势线和"地球科学（NSE）"的趋势线的走向基本一致，波峰和波谷大部分重合，说明人文地理部分和地球科学部分的各项能力素养要素的得分情况类似。在人文地理部分赋分均值较高的能力素养要素，如读写能力、行动、可持续发展素养，往往在地球科学部分的赋分均值也较高；在人文地理部分赋分均值较低的能力素养要素，如体育健康素养、自我调节／自我控制、信任、媒介素养、计算思维／编程／编码、财经素养、企业家精神，往往在地球科学部分的赋分均值也较低。二者的相关度很高，说明我国高中地理课程按照 OECD 的体系划分的两部分内容具有较强的一致性。

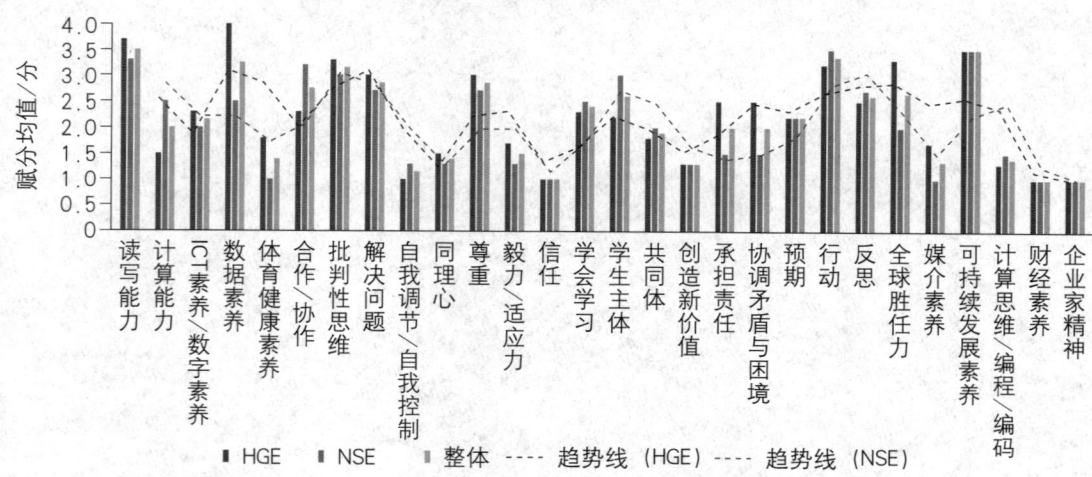

注：本图中的趋势线用来表征各能力素养要素的赋分均值差异情况。

本图中的"整体"是指我国高中地理课程（包含"人文地理（HGE）"与"地球科学（NSE）"）的赋分均值情况。

图 7-1 我国高中"人文地理（HGE）"和"地球科学（NSE）"的赋分均值

当然，能力素养要素在我国高中人文地理课程与地球科学课程中的赋分均值也存在差异。从图7-2可以看出，人文地理部分赋分均值比地球科学部分高的有13项能力素养要素，其中差距最大的是数据素养，该项能力素养要素在人文地理部分的赋分均值比在地球科学部分高出1.5分。但实际上，地球科学中的很多知识是需要学生运用数据能力的，比如一些自然地理方面的实验，所以建议在我国高中地球科学部分加强对学生数据素养的培养。地球科学部分赋分均值比人文地理部分高的有9项能力素养要素，其中差距最大的是计算能力，该项能力素养要素在地球科学部分的赋分均值比人文地理部分高出1分。这一点可以理解，地球科学课程中对学生计算能力的培养的确应比人文地理课程要偏重一些。

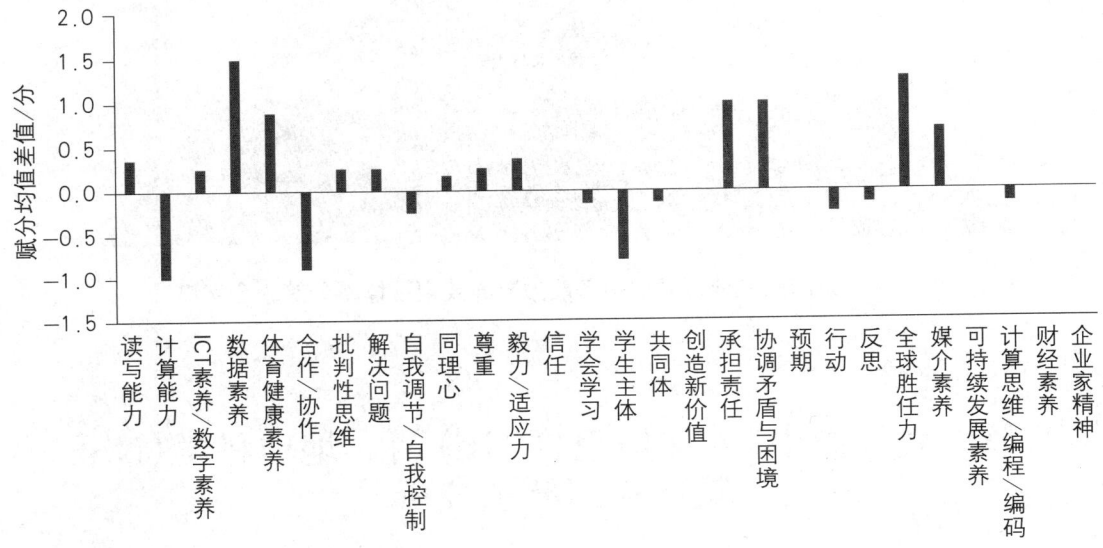

图7-2 我国高中"人文地理（HGE）"和"地球科学（NSE）"的赋分均值差值

整体而言，我国高中人文地理部分的赋分均值比地球科学部分的赋分均值情况更好，因此我国应加强对于高中地球科学课程的设计。

二、我国高中地理课程整体得分等级金字塔

本研究将我国高中人文地理部分和地球科学部分的各项能力素养要素的得分均值作为我国高中地理课程的整体得分。按照整体得分高低绘制的等级金字塔如图7-3所示，由上向下分别是得分偏低（2分以下）、得分居中（2分及以上、3分以下）、得分较高（3分及以上），分别表示与课程对应情况不佳、教学的可能性较小，与课程对应情况一般、教学的可能性一般，与课程对应明确、教学的可能性大。从图7-3可以看出，我国高中地理课程整体得分较高的能力素养要素有读写能力、数据素养、批判性思维、行动、可持续发展素养；得分居中的能力素养要素有计算能力、ICT素养/数字素养、合作/协作、解决问题、尊重、学会学习、学生主体、承担责任、协调矛盾与困境、预期、反思、全球胜任力；得分偏低（2分以下）的能力素养要素有体育健康素养、自我调节/自我控制、同理心、毅力/适应力、信任、

共同体、创造新价值、媒介素养、计算思维/编程/编码、财经素养、企业家精神。

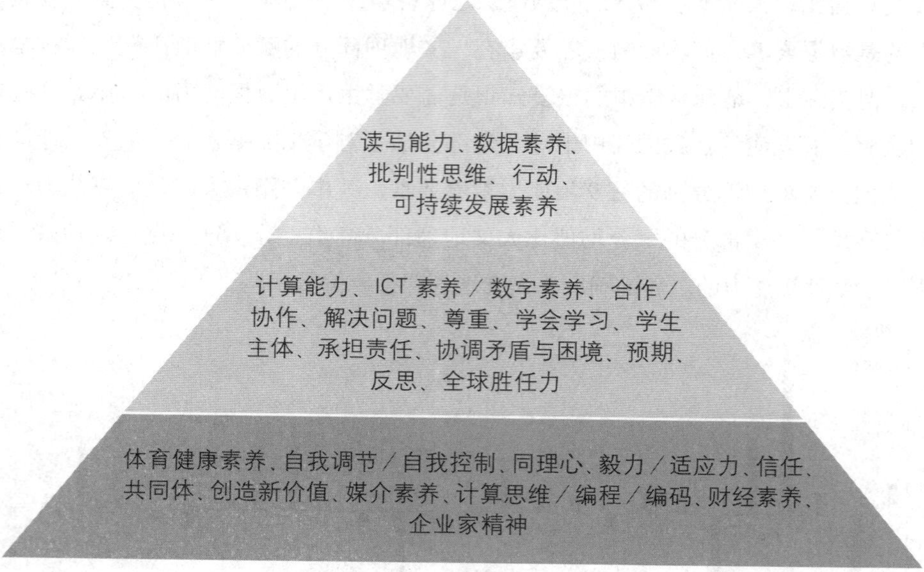

图 7-3　我国高中地理课程中各能力素养要素整体得分等级金字塔

（金字塔内容：
顶层：读写能力、数据素养、批判性思维、行动、可持续发展素养
中层：计算能力、ICT素养/数字素养、合作/协作、解决问题、尊重、学会学习、学生主体、承担责任、协调矛盾与困境、预期、反思、全球胜任力
底层：体育健康素养、自我调节/自我控制、同理心、毅力/适应力、信任、共同体、创造新价值、媒介素养、计算思维/编程/编码、财经素养、企业家精神）

第二节　我国高中"人文地理（HGE）"和"地球科学（NSE）"频次热图叠加分析

一、我国高中"人文地理（HGE）"和"地球科学（NSE）"的频次对比分析

本研究对 OECD "学习框架 2030" 的 5 大类能力素养所包含的 28 项能力素养要素在我国高中人文地理课程与地球科学课程中的频次情况进行了统计与对比分析。从图 7-4 可以看出，"人文地理（HGE）"的趋势线和"地球科学（NSE）"的趋势线的走向基本一致，波峰和波谷大部分重合，说明人文地理部分和地球科学部分的各项能力素养要素的总频次情况类似。在人文地理部分总频次较高的能力素养要素，如读写能力、解决问题、行动、可持续发展素养，往往在地球科学部分的总频次也较高；在人文地理部分总频次较低的能力素养要素，如计算思维/编程/编码、财经素养、企业家精神，往往在地球科学部分的总频次也较低。二者的相关度很高，说明我国高中地理课程按照 OECD 的体系划分的两部分内容具有较强的一致性。

第二节 我国高中"人文地理（HGE）"和"地球科学（NSE）"频次热图叠加分析

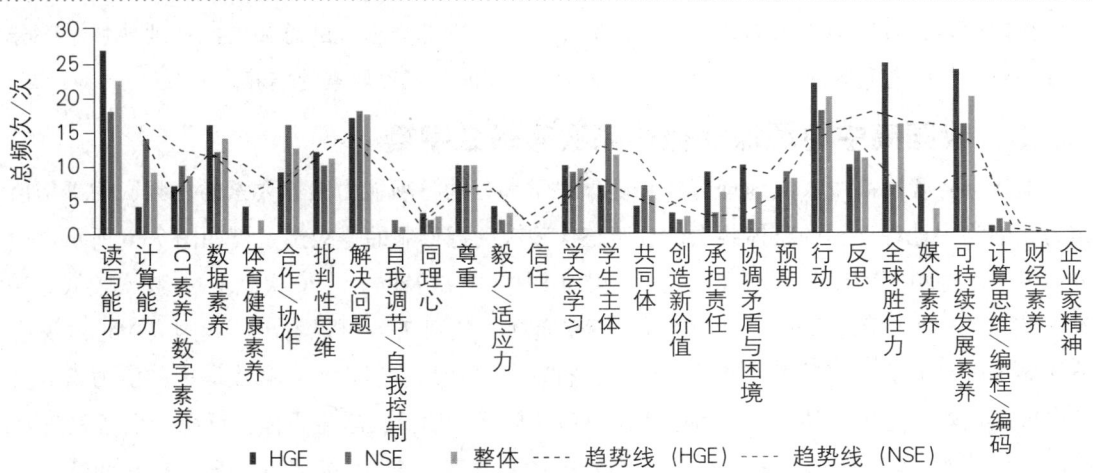

注：本图中的趋势线用来表征各能力素养要素的总频次差异情况。

本图中的"整体"是指我国高中地理课程（包含"人文地理（HGE）"与"地球科学（NSE）"）的总频次情况。

图7-4 我国高中"人文地理（HGE）"和"地球科学（NSE）"的总频次

当然，能力素养要素在我国高中人文地理课程与地球科学课程中的总频次也存在差异。从图7-5可以看出，人文地理部分总频次比地球科学部分高的有14项能力素养要素，其中差距最大的是全球胜任力，该项能力素养要素在人文地理部分的总频次比地球科学部分高18次，其原因可能是：我国高中人文地理部分涉及全球化的内容比较多，如全球交通与贸易、三大产业的区位因素、"一带一路"建设等。但其实在地球科学部分，学生也需要具备全球胜任力，如环境问题，因此我国高中地球科学部分需要进一步加强对学生全球胜任力的培养。地球科学部分总频次比人文地理部分高的有10项能力素养要素，其中差距最大的是计算能力，该项能力素养要素在地球科学部分的总频次比人文地理部分高出10次。这一结果可以理解，地球科学课程中对学生计算能力的培养的确应比人文地理课程要偏重一些。

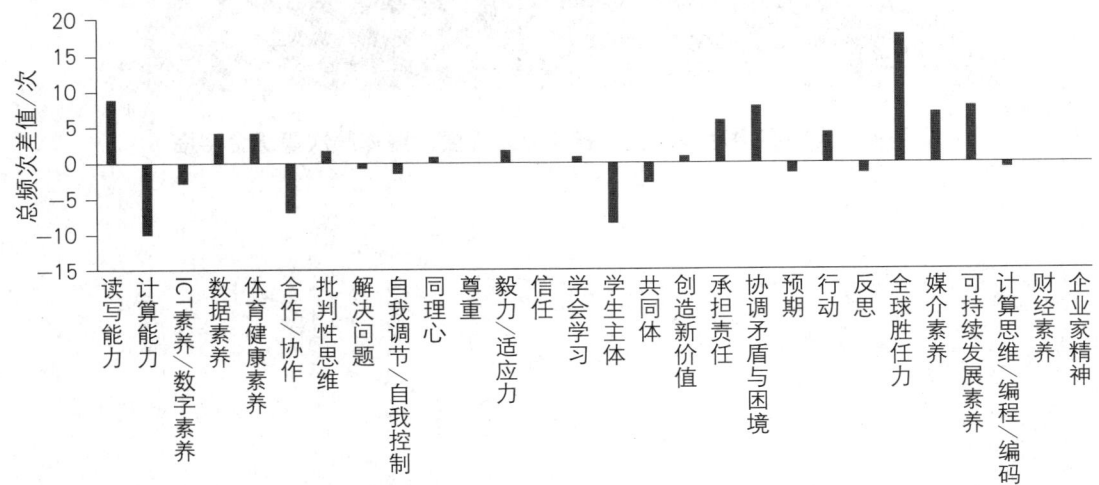

图7-5 我国高中"人文地理（HGE）"和"地球科学（NSE）"的总频次差值

第七章
我国高中地理课程能力框架热图整体情况分析

整体而言,各项能力素养要素在我国高中人文地理部分出现的总频次比在地球科学部分出现的更高,因此我国应加强对于高中地球科学各项能力素养要素的培养。

二、我国高中地理课程整体频次等级金字塔

本研究将我国高中人文地理部分和地球科学部分的各项能力素养要素的总频次的平均值作为我国高中地理课程的整体频次。按照整体频次高低绘制的等级金字塔如图7-6所示,由上向下依次是频次较高(20次及以上)、频次居中(10次及以上、20次以下)、频次较低(10次以下),分别表示受重视、一般对待、不受重视。从图7-6可以看出,我国高中地理课程整体频次较高的能力素养要素有读写能力、行动、可持续发展素养;频次居中的能力素养要素有数据素养、合作／协作、批判性思维、解决问题、尊重、学生主体、反思、全球胜任力;频次较低的能力素养要素有计算能力、ICT素养／数字素养、体育健康素养、自我调节／自我控制、同理心、毅力／适应力、信任、学会学习、共同体、创造新价值、承担责任、协调矛盾与困境、预期、媒介素养、计算思维／编程／编码、财经素养、企业家精神。

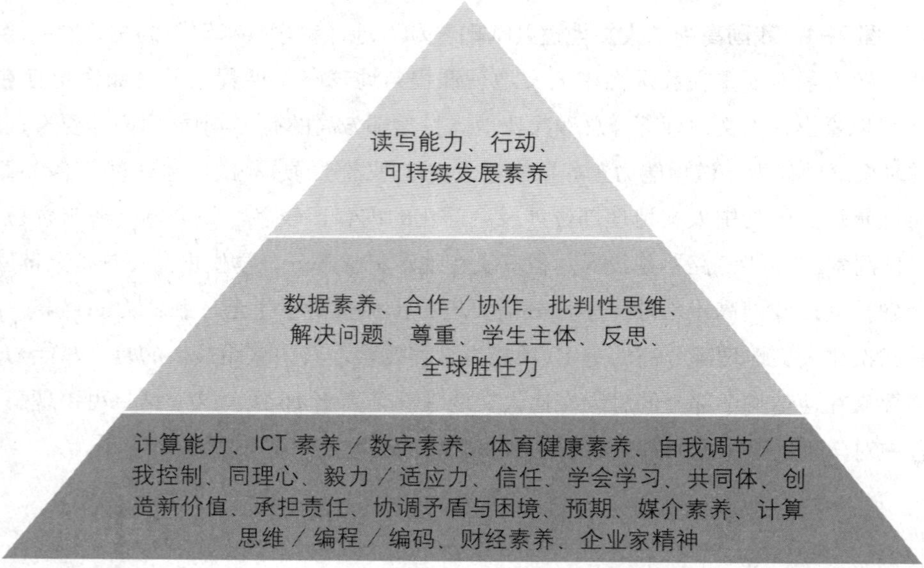

图7-6 我国高中地理课程中各能力素养要素整体频次等级金字塔

第三节　我国高中地理课程整体分值和频次二元分析

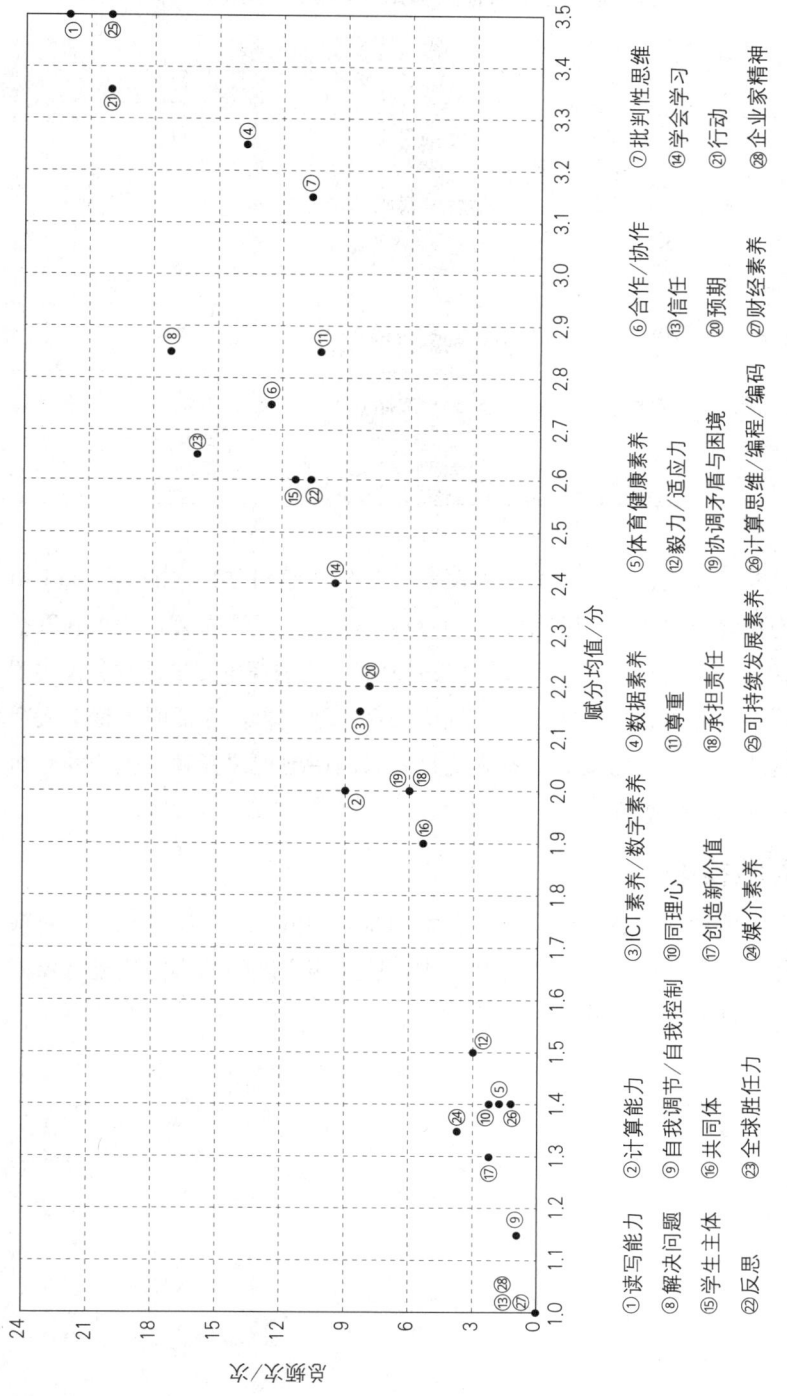

图 7-7　我国高中地理课程整体能力素养要素的赋分均值、总频次散点图

一、相关性分析

从图 7-7 可以明显看出，赋分均值和总频次有较为明显的正相关关系。采用 SPSS 进行相关性检测，结果如表 7-1 所示。

表 7-1 我国高中地理课程整体赋分均值、总频次相关性检测

方法	对象		赋分均值	总频次
Kendall's tau-b	赋分均值	相关系数	1.000	.879
		Sig.（双尾）	.	.000
		N	28	28
	总频次	相关系数	.879	1.000
		Sig.（双尾）	.000	.
		N	28	28

我国高中的地理课程，各项能力素养要素的赋分均值和总频次的 Kendall 相关性分析结果显示，赋分均值和总频次的相关系数为 0.879，表明二者呈显著正相关；Sig.（双尾）为 0.000，小于 0.01，表明置信度很高。以上数据说明，我国高中地理课程各能力素养要素的赋分均值越高，其出现的总频次也越多。该规律符合正常逻辑，也证明了整个文字信息采集的过程是科学可信的，有些能力素养要素确实是我国高中地理课程频繁强调的，而有些能力素养要素则是被忽视、不常见的。

二、四象限模型

参照我国高中地理课程各项能力素养要素的赋分均值、总频次散点图，将横轴的区间设置为 [1.0，3.5]，将纵轴的区间设置为 [0，24]，选择两个区间的中间值进行象限切分，将散点图划分为四个象限区域，如图 7-8 所示。

第三节 我国高中地理课程整体分值和频次二元分析

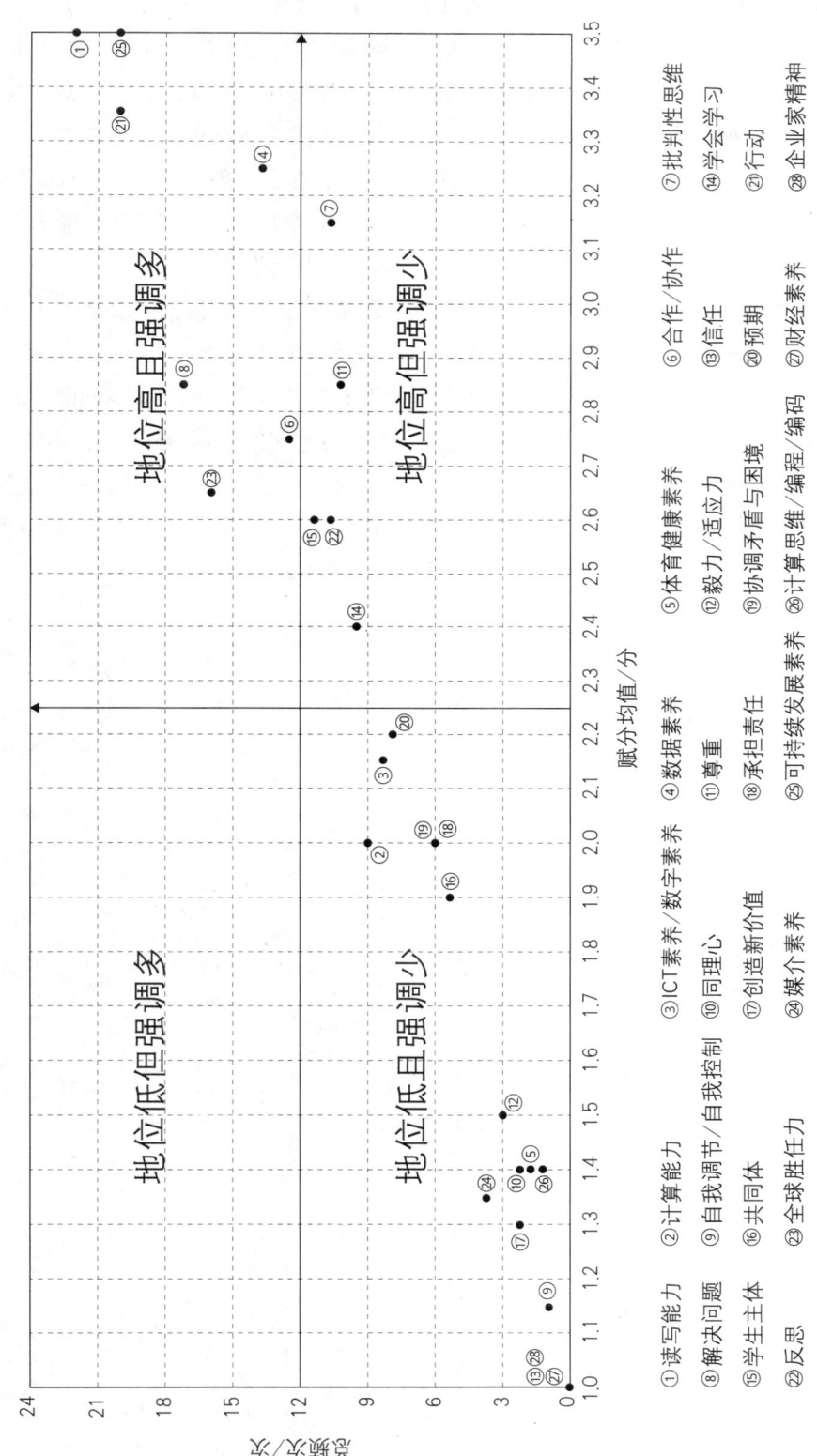

图 7-8 我国高中地理课程整体能力素养要素四象限图

具体来看，落在左下象限（不含分界线）的一共有16项能力素养要素，分别是计算能力、ICT素养／数字素养、体育健康素养、自我调节／自我控制、同理心、毅力／适应力、信任、共同体、创造新价值、承担责任、协调矛盾与困境、预期、媒介素养、计算思维／编程／编码、财经素养、企业家精神；落在右下象限（含分界线）的有5项能力素养要素，分别是批判性思维、尊重、学会学习、学生主体、反思；没有落在左上象限（不含分界线）的能力素养要素；落在右上象限（含分界线）的一共有7项能力素养要素，分别是读写能力、数据素养、合作／协作、解决问题、行动、全球胜任力、可持续发展素养。

整体来看，我国高中地理课程最为重视培养的是读写能力、数据素养、合作／协作、解决问题、行动、全球胜任力、可持续发展素养。其中读写能力的总频次和赋分均值都最高，说明我国高中地理教学非常重视培养和评估学生使用书面、口头、视觉文本的能力。具备读写能力的学生能够理解、使用并构建不同类型的文本。这些文本包括与具体学科相关的文本，以及图表和图形等视觉文本（在地理学科中具体指文字材料、景观图、统计表和地图等），所以读写能力最受重视是可以理解的。我国高中地理课程不重视信任、财经素养、企业家精神，这些能力素养要素一次都没出现在我国高中地理课程文件中。

第八章

我国初中、高中地理课程能力框架与内容体系的分值相关性分析

第八章 我国初中、高中地理课程能力框架与内容体系的分值相关性分析

本研究根据 OECD 能力框架中各能力素养要素在我国地理教学中的可能性、与我国地理课程的对应性、在我国地理课程文本文件中阐述的清晰性制订能力框架热图赋分标准。某能力素养要素的分值越高，说明其在我国地理教学中的可能性越大，与我国地理课程的对应性越强，在我国地理课程文本文件中阐述得越清晰明确。

第一节 我国初中、高中地理课程能力框架与内容体系的分值对比分析

一、我国初中、高中人文地理课程能力框架与内容体系的分值对比

在前文对我国初中、高中"人文地理（HGE）"各能力素养要素的分值研究基础上，本节对两个学段的人文地理课程的分值进行了对比分析。从表 8-1 可以看出，在 168 个象限点中，初中和高中人文地理课程分值为 1 分、2 分、3 分和 4 分的象限点数量均不一致。初中学段分值为 2 分的象限点数量多于高中学段，其余分值则反之。其中，分值为 1 分和 2 分的象限点数量差异较大。在 5 大类能力素养的 28 项能力素养要素中，初中和高中人文地理课程的数据素养、解决问题、计算能力、同理心、信任、共同体、媒介素养、预期、承担责任这几项的得分区间不一致。在人文地理的 6 大内容主题中，初中学段的 HGE1 和 HGE2 赋分均值低于整体赋分均值，高中学段的 HGE2、HGE5、HGE6 赋分均值低于整体赋分均值；初中学段的 HGE3、HGE4、HGE5、HGE6 赋分均值高于整体赋分均值，高中学段的 HGE1、HGE3、HGE4 赋分均值高于整体赋分均值。

表 8-1 我国初中、高中人文地理课程能力框架与内容体系的分值对比

对象	分值	初中	高中
168 个象限点	4 分	33 个	51 个
	3 分	21 个	26 个
	2 分	74 个	2 个
	1 分	40 个	89 个
28 项能力素养要素	赋分均值 ≥ 3 分	读写能力、批判性思维、尊重、全球胜任力、行动、可持续发展素养	读写能力、数据素养、批判性思维、解决问题、尊重、行动、全球胜任力、可持续发展素养
	2 分 ≤ 赋分均值 < 3 分	计算能力、ICT 素养/数字素养、数据素养、合作/协作、解决问题、同理心、信任、学会学习、学生主体、共同体、协调矛盾与困境、反思、媒介素养	ICT 素养/数字素养、合作/协作、学会学习、学生主体、承担责任、协调矛盾与困境、预期、反思

128

续表

对象	分值	初中	高中
28项能力素养要素	赋分均值<2分	体育健康素养、自我调节／自我控制、毅力／适应力、创造新价值、承担责任、预期、计算思维／编程／编码、财经素养、企业家精神	计算能力、体育健康素养、自我调节／自我控制、同理心、毅力／适应力、信任、共同体、创造新价值、媒介素养、计算思维／编程／编码、财经素养、企业家精神
6大内容主题	高于整体赋分均值	HGE3为2.46分，HGE4为2.50分，HGE5为2.32分，HGE6为2.32分	HGE1为2.68分，HGE3为2.89分，HGE4为2.68分
	整体赋分均值	2.28分	2.23分
	低于整体赋分均值	HGE1为2.14分，HGE2为1.93分	HGE2为1.71分，HGE5为1.36分，HGE6为2.07分

二、我国初中、高中地球科学课程能力框架与内容体系的分值对比

在前文对我国初中、高中"地球科学（NSE）"各能力素养要素的分值研究基础上，本节对两个学段的地球科学课程的分值进行了对比分析。从表8-2可以看出，在168个象限点中，初中和高中地球科学课程分值为1分、2分、3分和4分的象限点数量均不一致。初中学段分值为2分的象限点数量多于高中学段，其余分值则反之。其中，分值为1分和2分的象限点数量差异较大。这一特征与初中、高中人文地理课程的得分情况类似。在5大类能力素养的28项能力素养要素中，初中和高中地球科学课程的合作／协作、同理心、毅力／适应力、承担责任、协调矛盾与困境、媒介素养这几项的得分区间不一致。在地球科学的6大内容主题中，初中学段的NSE1和NSE6赋分均值低于整体赋分均值，高中学段的NSE2和NSE5赋分均值低于整体赋分均值；初中学段的NSE2、NSE3、NSE4、NSE5赋分均值高于整体赋分均值，高中学段的NSE1、NSE3、NSE4、NSE6赋分均值高于整体赋分均值。

表8-2 我国初中、高中地球科学课程能力框架与内容体系的分值对比

对象	分值	初中	高中
168个象限点	4分	23个	41个
	3分	21个	26个
	2分	89个	5个
	1分	35个	96个

续表

对象	分值	初中	高中
28项能力素养要素	赋分均值 ≥ 3分	读写能力、批判性思维、学生主体、行动、可持续发展素养	读写能力、合作／协作、批判性思维、学生主体、行动、可持续发展素养
	2分 ≤ 赋分均值 < 3分	计算能力、ICT素养／数字素养、数据素养、解决问题、同理心、尊重、毅力／适应力、学会学习、共同体、承担责任、协调矛盾与困境、预期、反思、全球胜任力、媒介素养	计算能力、ICT素养／数字素养、数据素养、解决问题、尊重、学会学习、共同体、预期、反思、全球胜任力
	赋分均值 < 2分	体育健康素养、合作／协作、自我调节／自我控制、信任、创造新价值、计算思维／编程／编码、财经素养、企业家精神	体育健康素养、自我调节／自我控制、同理心、毅力／适应力、信任、创造新价值、承担责任、协调矛盾与困境、媒介素养、计算思维／编程／编码、财经素养、企业家精神
6大内容主题	高于整体赋分均值	NSE2为2.32分，NSE5为2.29分，NSE4为2.25分，NSE3为2.21分	NSE6为2.68分，NSE3为2.64分，NSE1为2.39分，NSE4为2.14分
	整体赋分均值	2.19分	2.07分
	低于整体赋分均值	NSE1为2.04分，NSE6为2.04分	NSE2为1.32分，NSE5为1.25分

在能力素养方面，部分能力素养要素在初中学段的赋分均值高于高中学段，如共同体、媒介素养，建议初中、高中地理课程对于能力培养的连贯性进一步加强；在内容主题方面，初中、高中培养内容的一致性也需要进一步提高，同一内容主题在学段间应该是连续进阶的。

第二节 我国初中、高中地理课程28项能力素养要素的分值对比分析

本研究通过对比OECD"学习框架2030"中5大类能力素养的28项能力素养要素在我国初中与高中地理课程中的赋分均值，来探究各能力素养要素在不同学段的培养倾向或者体现的学段进阶。

一、我国初中、高中人文地理课程的分值对比

整体来看，在人文地理课程中，基础素养、变革能力和能力发展这2类能力素养体现了一定的学段进阶；复合能力的赋分均值在初中、高中学段相同；技能、态度和价值观以及关

键概念这 2 类能力素养的赋分均值在高中学段有所下降。

表 8-3　我国初中、高中人文地理课程的 5 大类能力素养的赋分均值对比

单位：分

对象	基础素养	技能、态度和价值观	关键概念	变革能力和能力发展	复合能力
初中人文地理课程	2.50	2.33	2.58	2.22	1.97
高中人文地理课程	2.67	2.13	2.00	2.36	1.97

具体而言，28 项能力素养要素中，在初中学段赋分均值较高的是读写能力、批判性思维、尊重、行动、全球胜任力、可持续发展素养，都在 3 分及以上，其余能力素养要素的赋分均值则均小于 3 分；在高中学段赋分均值较高的是读写能力、数据素养、批判性思维、解决问题、尊重、行动、全球胜任力、可持续发展素养，都在 3 分及以上，其余能力素养要素的赋分均值则均小于 3 分。

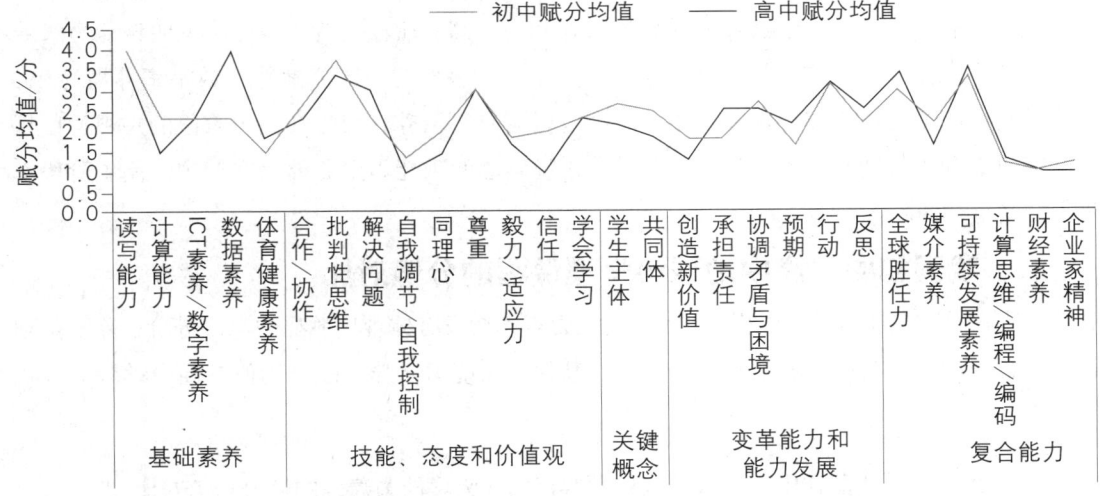

图 8-1　我国初中、高中人文地理课程的 28 项能力素养要素的赋分均值对比

从图 8-1 可以看出，从初中学段到高中学段，人文地理课程中有些能力素养要素的赋分均值有所提高。其中赋分均值提高最多的是数据素养，提高了 1.7 分；其次是解决问题与承担责任，这两者均提高了 0.7 分；再次是预期，提高了 0.5 分；之后是体育健康素养、反思、全球胜任力，均提高了 0.3 分；然后是可持续发展素养，提高了 0.2 分；最后是计算思维／编程／编码，提高了 0.1 分。这说明我国高中学段的人文地理课程对于上述能力素养要素的培养有所加强。例如，对于区域社会经济发展的要求，从初中阶段的"根据资料，分析某区域内存在的自然灾害与环境问题，了解区域环境保护与资源开发利用的成功经验"，到高中阶段的"以某生态脆弱区为例，说明该类地区存在的环境与发展问题，以及综合治理措施"，对于

学生的要求从了解成功经验进阶到说明综合治理措施，这样学生对于最本质的人地关系的认识会逐步加深，其责任感、反思能力、全球胜任力等能力素养要素得到提升。

从图8-1还可以看出，从初中学段到高中学段，人文地理课程中有些能力素养要素的赋分均值有所下降。其中下降最多的是信任，下降了1.0分；其次是计算能力，下降了0.8分；再次是共同体，下降了0.7分；之后是同理心、学生主体、创造新价值、媒介素养，均下降了0.5分；批判性思维下降了0.4分；读写能力、自我调节／自我控制，均下降了0.3分；合作／协作、协调矛盾与困境、企业家精神，均下降了0.2分；毅力／适应力下降了0.1分。这说明以上能力素养要素在我国初中学段的人文地理课程中更受重视。值得注意的是，计算能力在高中学段的赋分均值有所下降，但这并不意味着难度的降低。例如，对于人口相关内容涉及的计算能力要求，从初中阶段的"运用有关数据说明我国人口增长趋势""运用中国人口分布图描述我国人口的分布特点"，到高中阶段的"运用资料，描述人口分布、迁移的特点及其影响因素，并结合实例，解释区域资源环境承载力、人口合理容量"，对于学生的要求从运用数据说明、描述进阶到解释，难度有所增加。

从图8-1还可以看出，从初中学段到高中学段，人文地理课程中有些能力素养要素的赋分均值是没有变化的：财经素养的赋分均值在初中、高中阶段均为1.0分，说明该能力素养要素在初中、高中阶段均不被重视，且没有进阶；学会学习、ICT素养／数字素养均为2.3分，说明这两项能力素养要素在初中、高中阶段均有所培养，但是在高中阶段的重视程度还可以有所提升；行动与尊重均为3分及以上，说明这两项能力素养要素在初中、高中阶段都是十分受重视的。

二、我国初中、高中地球科学理课程的分值对比

整体来看，在地球科学课程中，5大类能力素养均没有体现出明显的学段进阶，除了基础素养的赋分均值在初中、高中学段相同外，其他4类能力素养的赋分均值在高中学段均有所下降。

表8-4　我国初中、高中地球科学课程的5大类能力素养的赋分均值对比

单位：分

对象	基础素养	技能、态度和价值观	关键概念	变革能力和能力发展	复合能力
初中地球科学课程	2.27	2.22	2.58	2.31	1.83
高中地球科学课程	2.27	2.11	2.50	2.11	1.67

具体而言，28项能力素养要素中，在初中学段赋分均值较高的是读写能力、批判性思维、学生主体、行动、可持续发展素养，都在3分及以上，其余能力素养要素的赋分均值则均小于3分；在高中学段赋分均值较高的是读写能力、合作／协作、批判性思维、学生主体、行动、可持续发展素养，都在3分及以上，其余能力素养要素的赋分均值则均小于3分。

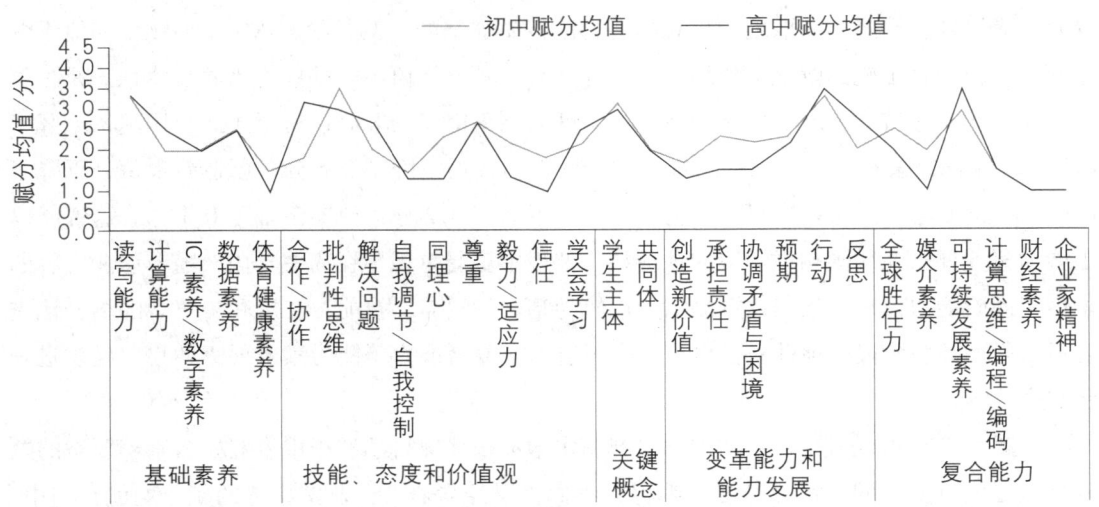

图 8-2　我国初中、高中地球科学课程的 28 项能力素养要素的赋分均值对比

从图 8-2 可以看出，从初中学段到高中学段，地球科学课程中有些能力素养要素的赋分均值有所提高。其中赋分均值提高最多的是合作／协作，提高了 1.4 分。该能力素养要素与高中地理课程倡导的"引导学生通过自主、合作、探究等学习方式"的课程理念相符合，说明高中阶段更加注重小组学习合作，这种方式可以促进学生间的沟通交流，利于高中生发挥自己的优势和潜能，同时学会合作也是学生未来步入社会的必备技能之一。其次是解决问题与反思，这两者均提高了 0.7 分。这两项能力素养要素赋分均值的提高与高中地理情境的增多、难度的加大有关。由于高中与初中的学业质量要求不同，其知识难度、学习要求也存在着一定的差异。高中地理的学业质量分为四级，从简单、熟悉的地理事象到给定的简单地理事象，再到给定的复杂地理事象，最后到现实中的地理事象，情境难度逐步提高，这也就需要逐渐增强问题解决能力。而反思能力也是必不可少的，可为下一次的问题解决打下基础。再次是计算能力和可持续发展素养，均提高了 0.5 分。计算能力赋分均值的提高与高中地理知识的增多、难度的加大有关，尤其是地球科学部分，更需要学生利用计算来获得一些有效的地理信息。例如，对于地球运动的要求，从初中阶段的"用简单的方法演示地球自转和公转，用地理现象说明地球的自转和公转"，到高中阶段的"结合实例，说明地球运动的地理意义"，增加了对地方时、太阳高度角等的计算，知识的难度也有所提高。可持续发展素养也是如此，随着学生年龄的增加，其心智、认知逐渐成熟，对于地理学科最本质的人地关系的认识会逐步加深。最后是学会学习和行动，二者分别提高了 0.3 分和 0.2 分。在高中阶段的地理学习中，学生需要获取更多的知识与技能，而学会如何学习并运用已获取的知识、技能来行动的能力也是相当重要的，这也反映了高中地理课程注重对学生地理实践力的培养。

从图 8-2 还可以看出，从初中学段到高中学段，地球科学课程中有些能力素养要素的赋分均值有所下降。其中赋分均值下降最多的是同理心和媒介素养，二者均下降了 1.0 分，这是值得反思的。以媒介素养为例，随着学生受教育程度的提高和生活经历的丰富，学生借助媒介工具判断、选择、获取地理信息的能力应该是加强的，但是除了NSE1的赋分均值不变之外，其他内容主题的赋分均值均有所下降。其余赋分均值下降的能力素养要素依次是：毅力／适应力，下降了0.9分；承担责任、信任，均下降了0.8分；协调矛盾与困境，下降了0.7分；体育健康素养、批判性思维与全球胜任力，均下降了0.5分；创造新价值，下降了0.4分；自我调节／自我控制、学生主体，均下降了0.2分；预期下降了0.1分。这说明以上能力素养要素在我国初中学段的地球科学课程中更受重视。在高中学段，随着课业内容的增多，高阶能力、素养培养比重的加大，较为基础的素养、技能、态度和价值观的培养比重有所下降。高中阶段的地球科学课程，变革能力、复合能力等能力素养要素的培养建议进一步加强。

从图8-2还可以看出，从初中学段到高中学段，地球科学课程中有些能力素养要素的赋分均值是没有变化的，计算思维／编程／编码、财经素养、企业家精神的赋分均值在初中、高中阶段均低于2分，说明这3项能力素养要素在初中、高中阶段均不被重视，且没有进阶；共同体、尊重、ICT素养／数字素养、数据素养均在2～3分，说明这几项能力素养要素在初中、高中阶段均有所培养，但是在高中阶段的重视程度还可以有所提升；读写能力在初中、高中阶段均为3.3分，说明该项能力素养要素在初中、高中阶段都是十分受重视的。

三、我国初中、高中人文地理课程与地球科学课程分值对比及小结

在初中阶段，5大类能力素养在地理课程中均有所体现。其中，地球科学部分偏重于对关键概念、变革能力和能力发展的培养，而人文地理部分偏重于对基础素养、关键概念的培养。在高中阶段，5大类能力素养在地理课程中也均有所体现。其中，地球科学部分偏重于对关键概念、基础素养的培养，而人文地理部分偏重于对基础素养、变革能力和能力发展的培养。

具体而言，28项能力素养要素中，地球科学部分仅有7项赋分均值体现了学段进阶，有13项赋分均值有所下降，有8项赋分均值没有变化；人文地理部分仅有9项赋分均值体现了学段进阶，有14项赋分均值有所下降，有5项赋分均值没有变化。总体来看，从初中到高中阶段，大部分能力素养要素的培养没有体现出学段进阶，可将这些能力素养要素进一步分为三大类。

第一类：学段进阶体现得不明显但是赋分均值较高的能力素养要素，如读写能力、行动、尊重、批判性思维等。这类能力素养要素大多是较为基础的素养、技能或态度，虽然没有体现出显著的学段进阶，但是赋分均值较高，属于重点培养的能力。这类能力是需要学生在地理课程中不断学习和积累的。

第二类：学段进阶体现得不明显并且赋分均值较低的能力素养要素，如自我调节／自我控制、同理心、毅力／适应力、信任、创造新价值、协调矛盾与困境等。这类能力素养要素大多属于学生学习生活中所需具备的技能、态度和价值观以及变革能力和能力发展素养，虽然在高中阶段的赋分均值有所下降，且也不是地理学科重点培育的能力，但是依然十分重要。这些品质和能力适合在地理实践或实习中培养。地理实践力作为地理学科四大核心素养之一，有助于提升学生的行动意识和行动能力，有助于学生更好地在真实情境中观察和感悟地理环

境及其与人类活动的关系，增强学生的社会责任感等。

第三类：学段进阶体现得不明显并且赋分均值很低的能力素养要素，如计算思维／编程／编码、财经素养、企业家精神等。这类能力素养要素大多属于复合能力，在初中、高中地理课程中的培养非常欠缺。虽然 28 项能力素养要素在地理课程中均有所体现，但是某些能力素养要素确实与地理学科的关联性不强，需要通过其他学科来进行重点培养。针对这类能力素养要素，建议重视新兴跨学科内容主题的学习，通过跨学科的学习进行培养。例如，美国的初中世界地理聚焦经济学，将地理知识与每个国家的经济发展状况、比较优势等结合起来，从而加强了对学生财经素养的培养。OECD 指出，在理解和解决复杂问题时，跨学科知识变得越来越重要，因此学校课程应注重跨学科知识的学习。地理学科本身就具有综合性，因此地理学科的课程建设可以进一步增强与其他学科之间的交叉性。建议在设置地理课程内容时，充分考虑对应学段其他学科课程，形成可以用于跨学科整合的知识主题和具有可操作性的具体方案，以加强跨学科素养的培养。

第三节 我国初中、高中地理课程能力框架与内容体系的分值相关性分析

本节基于 OECD 提出的 28 项能力素养要素和 6 大内容主题，采用 Pearson 相关分析方法，来研究其赋分均值在我国初中与高中地理课程中是否存在相关性。

表 8–5 我国初中、高中人文地理课程 28 项能力素养要素赋分均值的 Pearson 相关分析结果

能力素养	能力素养要素	相关系数 r
基础素养	读写能力	0.00
	计算能力	−0.29
	ICT 素养／数字素养	0.22
	数据素养	0.00
	体育健康素养	0.14
技能、态度和价值观	合作／协作	0.79
	批判性思维	−0.27
	解决问题	0.50
	自我调节／自我控制	0.00
	同理心	0.77

续表

能力素养	能力素养要素	相关系数 r
技能、态度和价值观	尊重	0.61
	毅力／适应力	0.11
	信任	0.00
	学会学习	−0.43
关键概念	学生主体	−0.10
	共同体	0.43
变革能力和能力发展	创造新价值	0.11
	承担责任	0.76
	协调矛盾与困境	−0.30
	预期	−0.19
	行动	0.67
	反思	0.91
复合能力	全球胜任力	0.37
	媒介素养	0.90
	可持续发展素养	0.80
	计算思维／编程／编码	−0.20
	财经素养	0.00
	企业家精神	0.00

表 8–6　我国初中、高中人文地理课程 6 大内容主题赋分均值的 Pearson 相关分析结果

内容主题	相关系数 r
HGE1	0.65
HGE2	0.63
HGE3	0.58
HGE4	0.38
HGE5	0.40
HGE6	0.47

第三节 我国初中、高中地理课程能力框架与内容体系的分值相关性分析

表8-7 我国初中、高中地球科学课程28项能力素养要素赋分均值的Pearson相关分析结果

能力素养	能力素养要素	相关系数 r
基础素养	读写能力	-0.11
	计算能力	0.26
	ICT素养/数字素养	0.75
	数据素养	0.29
	体育健康素养	0.00
技能、态度和价值观	合作/协作	-0.35
	批判性思维	0.46
	解决问题	0.00
	自我调节/自我控制	0.45
	同理心	-0.16
	尊重	0.54
	毅力/适应力	-0.58
	信任	0.00
	学会学习	0.60
关键概念	学生主体	-0.19
	共同体	0.00
变革能力和能力发展	创造新价值	-0.40
	承担责任	-0.20
	协调矛盾与困境	-0.08
	预期	0.19
	行动	0.80
	反思	0.00
复合能力	全球胜任力	0.00
	媒介素养	0.00
	可持续发展素养	0.55
	计算思维/编程/编码	0.88
	财经素养	0.00
	企业家精神	0.00

表 8-8　我国初中、高中地球科学课程 6 大内容主题赋分均值的 Pearson 相关分析结果

内容主题	相关系数 r
NSE1	0.75
NSE2	0.44
NSE3	0.48
NSE4	0.48
NSE5	0.25
NSE6	0.65

在 Pearson 相关分析中，对于相关系数 r，一般认为：$|r| \geqslant 0.7$，说明两个变量的关系非常紧密；$0.4 \leqslant |r| < 0.7$，说明两个变量中度相关；$|r| < 0.4$，说明两个变量低度相关。$r > 0$ 说明两个变量正相关，$r < 0$ 则说明两个变量负相关。

从表 8-5、表 8-6、表 8-7、表 8-8 可以看出，无论是人文地理部分还是地球科学部分，初中、高中阶段赋分均值的相关性都不是特别高，且有部分能力素养要素出现了负相关的情况。可将上述结果进一步分为四种情况进行分析。

①有一些能力素养要素的相关系数较高（$r \geqslant 0.7$）：人文地理部分有 6 项，分别是可持续发展素养、媒介素养、反思、承担责任、合作／协作、同理心；地球科学部分有 3 项，分别是计算思维／编程／编码、行动、ICT 素养／数字素养。这说明初中、高中地理课程对这些能力素养要素的重视程度较为一致，即如果初中阶段的赋分均值较低，高中阶段的赋分均值也较低，反之亦然。在这种情况下，可能会出现某种能力素养要素在初中、高中地理课程和教学中都不太受重视，或都十分受重视的现象。建议结合这些能力素养要素的赋分均值，分析其在初中、高中阶段的受重视程度，进而提出有针对性的培养策略。

②有一些能力素养要素的相关系数居中（$0.4 \leqslant r < 0.7$）：人文地理部分有 4 项，地球科学部分有 5 项，反映出这些能力素养要素在初中、高中阶段的重视程度相关性比较一般。

③较多能力素养要素的相关系数较低（$0 \leqslant r < 0.4$）：人文地理部分有 11 项，地球科学部分有 12 项。这说明初中和高中地理课程对这些能力素养要素的重视程度相关性不大。某种能力素养要素可能在高中阶段被着重培养，而在初中阶段不受重视，也有可能是相反的情况——在初中阶段被着重培养的某种能力素养要素到高中阶段反而被忽视。这反映了初中、高中地理课程或教学对能力培养的差异性。前者可以用能力培养的学段进阶来解释：有些能力素养要素对于初中学生来讲可能难度较大，因此在高中阶段进行重点培养。后者则对学生的发展是十分不利的，说明在初中地理课程中重点培养的部分能力到了高中没有得到进一步的发展，这样的培养模式在一定程度上不利于学生能力素养要素的可持续发展。此外，OECD 提出的 28 项能力素养要素对于初中与高中学段均是适用的，因此不建议在某个学习阶段过分

忽略对某种能力的培养，这样将不利于学生未来的发展。

④部分能力素养要素的相关系数为负数（$r<0$）：人文地理部分有 7 项，地球科学部分有 8 项。这说明初中和高中地理课程对这些能力素养要素的重视程度呈负相关，即某种能力素养要素在初中阶段的受重视程度越高，在高中阶段的受重视程度就越低，反之亦然。初中与高中地理课程的培养方向应是一致的，而不是背道而驰的，因此这种现象的出现值得我们对初中、高中地理课程和教学重点以及能力培养方向进行反思。

综上，初中、高中能力素养要素受重视程度的相关性总体一般，大部分能力素养要素受重视程度的相关性较低，甚至还有部分相关系数为负数，这些值得我们高度关注、认真研究。

第九章

研究结论与思考

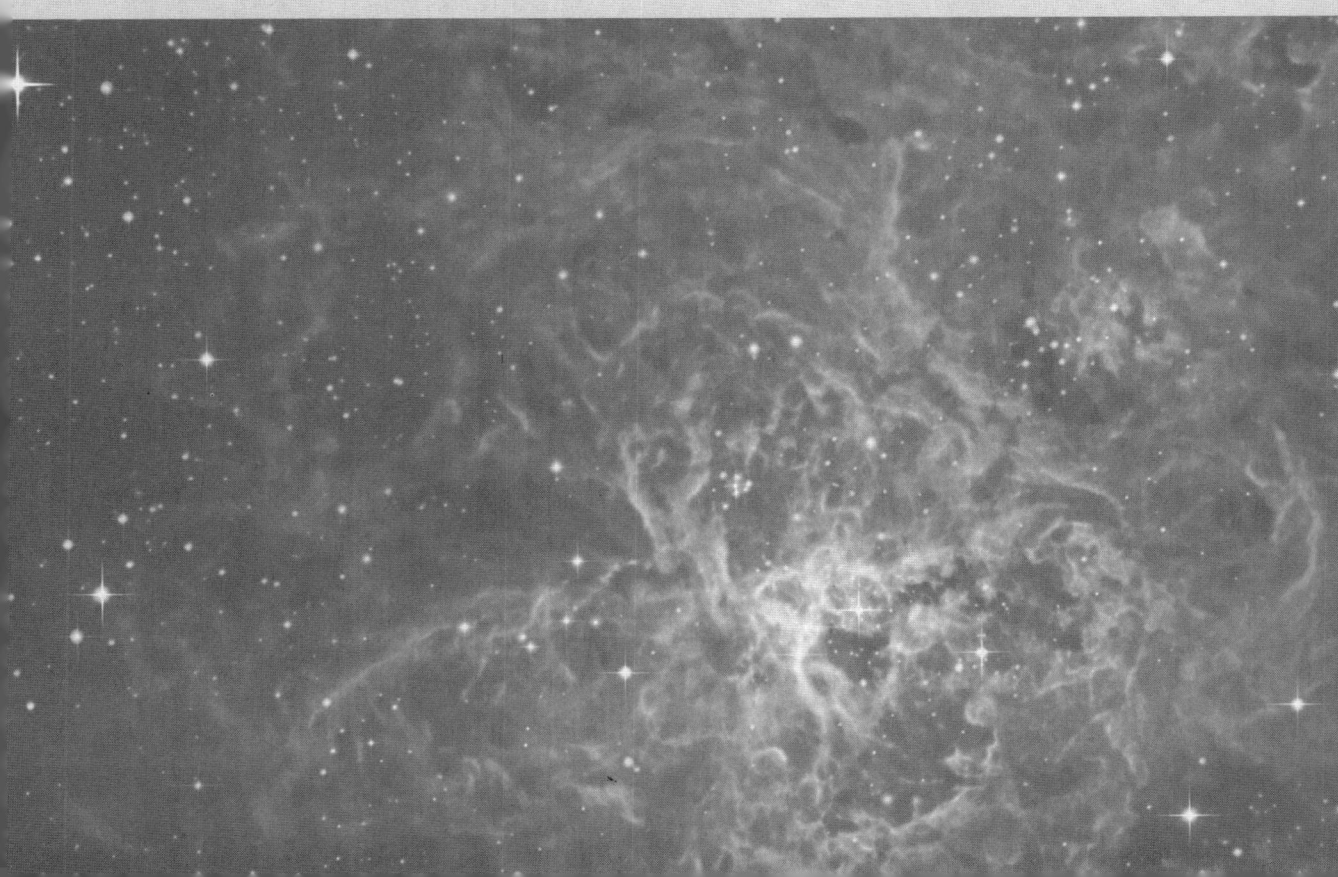

第一节　我国中学地理课程的特色

基于 OECD 课程内容图谱项目开展的我国地理内容领域与能力框架研究，总结了我国初中、高中地理课程的特色。

1. 在课程目标方面，落实立德树人的根本任务，强调培养学生的学科能力和学科素养，注重爱国主义教育和可持续发展教育。

初中地理课程非常重视培养学生的可持续发展素养和环境保护意识，强调尊重自然与人地和谐，突出中国的国情教育，强调爱国主义教育与全球意识培养。上述素养在义务教育地理课程标准、课程标准解读、教科书、教学指导用书中都得到了突出强调，并且在知识、技能、价值观三个方面都得到了贯彻落实。

高中地理课程非常重视与全球公民意识和可持续发展教育有关的概念，包括环境可持续性，以及促进国际理解、合作与和平的教育。在 2019 年启动的课程改革中，我国强调的人类命运共同体等理念体现在了地理课程中。我国更倾向于通过地理课程培养学生的全球公民意识、社会责任感、可持续发展意识等素养。

2. 在课程基本理念方面，我国初中、高中地理课程与 OECD 课程改革的方向基本一致，坚持以人为本，积极发展素质教育，强调面向未来的学科核心素养。

初中地理课程提出"学习对生活有用的地理""学习对终身发展有用的地理""构建开放的地理课程"。高中地理课程提出"培养学生必备的地理学科核心素养""构建以地理学科核心素养为主导的地理课程""创新培育地理学科核心素养的学习方式""建立基于地理学科核心素养发展的学习评价体系"。

3. 在学科能力方面，初中地理课程的目标之一是让学生"获得基本的地理技能和方法"，并要求在培养"双基"（地理基础知识和基本技能）方面落实到位，如地图技能等，这是 OECD 能力素养框架中没有提到的。高中地理课程以培养学生四个核心素养为目标，这些核心素养同时也是学生需要掌握的关键能力。

我国初中、高中地理课程的学科能力既有分工，又有进阶，形成了比较完整的体系，与 OECD 课程内容图谱的能力框架具有一定的一致性。

4. 在课程内容方面，我国初中、高中地理课程具有结构性和层次性，与 OECD 课程内容图谱的内容框架具有一定的一致性。

我国的地理课程从内容结构上来看，初中为区域地理，高中为系统地理。初中地理课程内容包括地球与地图、中国地理、世界地理、乡土地理四个部分，并且重视区域尺度的划分，区域尺度涉及乡土、国家与地区、大洲、全球。高中地理课程内容包括必修、选择性必修和选修三类课程，其中必修课程有两个模块，分别为地理 1 和地理 2；选择性必修课程有三个模块，分别为自然地理基础、区域发展、资源、环境与国家安全；选修课程有九个模块，分别为天文学基础、海洋地理、自然灾害与防治、环境保护、旅游地理、城乡规划、政治地理、地理信息技术应用、地理野外实习。

综上所述，我国的初中地理课程注重引导学生从地理的视角认识和欣赏我们所生存的这个世界，提升学生对地理环境的理解力和适应力；引导学生形成正确的情感、态度、价值观和良好的行为习惯，培养学生初步应对人口、资源、环境与发展问题的能力。这将有助于为国家乃至全球的环境保护和可持续发展培养活跃的、有责任感的公民。我国的高中地理课程注重对于学生四大核心素养的培养，其中特别强调对于学生"地理实践力"的培养，这是一个明显的导向，也是一个长足的进步。

第二节 我国中学地理课程能力素养与内容主题的诊断与启示

一、我国初中人文地理课程

整体而言，我国初中人文地理课程与OECD"人文地理（HGE）"部分的能力框架和内容体系的对应情况一般。从分值角度看，有44%的象限点的分值为2分，说明大部分能力素养要素在较低层级的课程文件中有所体现，存在一定的教学可能性；从频次角度看，有45%的频次是0次和1次，说明我国初中人文地理课程对部分能力素养要素不够重视。

在OECD提出的5大类能力素养中，关键概念、基础素养这2类在我国初中人文地理课程中的赋分均值较高，基础素养在我国初中人文地理课程中出现的总频次最高。具体而言，5大类能力素养的28项能力素养要素中，赋分均值较高的是读写能力、批判性思维、可持续发展素养、行动、尊重、全球胜任力，均在3分及以上；总频次最高的是读写能力，在各个地理课程文件中出现了80次以上，批判性思维、可持续发展素养、尊重、行动的总频次也比较高，均出现了30次以上。

我国初中人文地理课程各能力素养要素的赋分均值和总频次呈显著正相关，其中赋分均值和总频次均占据优势的能力素养要素是读写能力、批判性思维。读写能力被定义为理解、使用、构建书面、口头、视觉文本的能力。我国的地理课程重视培养学生的读图、读文、书面表达、口头表达、查阅与搜集资料等能力。批判性思维被定义为对观点和解决方案进行质疑和评估的思维能力。我国的地理课程重视培养学生的批判性思维，要求学生辩证地思考人与自然的关系、开发与保护的关系、聚集与分散的关系、自然要素之间的关系、人文要素之间的关系，之后进行正确的分析、推理和评估。

赋分均值和总频次均占据劣势的能力素养要素是财经素养、企业家精神、计算思维／编程／编码、自我调节／自我控制、体育健康素养、预期、承担责任、创造新价值、毅力／适应力，说明我国初中人文地理课程对计算机技术，延迟满足、控制冲动和调节情绪表达的能力，健身和运动，预测未来，创造力，坚持、克服困难的能力，责任感，财务决策能力以及企业家创业的能力等方面，均重视不够，需要引起注意。

综合我国初中人文地理课程各内容主题的赋分均值和总频次，可以得出以下结论。

（1）HGE4 的赋分均值和总频次都最高，说明"了解地理学家的工作，学会像地理学家一样思考；理解地理与现实生活之间的联系，以及地理对现实世界的贡献（认知知识）"的内容主题与我国初中人文地理课程对应情况良好，教学的可能性较大，并且得到了充分的重视。

（2）HGE3 的赋分均值较高、总频次较低，说明"与全球公民意识和可持续发展教育有关的概念，包括环境可持续性；促进国际理解、合作与和平的教育；有关人权和基本自由的教育"的内容主题与我国初中人文地理课程对应情况良好，教学的可能性较大，但是受重视程度不够。

（3）HGE1 的赋分均值较低、总频次较高，说明"地球，地貌；气候类型；自然环境对区域的影响"的内容主题与我国初中人文地理课程对应情况不佳，教学的可能性较小，但是比较受重视。

（4）HGE2、HGE5 和 HGE6 这三个内容主题均与我国初中人文地理课程对应情况不佳，教学的可能性不大，也不太受重视。综合而言，需要今后引起重视的内容如下：一是"人类活动对区域的影响；文化差异；世界社会、经济、文化多样性；人类聚居模式"；二是"分析信息；搜集资料（包括书面及口头资料）；识别并运用不同的观点；观察并描述；根据材料推导结论；交流调查结果（如根据搜集到的数据撰写调查报告）"；三是"地理中的道德和伦理问题（如环境保护）"。

二、我国初中地球科学课程

整体而言，我国初中地球科学课程与 OECD "地球科学（NSE）"部分的能力框架和内容体系的对应情况一般。从分值角度看，有超过一半的象限点分值为 2 分，说明大部分能力素养要素在较低层级的课程文件中有所体现，存在一定的教学可能性；从频次角度看，有 42% 的频次是 0 次和 1 次，说明我国初中地球科学课程对部分能力素养要素不够重视。

在 OECD 提出的 5 大类能力素养中，关键概念、变革能力和能力发展这两类在我国初中地球科学课程中的赋分均值较高，基础素养在我国初中地球科学课程中出现的总频次最高。具体而言，5 大类能力素养的 28 项能力素养要素中，赋分均值较高的是读写能力、批判性思维、学生主体、行动和可持续发展素养，均在 3 分及以上；总频次最高的是读写能力，在各个地理课程文件中出现了 45 次，批判性思维、行动、可持续发展素养的总频次也比较高，均出现了 20 次以上。

我国初中地球科学课程各能力素养要素的赋分均值和总频次呈显著正相关，其中赋分均值和总频次均占据优势的能力素养要素是读写能力、行动和批判性思维。说明我国初中地球科学课程重视培养学生的读图、读文、书面表达、口头表达、查阅与搜集资料等能力，重视培养学生运用所获得的技能来行动的能力，重视培养学生对观点和解决方案进行质疑和评估的思维能力。

赋分均值和总频次均占据劣势的能力素养要素是计算思维／编程／编码、自我调节／自我控制、体育健康素养、创造新价值、财经素养、企业家精神，说明我国初中地球科学课程对计算机技术、延迟满足、控制冲动和调节情绪表达的能力，健身和运动，开发创造的能力，财务决策能力以及企业家创业的能力等方面，均有较大程度的忽视。

综合我国初中地球科学课程各内容主题的赋分均值和总频次，可以得出以下结论。

(1) NSE2 的赋分均值和总频次都最高，说明"在地球／空间／天文科学中使用科学的方法开展实践活动：提出科学问题并制订解决方案；调查问题的原因，提出假设并检验假设；解释调查数据，陈述调查结果"的内容主题与我国初中地球科学课程对应情况良好，教学的可能性较大，并且得到了充分的重视。

(2) NSE5 的赋分均值和总频次也均较高，说明"地球／空间／天文科学中的道德和伦理问题"的内容主题与我国初中地球科学课程对应情况良好，教学的可能性较大，也比较受重视。

(3) NSE1 的赋分均值较低、总频次较高，说明"宇宙；可持续性；水系统；热量；地质材料；影响某地水质的因素；人类活动和技术对水资源的影响；地球的形成"的内容主题与我国初中地球科学课程对应情况不佳，教学的可能性较小，但是比较受重视。

(4) NSE6 的赋分均值和总频次都最低，说明"有关全球公民意识和可持续发展教育的概念，包括环境可持续性；促进国际理解、合作与和平的教育；有关人权和基本自由的教育"的内容主题与我国初中地球科学课程对应情况不佳，教学的可能性不大，也不太受重视。

三、我国初中地理课程（人文地理与地球科学）整体分析

将我国初中人文地理部分和地球科学部分的各项能力素养要素的得分均值作为我国初中地理课程的整体得分，绘制出我国初中地理课程中各能力素养要素整体得分等级金字塔（图9-1）。该金字塔最底层的能力素养要素的整体得分偏低（2分以下），表示这些能力素养要素与我国初中地理课程的对应情况不佳，教学的可能性较小；中间层的能力素养要素的整体得分居中（2分及以上、3分以下），表示这些能力素养要素与我国初中地理课程的对应情况一般，教学的可能性一般；最上层的能力素养要素的整体得分较高（3分及以上），表示这些能力素养要素与我国初中地理课程对应明确，教学的可能性大。

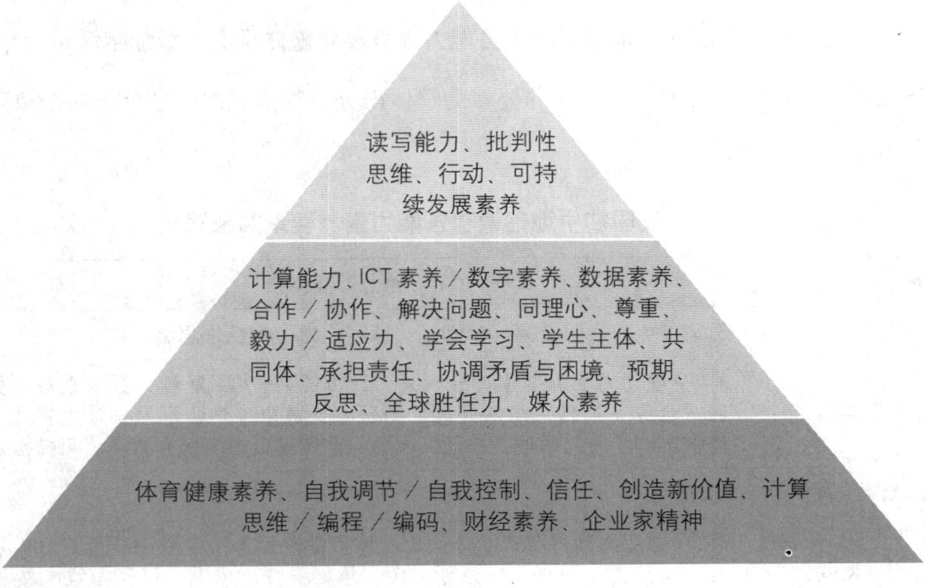

图 9-1　我国初中地理课程中各能力素养要素整体得分等级金字塔

将我国初中人文地理部分和地球科学部分的各项能力素养要素的总频次的平均值作为我国初中地理课程的整体频次，绘制出我国初中地理课程中各能力素养要素整体频次等级金字塔（图9-2）。该金字塔最底层的能力素养要素整体频次偏低（10次以下），表示这些能力素养要素在我国初中地理课程中强调较少，不受重视；中间层的能力素养要素整体频次居中（10次及以上，30次以下），表示这些能力素养要素在我国初中地理课程中有所强调，受重视程度一般；最上层的能力素养要素整体频次较高（30次及以上），表示这些能力素养要素在我国初中地理课程中强调较多，比较受重视。对比图9-1与图9-2，可以看出整体得分与整体频次是高度相关的。

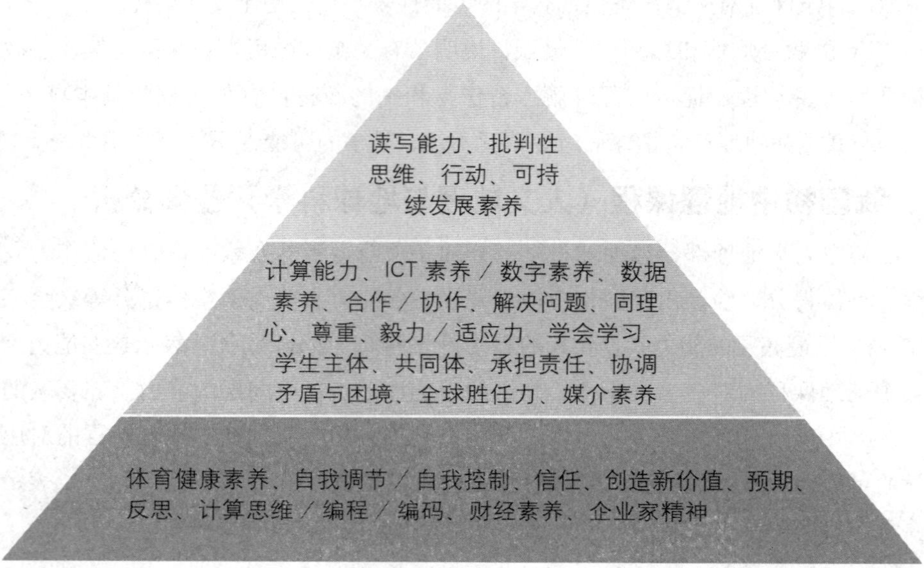

读写能力、批判性思维、行动、可持续发展素养

计算能力、ICT素养／数字素养、数据素养、合作／协作、解决问题、同理心、尊重、毅力／适应力、学会学习、学生主体、共同体、承担责任、协调矛盾与困境、全球胜任力、媒介素养

体育健康素养、自我调节／自我控制、信任、创造新价值、预期、反思、计算思维／编程／编码、财经素养、企业家精神

图 9-2　我国初中地理课程中各能力素养要素整体频次等级金字塔

参照我国初中地理课程整体能力素养要素的整体得分、整体频次，划分出四个象限区域，如表9-1所示。

表 9-1　我国初中地理课程各能力素养要素四象限表

象限区域	能力素养要素
地位高且强调多	有2项能力素养要素，分别是：读写能力、批判性思维
地位高但强调少	有16项能力素养要素，分别是：计算能力、ICT素养／数字素养、数据素养、合作／协作、解决问题、同理心、尊重、学会学习、学生主体、共同体、协调矛盾与困境、行动、反思、全球胜任力、媒介素养、可持续发展
地位低但强调多	无
地位低且强调少	有10项能力素养要素，分别是：体育健康素养、自我调节／自我控制、毅力／适应力、信任、创造新价值、承担责任、预期、计算思维／编程／编码、财经素养、企业家精神

我国初中地理课程最为重视培养的是读写能力、批判性思维。其中读写能力的总频次和赋分均值都最高。

我国初中地理课程中没有得到重视的能力素养要素多达10项，这些能力素养要素在我国初中地理课程文件中出现得少，有些甚至没出现过，值得我们关注，并认真思考研究。这些能力素养要素多数是未来初中地理课程需要培养的，一定要引起充分的重视。

四、我国高中人文地理课程

整体而言，我国高中人文地理课程与OECD"人文地理（HGE）"部分的能力框架和内容体系的对应情况一般。从分值角度看，有一半以上的象限点的分值为1分，说明大部分能力素养要素在课程文件中体现少，教学可能性较小；从频次角度看，有一半以上的象限点的频次为0次，所有象限点的频次均未超过6次，频次总体偏低，说明我国高中人文地理课程对这些能力素养要素重视程度不够。

在OECD提出的5大类能力素养中，关键概念、变革能力和能力发展这2类在我国高中人文地理课程中的赋分均值较高，基础素养和复合能力的总频次较高。具体而言，5大类能力素养的28项能力素养要素中，赋分均值较高的是读写能力、数据素养、批判性思维、解决问题、尊重、行动、全球胜任力、可持续发展素养，均在3分及以上；总频次最高的是读写能力，在各个地理课程文件中出现了27次，全球胜任力、可持续发展素养、行动的总频次也比较高，均出现了20次以上。

我国高中人文地理课程各能力素养要素的赋分均值和总频次呈显著正相关，其中赋分均值和总频次均占据优势的能力素养要素是读写能力、数据素养、解决问题、行动、全球胜任力、可持续发展素养，说明我国高中人文地理课程比较重视培养学生的上述能力素养要素。

赋分均值和总频次均占据劣势的能力素养要素是计算能力、ICT素养/数字素养、体育健康素养、合作/协作、自我调节/自我控制、同理心、毅力/适应力、信任、学会学习、学生主体、共同体、创造新价值、预期、媒介素养、计算思维/编程/编码、财经素养、企业家精神，说明我国高中人文地理课程对于上述能力素养要素均较为忽视，值得关注。

综合我国高中人文地理课程各内容主题的赋分均值和总频次，可以得出以下结论。

(1) HGE3、HGE4、HGE1的赋分均值和总频次都较高，说明这3个内容主题与我国高中人文地理课程对应情况良好，教学的可能性较大，并且得到了充分的重视。这3个内容主题为：HGE3的内容主题是"与全球公民意识和可持续发展有关的概念，包括环境可持续性；促进国际理解、合作与和平的教育，有关人权和基本自由的教育"。HGE4的内容主题是"了解地理学家的工作，学会像地理学家一样思考；理解地理与现实生活之间的联系，以及地理对现实世界的贡献（认知知识）"。HGE1的内容主题是"地球，地貌；气候类型；自然环境对区域的影响"。

(2) HGE2、HGE5的赋分均值和总频次都较低，说明这2个内容主题与我国高中人文地理课程对应情况不佳，教学的可能性不大，也不太受重视。HGE2 的内容主题是"人类活动对区域的影响；文化差异；世界社会、经济和文化多样性；人类聚居模式"。HGE5 的内容主题是"分析信息；搜集资料（包括书面及口头资料）；识别并运用不同的观点；观察并描述；根据材料推导结论；交流调查结果（如根据搜集到的数据撰写调查报告）"。其重要性不言自明，需要现在与未来的高中地理课程给予重视。

五、我国高中地球科学课程

整体而言，我国高中地球科学课程与 OECD "地球科学（NSE）"部分的能力框架和内容体系的对应情况较差。从分值角度看，有超过一半的象限点的分值为 1 分，说明大部分能力素养要素在课程文件中体现少，教学可能性较小；从频次角度看，频次为 0 次的象限点占比最多，占 57%，频次最高的象限点出现了 6 次，频次总体较低，说明我国高中地球科学课程对这些能力素养要素重视程度不够。

在 OECD 提出的 5 大类能力素养中，基础素养，技能、态度和价值观，变革能力和能力发展这三类在我国高中地球科学课程中的赋分均值较高，基础素养在我国高中地球科学课程中出现的总频次最高。具体而言，5 大类能力素养的 28 项能力素养要素中，赋分均值较高的是读写能力、合作／协作、批判性思维、学生主体、行动、可持续发展素养，均在 3 分及以上；总频次最高的是读写能力、解决问题、行动，均在各个地理课程文件中出现了 18 次，合作／协作、学生主体、可持续发展素养的总频次次之，均出现了 16 次。

我国高中地球科学课程各能力素养要素的赋分均值和总频次呈显著正相关，其中赋分均值和总频次均占据优势的能力素养要素是读写能力、计算能力、数据素养、合作／协作、批判性思维、解决问题、尊重、学会学习、学生主体、行动、反思、可持续发展素养，这些与近年来我国课程改革强调的理念不谋而合；赋分均值和总频次均占据劣势的能力素养要素是体育健康素养、自我调节／自我控制、同理心、毅力／适应力、信任、共同体、创造新价值、承担责任、协调矛盾与困境、全球胜任力、媒介素养、计算思维／编程／编码、财经素养、企业家精神，说明我国高中地球科学课程对于上述能力素养要素均较为忽视，值得关注。

综合我国高中地球科学课程各内容主题的赋分均值和总频次，可以得出以下结论。

(1) NSE3、NSE6 的赋分均值和总频次都较高，说明这 2 个内容主题与我国高中地球科学课程对应情况良好，教学的可能性较大，并且得到了充分的重视。NSE3 的内容主题是"计划、进行安全和严格的地球／空间／天文科学的调查活动"。NSE6 的内容主题是"有关全球公民身份和可持续发展教育的概念，包括环境可持续性；促进国际理解、合作与和平的教育；有关人权和基本自由的教育"。

(2) NSE2、NSE5 的赋分均值和总频次都较低，说明这 2 个内容主题与我国高中地球科学课程对应情况不佳，教学的可能性不大，也不太受重视。NSE2 的内容主题是"在地球／空间／天文科学中使用科学的方法开展实践活动：提出科学问题并制订解决方案；调查问题的原因，提出假设并验证假设；解释调查数据，陈述调查结果"；NSE5 的内容主题是"地球／空间／天文科学中的道德和伦理问题"。NSE2 和 NSE5 主要涉及科学研究方法与科学中的道德伦理问题，其重要性不言自明，需要高中地理课程给予重视。另外，这 2 个内容主题在我国高中地球科学课程与初中地球科学课程中的赋分均值与总频次情况基本相反，这一点也值得研究关注。

六、我国高中地理课程（人文地理与地球科学）整体分析

将我国高中人文地理部分和地球科学部分的各项能力素养要素的得分均值作为我国高中地理课程的整体得分，绘制出我国高中地理课程中各能力素养要素整体得分等级金字塔（图 9-3）。该金字塔最底层的能力素养要素的整体得分偏低（2 分以下），表示这些能力素养要素与我国高中地理课程的对应情况不佳，教学的可能性较小；中间层的能力素养要素的整体得分居中（2 分及以上、3 分以下），表示这些能力素养要素与我国高中地理课程的对应情况一般，教学的可能性一般；最上层的能力素养要素的整体得分较高（3 分及以上），表示这些能力素养要素与我国高中地理课程对应明确，教学的可能性大。

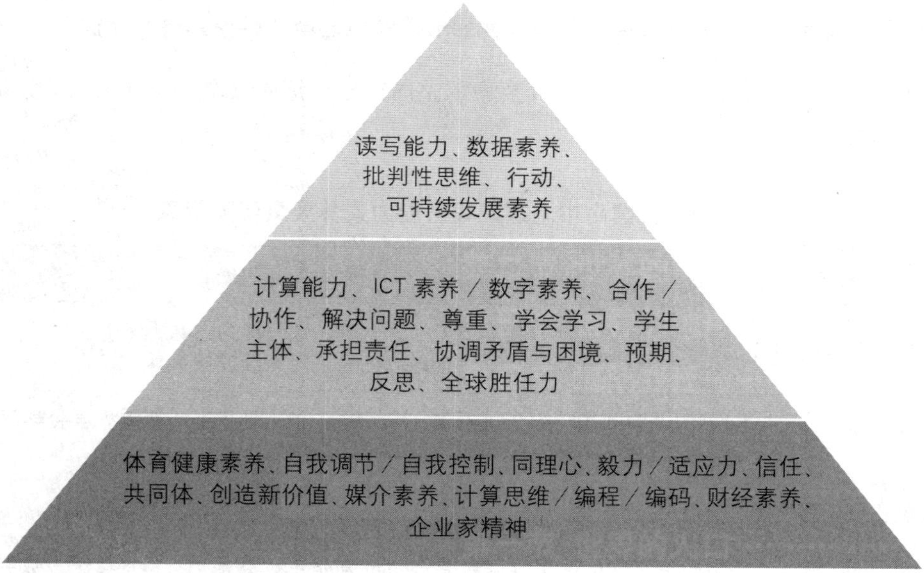

图 9-3　我国高中地理课程中各能力素养要素整体得分等级金字塔

将我国高中人文地理部分和地球科学部分的各项能力素养要素的总频次的平均值作为我国高中地理课程的整体频次，绘制出我国高中地理课程中各能力素养要素整体频次等级金字塔（图 9-4）。该金字塔最底层的能力素养要素的整体频次偏低（10 次以下），表示这些能力素养要素在我国高中地理课程中强调较少，不受重视；中间层的能力素养要素的整体频次居中（10 次及以上、20 次以下），表示这些能力素养要素在我国高中地理课程中有所强调，受重视程度一般；最上层的能力素养要素的整体频次较高（20 次及以上），表示这些能力素养要素在我国高中地理课程中强调较多，比较受重视。对比图 9-3 与图 9-4，可以看出整体得分与整体频次是高度相关的。

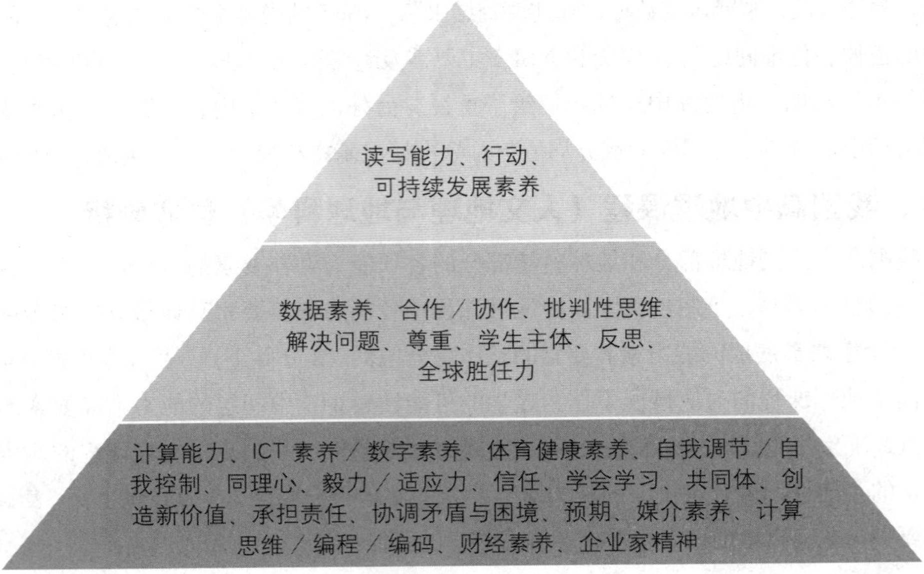

```
                    读写能力、行动、
                    可持续发展素养

              数据素养、合作／协作、批判性思维、
              解决问题、尊重、学生主体、反思、
                      全球胜任力

         计算能力、ICT 素养／数字素养、体育健康素养、自我调节／自
         我控制、同理心、毅力／适应力、信任、学会学习、共同体、创
         造新价值、承担责任、协调矛盾与困境、预期、媒介素养、计算
         思维／编程／编码、财经素养、企业家精神
```

图 9-4　我国高中地理课程中各能力素养要素整体频次等级金字塔

根据我国高中地理课程整体能力素养要素的整体得分与整体频次，划分出四个象限区域，如表 9-2 所示。

表 9-2　我国高中地理课程各能力素养要素四象限表

象限区域	能力素养要素
地位高且强调多	有 7 项能力素养要素，分别是：读写能力、数据素养、合作／协作、解决问题、行动、全球胜任力、可持续发展素养
地位高但强调少	有 5 项能力素养要素，分别是：批判性思维、尊重、学会学习、学生主体、反思
地位低但强调多	无
地位低且强调少	有 16 项能力素养要素，分别是：计算能力、ICT 素养／数字素养、体育健康素养、自我调节／自我控制、同理心、毅力／适应力、信任、共同体、创造新价值、承担责任、协调矛盾与困境、预期、媒介素养、计算思维／编程／编码、财经素养、企业家精神

我国高中地理课程最为重视培养的是读写能力、数据素养、合作／协作、解决问题、行动、全球胜任力、可持续发展素养。其中读写能力的总频次和赋分均值都最高，说明我国高中地理课程非常重视培养和评估学生使用书面、口头、视觉文本的能力。具备读写能力的学生能够理解、使用并构建不同类型的文本。这些文本包括与具体学科相关的文本，以及图表和图形等视觉文本（在地理学科中具体指文字材料、景观图、统计表和地图等），所以读写能力最受重视是可以理解的。

我国的高中地理课程中没有受到重视的能力素养要素多达 16 项,这些能力素养要素在我国高中地理课程文件中出现得少,有些甚至没出现,值得我们关注与研究。这些能力素养要素多数是地理课程未来需要培养的,要引起充分的重视。

七、我国初中、高中地理课程能力素养与内容主题分值相关性分析

1. 我国人文地理课程

28 项能力素养要素中,在初中学段赋分均值较高的是读写能力、批判性思维、尊重、全球胜任力、行动、可持续发展素养,都在 3 分及以上;在高中学段赋分均值较高的是读写能力、数据素养、批判性思维、解决问题、尊重、行动、全球胜任力、可持续发展素养,都在 3 分及以上。赋分均值较高的能力素养要素中,高中学段比初中学段增加了数据素养、解决问题。

6 大内容主题中,初中学段的 HGE1 和 HGE2 赋分均值低于整体赋分均值,高中学段的 HGE2、HGE5、HGE6 赋分均值低于整体赋分均值;初中学段的 HGE3、HGE4、HGE5、HGE6 赋分均值高于整体赋分均值,高中学段的 HGE1、HGE3、HGE4 赋分均值高于整体赋分均值。初中学段与高中学段赋分均值都低于整体赋分均值的是 HGE2,赋分均值都高于整体赋分均值的是 HGE3、HGE4,初中学段与高中学段赋分均值情况相反的是 HGE1、HGE5、HGE6。

从初中学段到高中学段,赋分均值提高的能力素养要素有数据素养、解决问题、承担责任、预期、体育健康素养、反思、全球胜任力、可持续发展素养、计算思维/编程/编码;赋分均值下降的能力素养要素有信任、计算能力、共同体、同理心、学生主体、创造新价值、媒介素养、读写能力、批判性思维、自我调节/自我控制、合作/协作、毅力/适应力、协调矛盾与困境、企业家精神。赋分均值提高的内容主题有 HGE1、HGE3、HGE4;赋分均值下降的内容主题有 HGE2、HGE5、HGE6。

2. 我国地球科学课程

28 项能力素养要素中,在初中学段赋分均值较高的是读写能力、批判性思维、学生主体、行动、可持续发展素养,都在 3 分及以上;在高中学段赋分均值较高的是读写能力、合作/协作、批判性思维、学生主体、行动、可持续发展素养,都在 3 分及以上。赋分均值较高的能力素养要素中,高中学段比初中学段增加了合作/协作。

6 大内容主题中,初中学段的 NSE1 和 NSE6 赋分均值低于整体赋分均值,高中学段的 NSE2 和 NSE5 赋分均值低于整体赋分均值;初中学段的 NSE2、NSE3、NSE4、NSE5 赋分均值高于整体赋分均值,高中学段的 NSE1、NSE3、NSE4、NSE6 赋分均值高于整体赋分均值。初中学段与高中学段赋分均值都高于整体赋分均值的是 NSE3、NSE4,初中学段与高中学段赋分均值情况相反有 NSE1、NSE2、NSE5、NSE6。

从初中学段到高中学段,赋分均值提高的能力素养要素有合作/协作、解决问题、反思、计算能力、可持续发展素养、学会学习、行动;赋分均值下降的能力素养要素有媒介素养、

同理心、承担责任、毅力／适应力、信任、协调矛盾与困境、体育健康素养、批判性思维、全球胜任力、创造新价值、自我调节／自我控制、学生主体、预期。赋分均值提高的内容主题有 NSE1、NSE3、NSE6；下降的内容主题有 NSE2、NSE4、NSE5。

3. 我国初中、高中人文地理课程与地球科学课程对比

在初中、高中学段，5 大类能力素养在地理课程中均有所体现。初中学段地球科学部分偏重于对关键概念、变革能力和能力发展的培养，而人文地理部分偏重于对基础素养和关键概念的培养。高中学段地球科学部分偏重于对关键概念、基础素养的培养，而人文地理部分偏重于对基础素养、变革能力和能力发展的培养。

从初中学段到高中学段，28 项能力素养要素中，地球科学部分仅有 7 项的赋分均值提高了，有 13 项的赋分均值有所下降，有 8 项的赋分均值没有变化；人文地理部分仅有 9 项的赋分均值提高了，有 14 项的赋分均值有所下降，有 5 项的赋分均值没有变化。总体来看，从初中到高中学段，大部分能力素养要素的培养没有体现出学段提高。

4. 我国初中、高中地理课程能力框架的分值相关性分析

(1) 高度正相关（$r \geqslant 0.7$）的有：人文地理部分的反思、媒介素养、可持续发展素养、合作／协作、同理心、承担责任，地球科学部分的计算思维／编程／编码、行动、ICT 素养／数字素养。说明这些能力素养要素在我国初中和高中地理课程中的重视程度相关性较高。

(2) 中度正相关（$0.4 \leqslant r < 0.7$）的有：人文地理部分的行动、尊重、解决问题、共同体，地球科学部分的学会学习、可持续发展素养、尊重、批判性思维、自我调节／自我控制。说明这些能力素养要素在我国初中和高中地理课程中的重视程度相关性一般，如某种能力素养要素可能在高中学段被重视，而在初中学段重视程度不够。

(3) 低度正相关或不相关（$0 \leqslant r < 0.4$）的有：人文地理部分的全球胜任力、ICT 素养／数字素养、创造新价值、毅力／适应力、体育健康素养、读写能力、数据素养、自我调节／自我控制、信任、财经素养、企业家精神，地球科学部分的数据素养、计算能力、预期、体育健康素养、共同体、反思、解决问题、信任、全球胜任力、媒介素养、财经素养、企业家精神。说明这些能力素养要素在我国初中和高中地理课程中的重视程度相关性较低或不相关。

(4) 负相关（$r < 0$）的有：人文地理部分的计算能力、学生主体、协调矛盾与困境、预期、批判性思维、学会学习、计算思维／编程／编码，地球科学部分的读写能力、学生主体、创造新价值、承担责任、协调矛盾与困境、合作／协作、同理心、毅力／适应力。说明这些能力素养要素在我国初中和高中地理课程中的重视程度相反，这种现象很值得我们对初中、高中学段的地理课程和教学重点以及能力培养方向进行反思。

5. 我国初中、高中地理课程内容体系的分值相关性分析

人文地理的 6 大内容主题中，HGE1、HGE2、HGE3、HGE5、HGE6 在初中、高中学段是中度相关，HGE4 在初中、高中学段是低度相关；地球科学的 6 大内容主题中，NSE1 在

初中、高中学段是高度相关，NSE2、NSE3、NSE4、NSE6 在初中、高中学段是中度相关，NSE5 在初、高中学段是低度相关。

总体看来，大部分内容主题在我国初中、高中地理课程中的相关程度一般。

第三节　对我国地理课程的思考

一、发展学生适应未来的核心素养

OECD 提出的"能力素养框架 2030"，不仅包含读写能力、计算能力、批判性思维、合作／协作、解决问题、创造新价值等能力，还包含 ICT 素养／数字素养、数据素养、体育健康素养、媒介素养、财经素养、企业家精神等能力素养，形成全学科 5 大类能力素养，包含 28 项能力素养要素。这些能力素养要素可以帮助学生更好地应对未来社会的发展，对于我国地理课程的改革具有重要的借鉴意义。

在未来我国地理课程修订时，能力框架要更为立体，能力培养应更加多元，从而满足多样化的人才培养需求。有些能力素养要素不能仅从学科内容本身出发，而是要基于未来社会的需要。从人才发展角度来看，中学地理课程的目的不是培养地理学家，而是培养合格公民。公民素养的培养对地理的要求是什么？对人才发展的要求是什么？回答这些问题要从两个角度考虑：一是地理能贡献什么；二是未来社会的要求是什么。如何抓住未来发展的要求，如财经素养、企业家精神等，并与地理课程进行联系，这值得我们思考。

我国于 2017 年正式发布了《中国学生发展核心素养》，其目标是使学生能够适应个人终身发展和社会发展的要求[①]。接着，各学科相继提出了自身的核心素养，地理学科的核心素养是人地协调观、综合思维、区域认知和地理实践力，是学生在学习地理课程过程中或之后所形成的、在解决真实情境中的问题时所表现出来的必备品格和关键能力。这与 OECD 提出的"能力素养框架 2030"所包含的能力素养在一定程度上是一致的。

二、提高地理课程标准的可操作性

在研究中，我们明显感觉到我国的地理课程标准在内容与能力之间的联系及其落实方面存在问题。OECD 提出的地理内容领域与能力素养框架给我们提供了很多新的思考角度。基于对初中、高中地理课程内容与能力素养的二元分析，我们发现我国中学地理课程的能力素养与课程内容有待进一步整合。建议地理课程标准在描述具体的内容标准时使用明确、具体的学习行为指标，清晰表明学生在学习具体的地理内容时应获得哪些能力素养的提升，并且建议增加、充实相关的活动建议，这样的描述可以同时体现过程和结果，能够为课程、教学、评价整合实施提供参考。目前地理课程标准中对于内容标准的描述，虽然有很多指向了对于

[①] 方向，盛群力.2030学习罗盘：设计未来时代的学习[J]. 开放学习研究，2020，25（02）：18-26.

某种能力的培养,但这种指向不是很明确,这导致课程标准在具体落实时难度较大,不利于通过地理课程培养学生全方位的能力。

内容怎么落实目标?我们认为要对目标进一步分解,如对核心素养进行分解。美国国家地理课程标准中提出了6大要素,又将这6大要素分解为18个标准,每个要素都包含几个标准,再往下划分出3个学段(即1~4年级、5~8年级、9~12年级)进一步落实。美国地理课程目标的分解是分标准、分水平、分学段的,从地理学的角度来看分解得很细,值得我们借鉴。

OECD学习框架比较实际,从综合的角度、人的全面发展角度,对能力概念进行了重新梳理和定义,不再纠结于能力、态度、知识的区分,而是将这些都包含在能力里。OECD学习框架里的能力就是目标,类似于我们的核心素养。

那么,地理课程标准如何做到"具体"?我们认为:一是概念要清晰明确;二是概念的发展及概念之间的联系、进阶要明确,并考虑学生的年龄特点和认知水平;三是活动要具体,明确通过哪些活动来落实;四是内容要有清晰的水平层级要求;五是课程标准要提供大量的实例,以保证好用;六是培养目标要与学业质量标准结合,以保证管用。

三、促进融合性课程建设

OECD指出,在理解和解决复杂问题时,跨学科知识变得越来越重要,因此,学校课程应注重跨学科知识的学习。

随着社会的进步和地理学科的发展,未来地理学科的内容将更强调与生活的联系、与其他学科的融合,以及学生的职业发展。所以,需要对学生进行全面的培养,促进学生全面发展;真正做到学科之间知识的联系与融合,使之更加符合未来发展的要求,以帮助学生应对新的现实和需求,培养出未来发展需要的人才。

我国基础教育课程以分科为主,各个学科之间存在一定的壁垒。建议我国课程改革增加多学科融合课程,开展多学科融合活动,增强学生的学科融合意识,让学生更好地整合所学知识,更好地解决实际问题,真正学习生活中有用的地理。需要注意的是:地理教师在进行跨学科内容的教学时,仍要以地理学科内容为主。研学旅行是一种很好的学科融合的活动,教师可以带领学生到野外、到社会中去解决一些与地理相关的实际问题。例如,去北京故宫看日晷时,不仅可以探究太阳高度角、地球自转与公转等知识,还可以与光等物理知识相结合。在日常授课中,地理教师也可以选择和其他学科的教师一起进行多学科授课,例如,针对高一地理课程中植被和土壤的相关内容,地理教师可以和生物教师、化学教师共同备课,做成一个跨学科的学习项目。地理教学还可以充分利用计算机培养学生的ICT素养/数字素养和地理空间思维。例如,地理课程中可以培养学生利用ArcGIS等软件对地理信息进行分析并解决实际问题的能力,培养学生利用无人机获取地理信息的能力。目前,一些学校积极探索,开设一些相关的校本课程进行项目式学习,取得明显的效果。

GEOGRAPHY

附录

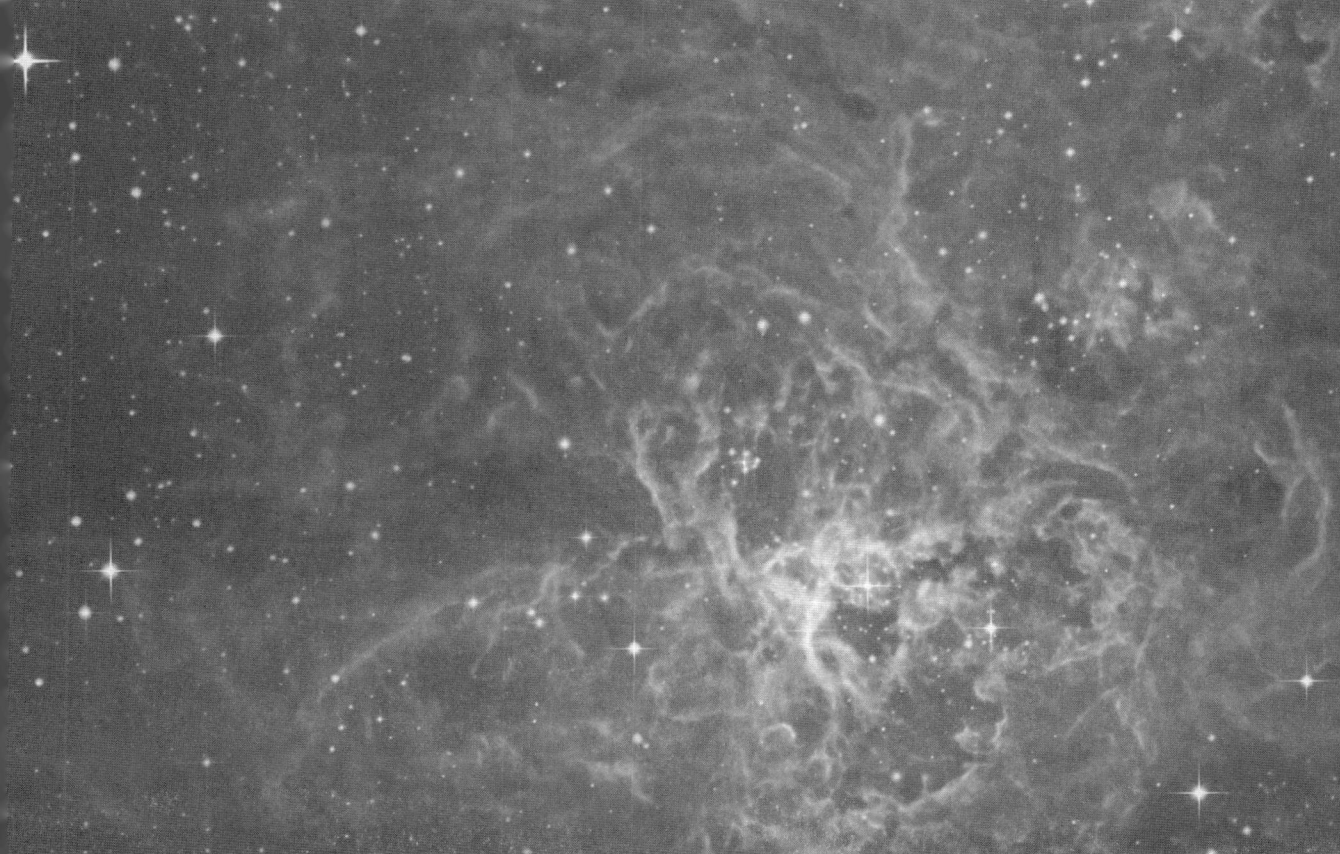

附录1　能力素养要素对应工作表

能力素养	能力素养要素	序号	OECD定义的关键词或核心特征提取	我国课程标准文件中与能力素养要素相关的描述（关键词、短语或句子）	我国课标解读、教科书、教师指导用书中与能力素养要素相关的描述（关键词、短语或句子）
基础素养	读写能力	1			
	计算能力	2			
	ICT素养／数字素养	3			
	数据素养	4			
	体育健康素养	5			
技能、态度和价值观	合作／协作	6			
	批判性思维	7			
	解决问题	8			
	自我调节／自我控制	9			
	同理心	10			
	尊重	11			
	毅力／适应力	12			
	信任	13			
	学会学习	14			
关键概念	学生主体	15			
	共同体	16			
变革能力和能力发展	创造新价值	17			
	承担责任	18			
	协调矛盾与困境	19			
	预期	20			
	行动	21			
	反思	22			
复合能力	全球胜任力	23			
	媒介素养	24			
	可持续发展素养	25			
	计算思维／编程／编码	26			
	财经素养	27			
	企业家精神	28			

附录2 "人文地理（HGE）"内容对应工作表

内容代码	学科内容/概念/活动	我国课程标准中与之对应的主要内容概述	我国课程标准中与之对应的具体内容描述	我国课程与OECD内容框架的对应状态说明：包括"完全对应""部分对应（多或少）""完全不对应"，并对"部分对应（多或少）"进行具体解释
HGE1	地球，地貌；气候类型；自然环境对区域的影响			
HGE2	人类活动对区域的影响；文化差异；世界社会、经济和文化多样性；人类聚居模式			
HGE3	与全球公民意识和可持续发展教育有关的概念，包括环境可持续性；促进国际理解、合作与和平的教育；有关人权和基本自由的教育			
HGE4	了解地理学家的工作，学会像地理学家一样思考；理解地理与现实生活之间的联系，以及地理对现实世界的贡献（认知知识）			
HGE5	分析信息；搜集资料（包括书面及口头资料）；识别并运用不同的观点；观察并描述；根据材料推导结论；交流调查结果（如根据搜集到的数据撰写调查报告）			
HGE6	地理中的道德和伦理问题（如环境保护）			

附录3 "地球科学（NSE）"内容对应工作表

内容代码	学科内容／概念／活动	我国课程标准中与之对应的主要内容概述	我国课程标准中与之对应的具体内容描述	我国课程与OECD内容框架的对应状态说明：包括"完全对应""部分对应（多或少）""完全不对应"，并对"部分对应（多或少）"进行具体解释
NSE1	宇宙；可持续性；水系统；热量；地质材料；影响某地水质的因素；人类活动和技术对水资源的影响；地球的形成			
NSE2	在地球／空间／天文科学中使用科学的方法开展实践活动；提出科学问题并制订解决方案；调查问题的原因，提出假设并检验假设；解释调查数据，陈述调查结果			
NSE3	计划、进行安全和严格的地球／空间／天文科学的调查活动			
NSE4	了解地球／空间／天文科学家的工作，学会像地球／空间／天文科学家一样思考；理解地球／空间／天文科学与现实生活的联系；理解地球／空间／天文科学对现实世界的贡献（认知知识）			
NSE5	地球／空间／天文科学中的道德和伦理问题			
NSE6	有关全球公民身份和可持续发展教育的概念，包括环境可持续性；促进国际理解、合作与和平的教育；有关人权和基本自由的教育			

后　记

作为"中学地理教科书研究丛书"中的一册，本书与其他书不同：一方面，本书是最新的研究成果，从 2018 年秋季开始到 2021 年底历时三年多的时间完成；另一方面，本书体现了对地理课程内容领域与能力框架的宏观、前瞻研究。

教科书是依据课程标准编写的，是对课程标准具体的解释，因此，对教科书的研究离不开对课程标准的研究。要研究地理教科书，首先要研究地理课程标准；要了解地理教科书的发展变化，就需要对地理课程进行前瞻的分析研究。

本书对中学地理课程的前瞻研究是基于 OECD "学习框架 2030"的课程内容图谱项目。OECD 于 2015 年 4 月发起了"教育 2030：教育和技能的未来"项目，旨在通过国际合作，构建起对"培养什么人，如何培养人"这一教育基本问题的共同理解。该项目旨在与各国共同探讨两个问题：一是今天的学生需要什么样的知识、技能、态度与价值观，才能茁壮成长并塑造未来的世界；二是教育系统如何有效地培养学生这些知识、技能、态度与价值观。上述两个问题分别体现在项目研究的两个阶段：第一个阶段（2015—2018 年），开发面向"教育 2030"的学习框架，并基于课程内容图谱开展国际课程比较；第二个阶段（2019 年及以后），开发面向"教育 2030"的教学框架并关注课程的实施。

OECD 在 2018 年 4 月 5 日发布了"教育 2030：教育和技能的未来"项目的首个结果，即"学习框架 2030"。该框架包括 5 大类能力素养，这 5 大类能力素养又进一步细化为 28 项能力素养要素。基于这一框架，OECD 开展了课程内容图谱项目。依据 OECD 提出的课程能力框架和内容框架来绘制我国的课程能力与课程内容的分值热图、频次热图等，可以充分了解我国课程标准文件、教科书中面向未来的能力在不同内容维度的体现程度。

2018 年 10 月 17 日，教育部基础教育课程教材发展中心组织的"OECD 课程内容图谱研制项目第三次工作会"在北京召开，开始研制我国初中各学科的课程内容图谱。我们参加了基于 OECD 课程内容图谱项目的初中地理课程内容图谱研制。2018 年 11 月 12 日，北京师范大学地理教育研究团队提交了《OECD 中国初中地理报告（人文地理）》《OECD 中国初中地理报告（地球科学）》。项目负责人是王民教授、蔚东英副教授，参加人员有高翠微、张鹏韬、降同昌、黄劲松、劳泳源、李霄、林珏、张弦清、王锦、黄镜溢等。

2019 年 5 月，OECD 发布了"学习框架 2030"的终稿。从 2019 年开始，北京师范大学王民教授研究团队开展了基于 OECD 课程内容图谱项目的高中地理课程结构分析，并于 2020 年 6 月完成了我国高中"人文地理（HGE）"分值热图分析、频次热图分析、分值和频次二元分析，我国高中"地球科学（NSE）"分值热图分析、频次热图分析、分值和频次二元分析，

后记

我国高中"人文地理（HGE）"和"地球科学（NSE）"分值热图叠加分析、频次热图叠加分析、高中地理课程整体分值和频次二元分析等研究。

从2020年10月开始，王民教授研究团队进一步收集与研究国际OECD课程内容图谱的动态，并进一步扩展、加深对我国初中地理课程内容图谱的研究，重新梳理完成了我国初中"人文地理（HGE）"分值热图分析、频次热图分析、分值和频次二元分析，我国初中"地球科学（NSE）"分值热图分析、频次热图分析、分值和频次二元分析，我国初中"人文地理（HGE）"和"地球科学（NSE）"分值热图叠加分析、频次热图叠加分析、初中地理课程整体分值和频次二元分析等。参加的人员主要有王民、蔚东英、杜慧、牟安琪、杜学欣、薛添、陈宝茹、张奥瑞、张屹、任慧源、周庭倩、孙舒涵、刘润华等。

2021年，研究团队进一步开展研究，将初中课程内容图谱与高中课程内容图谱的研究贯通，完成了我国初中与高中地理课程能力框架与内容体系的分值对比分析、我国初中与高中地理课程28项能力素养要素的分值对比分析、我国初中与高中地理课程能力框架与内容体系的分值相关性分析等研究。参加的人员主要有王民、蔚东英、林珏、杜慧、牟安琪、杜学欣、张奥瑞、薛添、张屹等。

至此，本研究历经三年多，率先对我国初中、高中的地理课程内容图谱进行了全面、系统的分析。本研究统计了分值与频次两项数据，涉及OECD七个学习领域中的两个领域，即"人文／社会科学（地理）"和"科学／自然科学（地球科学／空间／天文）"。在研究方法上，我们也有创新，采用了分值和频次二元分析、热图叠加分析、初中与高中地理课程内容图谱相关性分析等分析方法。本研究基于OECD课程内容图谱，对我国初中、高中地理课程能力框架和内容体系进行了全面、系统的研究，这有助于了解我国初中、高中地理课程在不同内容维度对学生未来能力培养的重视程度，为今后我国的地理课程改革、课程修订提供了数据支撑，也为我国中学地理教科书编写、课堂教学、评价考试提供了重要的参照依据，具有重要的理论与应用价值。

2021年8月至12月，《中学地理教学参考》杂志连载5篇文章，全面地介绍了我们对我国高中"地球科学"和"人文地理"的能力分值热图、频次热图以及分值和频次二元分析等研究成果，感谢《中学地理教学参考》杂志社与雷鸣主编长期以来的支持。

从1986年第一次参加义务教育初中地理教学大纲的编制工作至今，我已经参加了三轮从初中到高中的地理教学大纲或地理课程标准的研制工作，我深深感到地理教科书的研究与地理课程标准（教学大纲）的研究是分不开的。对地理课程标准（教学大纲）的研究绝不仅仅是如何落实，对地理课程的前瞻研究是十分必要的，因为基础教育是为未来培养学生的，教育必须面向世界、面向未来。前瞻研究的重要任务就是面向世界、面向未来，分析研究课程的发展方向和具体道路。本研究把我国的地理课程放在国际视野中来反观和思考，这有助于认识自己，认清方向，选择适合中国的地理教育发展之路。

本书属于我们教科书研究系列的第一部分，该部分包括《中国中学地理教科书发展与演变研究（1902—2019）》《20世纪80年代以来国际中学地理教育动态研究》《基于OECD课程内容图谱的地理内容领域与能力框架研究》等，主要研究地理教科书的历史与发展变化。本书汇集了我们近几年的多个研究成果，主要参加者有王民、蔚东英、黄劲松、林珏、劳泳源、张鹏韬、高翠微、降同昌等。

感谢北京师范大学地理教育团队毕业的各届同学，我们的研究成果中留下了你们坚实的脚印；感谢中国地图出版集团，集团领导与教材出版分社的领导对教科书研究项目给予了长期的、坚定的支持；感谢中国地图出版集团教材出版分社陶宁平社长、马宝艳副总编、李春梅编辑对本书顺利出版所付出的辛勤努力。

由于时间和能力有限，虽已尽力，但书中难免存在各种缺陷和不足，敬请批评指正。

王　民

2021年12月12日于北京师范大学地理学院385实验室

编写人员	黄劲松	林　珏	劳泳源
	张鹏韬	高翠微	降同昌
	牟安琪	张奥瑞	

责任编辑　李春梅
审　　校　刘兆彬　相远红
复　　审　王梦麦
审　　订　王　英
封面设计　徐海燕